■ 浙江省哲学社会科学规划后期资助课题"东南藩屏：清代浙江海防体系研究"（课题编号：23HQZZ18YB）

■ 浙江树人学院引进人才科研启动项目（项目编号：2023R018）

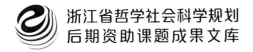浙江省哲学社会科学规划
后期资助课题成果文库

东南藩屏

清代浙江海防体系研究

鲍海勇　著

ZHEJIANG UNIVERSITY PRESS
浙江大学出版社
·杭州·

图书在版编目(CIP)数据

东南藩屏:清代浙江海防体系研究 / 鲍海勇著. —
杭州:浙江大学出版社,2024.5
ISBN 978-7-308-24889-1

Ⅰ.①东… Ⅱ.①鲍… Ⅲ.①海防—军事史—研究—
浙江—清代 Ⅳ.①E294.8

中国国家版本馆 CIP 数据核字(2024)第 083100 号

东南藩屏:清代浙江海防体系研究

Southeastern Fence and Barrier: A Study on Zhejiang Coastal Defense System in the Qing Dynasty

鲍海勇 著

策划统筹	徐 婵
责任编辑	吕倩岚
责任校对	赵 静
封面设计	周 灵
出版发行	浙江大学出版社
	(杭州市天目山路 148 号 邮政编码 310007)
	(网址:http://www.zjupress.com)
排 版	浙江大千时代文化传媒有限公司
印 刷	广东虎彩云印刷有限公司绍兴分公司
开 本	710mm×1000mm 1/16
印 张	15.5
字 数	309 千
版 印 次	2024 年 5 月第 1 版 2024 年 5 月第 1 次印刷
书 号	ISBN 978-7-308-24889-1
定 价	88.00 元

目　录

绪　论

一、选题缘由

党的十八大提出建设海洋强国的目标,基本内容包括提高海洋资源开发能力,发展海洋经济,保护海洋生态环境,坚决维护国家海洋权益[①]。党的十九大进一步提出坚持陆海统筹,加快建设海洋强国[②]。实施海洋强国战略是新时代中国特色社会主义事业的重要组成部分,其中建设强大的海防是海洋强国建设题中应有之义。可见海防是一个历久弥新的话题。以史为鉴,可以知兴替,研究历史上的海防得失对当前和未来的海防建设将具有借鉴意义。

"古有边防而无海防,海之有防自明始也。"[③]一般认为从明代开始我国的海防体系趋于完备,因此海防史著作以明代和清代为研究对象的居多[④]。从研究类型看,主要分为通史性研究、专题性研究和区域性研究。通史性研究,如杨金森、范中义的《中国海防史》(海洋出版社,2005年)是涵盖明清海防的整体研究;专题性研究就是围绕某个海防内容为专题进行研究,如王宏斌的《清代前期海防:思想与制度》(社会科学文献出版社,2002年)和《晚清海防:思想与制度研究》(商务印书馆,2005年)分别是清代前期和晚清时期以海防思想和制度为专题的研究;区域性研究以

---

① 胡锦涛:《坚定不移沿着中国特色社会主义道路前进为全面建成小康社会而奋斗——在中国共产党第十八次全国人民代表大会上的报告(2012年11月8日)》,人民出版社,2012年,第39—40页。

② 习近平:《决胜全面建成小康社会,夺取新时代中国特色社会主义伟大胜利(2017年10月18日)》,本书编写组:《十九大以来重要文献选编(上)》,中央文献出版社,2019年,第23页。

③ (清)齐翀:《南澳志》卷8《海防》,哈佛燕京图书馆藏,道光二十一年(1841)补刊本。

④ 相关研究现状可参阅王日根:《清代海疆政策与开发研究的回顾与展望》,《华中师范大学学报(人文社会科学版)》2014年第3期;陈贤波:《近40年来明代海防史研究的回顾和检讨》,《海交史研究》2020年第1期;祝太文:《明清海防史研究综述》,《理论观察》2016年第4期。

一省一地的海防为研究对象，目前广东、福建、台湾、浙江、山东、辽东等地的海防史著作均有问世[①]。

浙江在明代属于倭寇侵扰首当其冲的省份，又是财赋重地，处于"天下首藩"的地位，因此围绕明代浙江海防的研究数量可观，除宋烜的《明代浙江海防研究》外，还有苏勇军《明代浙东海防研究》（浙江大学出版社，2014 年）、钟铁军《明代浙江沿海海防地理研究》（黑龙江教育出版社，2019 年）、何乃恩《明代浙江备倭官制与职能研究》（陕西师范大学 2018 年博士论文）、芮赵凯《嘉靖"大倭寇"与浙江海防建设考论》（东北师范大学 2019 年博士论文）等。相比较之下，围绕清代浙江海防的专门性研究较少，因此本书即选择清代浙江海防体系为题，希冀在现有成果基础上进一步加深研究，并能够与明代的浙江海防体系作一比较。

浙江本身独特的地理位置赋予了它重要的军事、经济地位。从地理位置来看，浙江居于中国海岸线中段，东面东海，系"七省洋面适中之地"（署两江总督裕谦语）。如果把整个中国海岸线比喻成一个巨人，那么浙江大致处于腰腹的位置。浙江沿海为南北洋通衢，贸易航路密集，港口众多，"镇海、乍浦、温州等为闽、广、山东、天津等省及本省商船衔尾接樯往来络绎之地"[②]，形成非常繁忙的海上商道。从海疆地理特点看，浙江海岸线绵长曲折，岛屿极多。大陆海岸线长 2253.7 千米[③]；海岛数量居全国之首，面积在 500 ㎡ 以上的海岛有 3061 个，占全国海岛总数的 40%；海岛海岸线总长为 4792.72 千米[④]，居国内首位。舟山群岛是中国第一大群岛（舟山本岛是全国第四大岛），战略地位十分重要，扼东南沿海之要冲，北制吴淞苏鲁，南控台湾闽粤，薛福成曾指出舟山"不特浙江一省之

---

① 《广东海防史》编委会：《广东海防史》，中山大学出版社，2010 年；驻闽海军军事编纂室：《福建海防史》，厦门大学出版社，1990 年；许毓良：《清代台湾的海防》，社会科学文献出版社，2003 年；卢建一：《闽台海防研究》，方志出版社，2003 年；刘耀：《晚清台湾海防建设研究》，武汉大学 2014 年博士论文；宋烜：《明代浙江海防研究》，社会科学文献出版社，2013 年；张亚红、徐炯明：《宁波明清海防研究》，宁波出版社，2012 年；赵红：《明清时期的山东海防》，山东大学 2007 年博士论文；赵树国：《明代北部海防体制研究》，山东人民出版社，2014 年，等等。
② 齐思和等整理：《筹办夷务始末（道光朝）》卷 27，中华书局，2014 年，第 982 页。
③ 叶鸿达主编：《海洋浙江》，杭州出版社，2005 年，第 2 页。
④ 周航主编：《浙江海岛志》，高等教育出版社，1998 年，第 1 页。

藩篱,实亦海疆全局之关键"①。同时浙江又具有十分重要的经济地位,是传统大宗商品丝、茶的产地以及漕粮供应大省,舟山渔场是全国最大的渔场,渔业资源十分丰富,故"两浙,天下财赋之渊薮也。两浙安,则天下安矣"②。在明代浙江是倭患侵扰的重灾区和首当其冲之地,因而是明朝政府筹划海防的重地。担任过浙江巡抚的明人温纯称"浙居天下首藩,内为国家财赋之奥区,外为倭夷出入之重地"③。清初大儒顾炎武说:"守两浙者,即所以掎角苏、松;守苏、松者,即所以巩固金陵。唇齿两全,首尾相应,制内御外之长策无逾于此矣。"④清代浙江曾是清军抵御南明鲁王、郑成功海上势力的前沿,在晚清又是抵御英、法、意等列强入侵的重要区域。无论从军事地位还是经济地位来看,作为"七省腰腹,财赋重地"的浙江,于东南乃至海疆全局关系重大,在全国海防中居于重要地位,非常有研究价值。

当前我国政府正大力推进"一带一路"建设,浙江是建设 21 世纪海上丝绸之路的重要省份之一,拥有广阔的海洋发展机遇,也需要有强大的海防保驾护航。我国东海面临着严峻的海上安全环境,为了应对该区域的复杂局势,我国政府在 2013 年 11 月划定了东海防空识别区,覆盖了钓鱼岛及附近海域,这是应对美国军事战略重心东移和日本潜在军国主义扩张的重要部署。殷鉴不远,我国今日东海局势之严峻与历史上尤其是清代海防经营乏力、海权观念缺失有着密切关系。历史给予我们的既有经验也有教训,值得深入研究和总结,对我国当今的海防建设也具有借鉴意义。

二、研究现状

关于"海防"的定义,《辞海》里写道:"海防,国家为保卫主权、领土完

---

① (清)薛福成:《浙东筹防录》,沈云龙主编《近代中国史料丛刊》第 96 辑,文海出版社,1973 年,第 48—49 页。

② (明)范涞撰:《两浙海防类考续编》,明万历三十年刊本影印,成文出版社有限公司,1983 年,第 25 页。

③ (明)温纯:《温恭毅集》卷 4,《景印文渊阁四库全书》第 1288 册,台湾商务印书馆,1986 年,第 465 页。

④ (清)顾炎武撰、黄坤等校点:《天下郡国利病书(四)》,上海古籍出版社,2012 年,第 2372 页。

整和安全,维护海洋权益,防备外敌入侵和人员、物资非法进入,在沿海和海疆进行的防卫和管理活动的统称。"①杨金森、范中义认为:"海防是为维护国家主权、领土完整和安全,国家海洋权益,防备外来侵略而进行的军事、政治、外交、经济、科技和教育方面的建设和斗争。"②二者都将海防的对象归为外部侵略和渗透势力。清朝的海防对象不仅包括外国力量,而且包括了部分内地汉人,清政府特别警惕内外力量联合起来反抗其统治。因此本书中的海防是指清朝为了维护海疆统治、秩序而采取的对外和对内的军事、管理和外交等活动。何为海防体系?笔者认为海防体系是海防运作的各构成要素以及各要素相互作用的统一体,具体包括海防军事力量、海防设施装备、海防制度与海防职官等内容。学界已有的关于清代浙江海防体系的研究也主要围绕这几个方面展开。

清代浙江海防军事力量主要包括绿营和八旗。罗尔纲《绿营兵志》对各省绿营兵的建制、沿革、职能、军器装备等有详尽的记载③,为研究海防兵力提供了重要参考。叶建华《浙江通史》④和杨金森、范中义《中国海防史》⑤对清代浙江的八旗驻军、绿营兵、水师都有概括性的介绍。定宜庄《清代八旗驻防研究》对杭州、乍浦的八旗驻防情况有所涉猎⑥。

绿营水师是清代浙江海防的核心力量。李其霖《清代前期沿海的水师与战船》以清前期浙江、福建、台湾、广东的绿营水师为研究对象,以水师制度和战船制度为重点内容。该文内容广博、图表详备,涵盖了浙江等省水师的创立、招募与训练、俸饷、职责与考核,沿海防卫系统的组成(关城、炮台、烽堠、兵力部署),水师战船船政制度与管理(战船的种类及改造、分布及数量、制造与修护、结构与火力配置、作战方式)等内容⑦。谢茂发《清代江浙绿营水师研究》梳理了清代江苏、浙江绿营水师的建制、训练、将领铨选、武器装备等内容,展现了其在镇压农民起义、剿捕海

---

① 辞海编辑委员会编纂:《辞海》,上海辞书出版社,1999 年,第 4 册,第 2512 页。
② 杨金森、范中义:《中国海防史》,海洋出版社,2005 年,第 4 页。
③ 罗尔纲:《绿营兵志》,中华书局,1984 年。
④ 叶建华:《浙江通史》,浙江人民出版社,2006 年,第 8 卷,清代卷,第 33—38 页。
⑤ 杨金森、范中义:《中国海防史》,第 413—427 页。
⑥ 定宜庄:《清代八旗驻防研究》,辽宁民族出版社,1999 年,第 22—25、45—52 页。
⑦ 李其霖:《清代前期沿海的水师与战船》,台湾暨南国际大学 2009 年博士论文。

盗、抵抗西方侵略中的表现,并介绍了晚清以降江浙绿营水师近代化的艰难转型。作者认为,清代江浙绿营水师战斗力羸弱、体制腐朽落后,主要源于中国农业文明的保守性和水师建军思想的狭隘与短视①。王惠《清朝八旗水师研究》介绍了八旗水师的设立及职能、八旗水师驻防的建制,并以乍浦水师营为例介绍了八旗水师的运作②。潘洪钢《清代八旗水师与海防体系》认为清朝有过建立以八旗水师为中心的海防体系的实践,八旗水师曾经作为海防体系的核心而存在③,文中提到雍正年间"构建了东南沿海以八旗水师为核心的海防体系",似有探讨的空间,或可说在奉天八旗水师是海防体系核心,但在浙江显然不是。

战船是水师作战的重要依靠。祁磊《鸦片战争以前清朝水师战船的演变》认为鸦片战争以前,清朝外海水师主力战船的演变按形制大致可分为三个阶段:顺康年间为鸟船和水艍船,康乾年间为赶缯船和双篷船,嘉庆以后为米艇和同安船。历次建造水师战船均是以敌方战船为仿造对象,其目的是在短时间内弥补与敌人之间的武器差距④。吉辰《鸦片战争后的海盗问题与轮船的引进》考察了鸦片战争后宁波、上海船商率先购置轮船用于护航捕盗的活动,认为轮船引入的最初诱因实为反海盗斗争的需要,解决海盗问题是引进轮船的一项重要动力⑤。龚缨晏《中国第一艘轮船的由来》考证了宁波北号商人引入的第一艘轮船"宝顺"轮的基本史实⑥。

海防设施装备在海防中发挥着重要作用,炮台式要塞是清代进行岸防的主要依靠。按不同地理形势分为海岛要塞、海口要塞、海岸要塞、江防要塞⑦。冯磊《清代浙江海防炮台研究》介绍了清代不同时期浙江海防

① 谢茂发:《清代江浙绿营水师研究》,中国人民大学 2012 年博士论文。
② 王惠:《清朝八旗水师研究》,中国人民大学 2006 年硕士论文。
③ 潘洪钢:《清代八旗水师与海防体系》,《福建论坛(人文社会科学版)》2020 年第 3 期。
④ 祁磊:《鸦片战争以前清朝水师战船的演变》,《历史档案》2018 年第 1 期。
⑤ 吉辰:《鸦片战争后的海盗问题与轮船的引进》,《河北师范大学学报(哲学社会科学版)》2015 年第 4 期。
⑥ 龚缨晏:《中国第一艘轮船的由来》,《浙江大学学报(人文社会科学版)》2017 年第 2 期。
⑦ 邢春如、刘心莲、李穆南主编:《军事工程(下)》,辽海出版社,2007 年,第 163—196 页。相关著作还有:李穆南主编:《海陆并举的军事工程》,中国环境科学出版社,2006 年;张斌:《固若金汤的军事工程》,中国戏剧出版社,2005 年;王兆春:《中国古代军事工程技术史(宋元明清)》,山西教育出版社,2007 年;倪宏伟主编《军事工程技术》,中国大百科全书出版社,2006 年。

炮台的建设情况,包括炮台的地理分布、结构规格、建筑材料与技术、火力配置等内容,并分析了晚清炮台修建技术的发展轨迹①。谢茂发、王晓禾《晚清江浙两省江海防炮台考略》简略考察了晚清江浙两省海防炮台的分布情况,主要集中在乍浦、定海、镇海等地②。汪溶《清代前期(1840年以前)的浙江海防研究——以海防建筑为中心》一文通过对清前期浙江海防建筑的调查研究,认为清前期浙江的海防建筑大多以明代海防建筑为基础,是在明代的基础上翻修或重建,保持了明代的基本框架,探索了这些海防建筑的布局和建筑特点③。王宏斌《晚清海防:思想与制度研究》对第一次鸦片战争后浙江沿海的炮台建筑情况、光绪时期浙江沿海的岸防兵力部署与炮台建筑有一定的考察④。

海防制度是海防体系的重要内容。王宏斌先生是研究清代海防的当代著名学者,他的一些著作一直是研究海防史的重要参考。他的《清代前期海防:思想与制度》对清前期水师会哨制度、战船修造制度进行了研究,对浙江与邻省水师的会哨演变情况关注不多,书中提出的一些基本观点似仍有探讨的空间,如认为明朝海防在于"重防其人",清前期海防在于"以禁为防"、"重防其出"⑤。王宏斌《论两次鸦片战争期间海患与水师巡洋制度之恢复》一文认为两次鸦片战争期间,中国内外洋面海匪活动十分猖獗,官方试图恢复水师巡洋制度,但收效甚微。英军介入缉捕海盗和护商活动,不仅破坏了清前期建立的巡洋制度,同时也损害了中国的近海行政和司法管辖主权,而且导致中国内洋与外洋的管辖观念日渐模糊⑥。这也提示我们晚清时海防体系是否出现了某些嬗变,如外国力量的介入。

内外洋管理制度是清朝管理洋面的一个创举。清朝为了方便管理,将近海海域划分为内洋、外洋,以此确定海疆文武官员的职责。王宏斌

---

① 冯磊:《清代浙江海防炮台研究》,河北师范大学 2015 年硕士论文。
② 谢茂发、王晓禾:《晚清江浙两省江海防炮台考略》,《军事历史》2016 年第 5 期。
③ 汪溶:《清代前期(1840 年以前)的浙江海防研究——以海防建筑为中心》,浙江大学 2016 年硕士论文。
④ 王宏斌:《晚清海防:思想与制度研究》,商务印书馆,2005 年,第 390—395、435—436 页。
⑤ 王宏斌:《清代前期海防:思想与制度》,社会科学文献出版社,2002 年,第 29—33、72—88、105 页。
⑥ 王宏斌:《论两次鸦片战争期间海患与水师巡洋制度之恢复》,《近代史研究》2018 年第 2 期。

《清代内外洋划分及其管辖问题研究——兼与西方领海观念比较》一文认为，内洋海域靠近大陆海岸或岛岸，以一些小岛为标志，由沿岸州县和水师官兵共同负责管辖；外洋海域通常以距离中国海岸、岛岸最远的岛礁为标志，由于超出了文官的管辖能力，主要委派水师官兵巡阅会哨；外洋以外则是大洋、深水洋或黑水洋，类似现代的公海。清廷对内洋、外洋实行了有效的管辖①。王考察了清代前期浙江划分内洋和外洋的准则与界限，认为浙江划分内外洋的界限是以海岸或县厅级衙门所在岛岸为基点向外划分的。浙江内洋大致限制在距离海岸或设立县厅治所岛岸 5千米以内的洋面；外洋以海道为外缘，与海岸和岛岸之间没有固定的距离。外洋的宽度少则 50 千米，多则 110—180 千米。清代中国对于近海的政治、经济和军事的管辖宽度远远大于 1982 年第三次联合国海洋法会议规定的 12 海里（22.224 千米）领海宽度②。汪小义《关于清代内外洋划分的几点认识》提出了沿海各地内外洋的划分并非一成不变、距离不是划分内外洋的绝对标准等观点③。

海防职官也是海防体系里的内容。祝太文《清代浙江行政职官与海防关系研究》一书在省、道、府县三个层次上对清代浙江行政职官与海防的相互关系进行了研究，探索了多种海防因素与沿海地方行政职官的设置、驻地选择、军权伸缩及其辖区划设和调整等的联动关系，分析了行政职官与区域海防建设、海防战略地位、海防政策以及海防效果等的关系④。祝的另三篇文章《清代浙江省行政区划变动的海防因素》《清代浙江诸道设置述略》《清代浙江沿海巡检司的驻防地理及其海防意义》介绍了浙江省行政区划、诸道、巡检司的设置与变动，并探讨了与此相关的海防因素⑤。张振国《清代海疆缺考论》认为清朝在东部沿海地区设立的

① 王宏斌：《清代内外洋划分及其管辖问题研究——兼与西方领海观念比较》，《近代史研究》2015年第 3 期。
② 王宏斌：《清代前期浙江划分内洋与外洋的准则和界限》，《社会科学辑刊》2016 年第 2 期。
③ 汪小义：《关于清代内外洋划分的几点认识》，《中国历史地理论丛》2019 年第 3 期。
④ 祝太文：《清代浙江行政职官与海防关系研究》，光明日报出版社，2016 年。
⑤ 祝太文：《清代浙江省行政区划变动的海防因素》，《求索》2015 年第 3 期；《清代浙江诸道设置述略》，《嘉兴学院学报》2016 年第 3 期；《清代浙江沿海巡检司的驻防地理及其海防意义》，《绍兴文理学院学报（哲学社会科学）》2016 年第 6 期。

海疆缺，体现了清朝对沿海州县选任的重视和变通，是清代海疆政策的重要组成部分，与海防体系相辅相成，共同维系着东部海疆秩序和国防安全①。

学者围绕清代浙江海防战略地位的变化进行了一定的探讨。王和平、王琦《论浙江在鸦片战争中的地位》认为鸦片战争中英国侵略者把浙江作为首选的侵占目标，是英国政府蓄谋已久的战略部署，与当时粤闽海防的强弱并无关系。无论从英军侵华战略的进攻方向、重点，还是从浙江战场对英军和清政府的影响来看，浙江是鸦片战争的主战场毋庸置疑②。方堃、张炜《晚清浙江海防战略地位的弱化及原因透视》一文认为浙江海防地位在晚清一降再降，表现在既无近代轮船、机器局，又无充足海防经费，炮台、舰船等设施简陋，并分析了造成这些现象的原因③。刘庆《明清（前期）浙江海防战略地位的演变》一文认为明代抗倭战争时期以及清代鸦片战争时浙江海防的地位达到顶峰④。叶持跃《浙江省在全国军事战略地位的演变》认为，随着浙江和南方地区的开发，全国政治、经济、文化中心的变迁，以及国内局势和对外关系的变化，浙江省在全国的军事战略地位总体上有不断上升的趋势，尤其是在海防上的战略地位愈加突出⑤。

以上是有关清代浙江海防体系的一些代表性成果，对海防体系中的人员、器物、制度、思想都有所涉及，但也存在不足。表现在多把清代割裂成前期和后期进行研究，贯通性研究较少，对前后不同时期的演变情况所做的考察尤显不足。由于海上流动性要远大于陆地，因此海防对体系协同作战的要求比陆地更高。已有研究对海防体系的协同合作问题关注较少，或仅从水师会哨的制度层面加以介绍，对具体海防实践中的协作考察不够。既然明代浙江海防研究的成果已非常丰硕，那么清朝浙江海防体系与明代相比有何联系和区别，目前还没

---

① 张振国：《清代海疆缺考论》，《史学月刊》2015 年第 9 期。
② 王和平、王琦：《论浙江在鸦片战争中的地位》，《浙江海洋学院学报（人文科学版）》2014 年第 6 期。
③ 方堃、张炜：《晚清浙江海防战略地位的弱化及原因透视》，《历史档案》1996 年第 1 期。
④ 刘庆：《明清（前期）浙江海防战略地位的演变》，《军事历史研究》2009 年第 3 期。
⑤ 叶持跃：《浙江省在全国军事战略地位的演变》，《浙江学刊》1995 年第 2 期。

有这方面的比较研究。

三、本书研究思路、方法与框架

海防的根本目的是服务于王朝的统治秩序。清朝收复台湾之前,并未建立真正的海疆统治秩序。因有三藩之乱,其统治在内地也没有完全巩固,因此清初统治者尚无暇考虑如何构建海防体系。即使在开海以后,海防体系的构建也不是一蹴而就,而是经历了一个过程。清朝不同时期浙江面临的海防对象有所不同,海防对象的强弱在很大程度上决定了海防体系如何架构,海防对象的切换往往又是海防体系演变的动因,因此大致可以说海防对象强弱决定了海防任务大小,海防任务大小决定了海防体系如何架构。上文已总结了现有研究所存在的不足,这些不足正是本书需要着重研究加以解答的问题,可以概括为这几个主要问题:清代浙江的海防对象有哪些?海防体系是如何构建的?海防体系的构成要素有哪些?不同时期海防体系是如何演变的?海防体系之间的协同机制和实践效果如何?清朝的浙江海防体系与明代相比有何区别和联系?清代浙江的海防地位与其他沿海省份相比如何?

本书运用的研究方法主要是以下三种:

一是文献解析法。本书依据的史料主要来自官修政书、实录、档案、会典、正史、方志,辅之以奏折、奏稿、报刊、起居注等,资料的类别较多,其中一些记载不尽相同,需要逐一梳理分析、加以鉴别和相互补证,进行归纳汇总。

二是案例分析法。将典型的海防案例如嘉庆年间镇压大海盗蔡牵、道光年间的鸦片战争、光绪年间的镇海保卫战等作为重要案例进行剖析,考察海防体系的各要素协同作战的机制和效果。

三是比较法。围绕区域海防史的研究较多,但尚缺乏对它们的比较研究,故本书从纵向和横向两个维度围绕浙江海防分别进行不同朝代和不同地域的比较,并置于东亚视阈下加以比较。

基于以上思考,本书的研究框架设计如下:

绪论部分介绍选择"清代浙江海防体系"为题的缘由、相关研究现状,本书的研究思路、方法、依据的史料和研究框架。

第一章"清代以前浙江海防的由来与海防体系的创设"，介绍清代以前浙江海防是如何起源的，主要考察晚唐、吴越国、宋、元、明几个时期，针对海上威胁，当政者做了怎样的海防布置。系统化的海防布置意味着海防体系的成形，浙江的海防体系建成于何时，以及完备于何时，有哪些构成要件，在本章一并进行回顾，为下文引入清代浙江海防体系正题做铺垫。

第二章"清代浙江行政区划、海防地理和海防对象"，对清代浙江行政区划和滨海六府的海防地理形势做背景交代，对清代浙江面临哪些海防对象进行考察。

第三章"清前中期浙江海防体系的构建"。本章从浙江海疆军事力量、海防指挥体制、绿营水师、沿海炮台工事、浙海关等几个方面来考察浙江海防体系的内容，揭示不同时期海防构成要素的发展演变和功能。对以前研究的基本观点如清前期以岸防为主、"以禁为防"、"重防其出"等做一点探讨。

第四章"清后期浙江海防体系的嬗变"。清后期浙江的海防对象除海盗外增加了外国列强，又以外国列强为海防重点。海防体系发生了某些嬗变，表现在哪些方面？海防策略的重点有什么变化？

第五章"清代浙江海防体系的协同问题：基于海防实践的考察"。清政府按"分定界址"的原则来划分海防区域，基本上以省为单位。但海上世界的流动性强，海上活动很容易超越一省范围，这就要求沿海七省"无分畛域"，协同一致对付海盗。本章即考察浙江与邻省在剿捕海盗方面的合作，以及鸦片战争后浙江为构建协同体系做了哪些尝试。中法战争镇海保卫战是一次以炮台为依托的有效协同作战，是晚清浙江岸上防御体系建设的一次检验，故作为一典型个案来进行考察。

第六章"围绕浙江海防的比较研究"。本章围绕浙江海防分别做纵向比较和横向比较。纵向比较是把明清两代浙江海防体系从王朝的宏观海洋政策环境、王朝前期海防体系的构成、王朝中后期的海防变革三个方面进行比较，揭示明清两代浙江海防体系的继承性和显著区别。横向比较是把清代浙江的海防地位与其他沿海省份的海防地位进行对比，揭示其不同时期的消长变化，及如何审视浙江在全国海防格局中的作用。另选取西方冲击背景下的日本萨摩藩与晚清浙江在海防近代化方面做一比较,揭示二者的异同和差距。

结语部分对清代浙江海防体系做出总结,对其发挥的作用进行评价,并提出对当今海防建设的启示。

第一章　清代以前浙江海防的由来
与海防体系的创设

学界一般认为,中国从明代开始真正形成海上防御体系①,这并不等于明代以前各地不存在地方性的海防实践。作为局部地区的浙江,其海防又是始于何时? 早期浙江海防体系是怎样的形态? 本章拟对浙江海防的由来和海防体系的创设做一长时段的考察。

第一节　唐宋元时期浙江海防问题的
产生与海防体系的初步建立

一、晚唐以后浙江海洋贸易网络拓展与海上活动的增多

海防问题伴随着人类海上活动增多而产生,这些活动又以贸易活动居多。浙江自古贸易就很发达,沿海的鄞县(今宁波鄞州区),即因为贸易发达而得名:"鄞在贸山之东,以海人贾易于此,故山以名,亦加邑而谓之鄞。"②大致说来,浙江的海外贸易萌芽于秦汉时期③,在六朝时期进一步发展,主要是沿着海岸线开展近海贸易。海洋贸易网络的拓展始于唐代后期,兴盛于宋代和元代。宋元政府除了在个别时段有所波动外④,总体上奉行了开放的海洋政策,积极发展海外贸易。如南宋朝廷特别看重

---

① 陈贤波:《近40年来明代海防史研究的回顾和检讨》,《海交史研究》2020年第1期。
② 康熙《鄞县志》卷1,《中国地方志集成》影印清康熙二十五年刊本,上海书店,1993年,第170页。
③ 林正秋:《浙江古代海外贸易史探述》,《商业经济与管理》2003年第12期。
④ 出于海防考虑,北宋政府先后关闭登州、密州市舶司,将宋丽贸易限定在明州;南宋光宗、宁宗以后,逐渐废止了明州以外的两浙路市舶务,将中外贸易集中在明州。元时,出于政治考虑,曾四度"禁商泛海",但均为时短暂。

对外贸易之利,竭力招揽外国船舶前来贸易,有时用敕书、送金帛等方式以广招徕;在外国船只进入港口时,提举市舶司赠送酒食或设宴慰劳,极力优待①。元世祖忽必烈积极鼓励外国商船来中国贸易:"诸蕃国列居东南岛屿者,皆有慕义之心,可因蕃舶诸人宣布朕意。诚能来朝,朕将宠礼之。其往来互市,各从所欲。"②浙江海外贸易的主要对象为日本、朝鲜半岛和部分东南亚国家。

8世纪中叶以前,东亚贸易仍以官方贸易为主。安史之乱后,随着藩镇割据局面的形成,一些沿海地区的地方势力受经济利益驱动,开始发展海上贸易。9世纪30年代,在新罗人张保皋势力的经营下,东亚地区形成了山东登州—新罗清海镇—日本博多(今福冈)的海上贸易航路,标志着东亚贸易体系(或曰海洋贸易网络)的形成③。在9世纪40年代后,随着张保皋的死亡和登州港的衰落,以及新罗的内政混乱和沿海局势的不稳,原有的东北亚贸易航路让步于日本遣唐使团早先探索出的东海航路,即从日本博多出发,经肥前松浦郡值嘉岛(今日本长崎县五岛)横渡东海,直达中国明州港(今浙江宁波)。此时,海上航行的船员们已经懂得利用季风,每年夏季西南季风劲吹时由中国去日本,春、秋季东北季风劲吹时由日本来中国,少则三四日、多则六七日即可到达。唐会昌二年(842),明州商人李邻德由明州启航赴日本贸易。自此,明州逐渐成为中日之间海外贸易往来的重要港口,从明州出港的唐朝商人开始主导东亚贸易④。据统计,自838年日本停派遣唐使至907年唐朝灭亡的近70年间,往来于唐日之间的船舶,几乎全都是来自唐朝的商船⑤,他们大多从明州港出发,东渡至值嘉岛,再由博多登岸入日。

吴越国时期,钱氏政权以其所据浙江地区的经济优势和明州港口的海外交通优势,积极经营对高丽和日本的海上贸易,并在沿海设立了博易务,来主管海外贸易。宋朝在接纳吴越国土后,在沿海开始设立市舶

① [日]木宫泰彦著、胡锡年译:《日中文化交流史》,商务印书馆,1980年,第293—295页。
② (明)宋濂等撰:《元史》卷10《本纪第十·世祖七》,中华书局,2013年,第204页。
③ 陈尚胜:《东亚贸易体系形成与封贡体制衰落——以唐后期登州港为中心》,《清华大学学报(哲学社会科学版)》2012年第4期,第67页。
④ 车垠和:《明州出海唐商的兴起与东亚贸易格局》,《社会科学辑刊》2008年第5期,第139—143页。
⑤ [日]木宫泰彦著、胡锡年译:《日中文化交流史》,第108页。

司机构,用以管理中外商人海上贸易事务。从数量上看,宋元时期浙江市舶司(或市舶务)占据了全国半数以上,足见其海外贸易的重要地位。如北宋政府在沿海设立了六处市舶司务,两浙路占有三处,分别位于杭州、明州、秀州华亭县。南宋时,沿海共设有七处市舶司务,"在浙者凡五务"①,分别位于杭州、明州、秀州、温州、江阴军。元代全国设有七处市舶司,其中浙江设有庆元(宁波)、杭州、温州、澉浦四处,主要管理浙江与日本、高丽以及部分东南亚地区的贸易。同时,市舶司制度也逐步建立和完善。《宋史》对提举市舶司的职责描述为:"掌蕃货海舶征榷贸易之事,以来远人,通远物。"②市舶司对外来番舶实行抽解、博买,对国内出海贸易船只则检验其有无公凭和携带违禁之物,并对回船所带货物进行抽解、博买;对本国船只经由何处市舶司出海有明确的规定,如前往日本、高丽等处的船只须经杭州、明州市舶司发遣。元朝时市舶制度臻于详密,至元三十年(1293),制定市舶法则 22 条,内容包括了市舶抽分抽税办法、船舶出海手续、禁运物资种类、外国商船的管理办法,以及对偷税漏税的处罚等,加强了国家对海外贸易的管理,确保了国家从抽分和税收中获得利益。

　　宋元时期浙江海外贸易的繁荣发展,还表现在贸易地域范围广大,商品种类丰富,贸易形式趋于多元化。贸易对象除了本国其他沿海省份、日本、朝鲜半岛外,还包括大食(阿拉伯地区)、阇婆(印尼爪哇岛中北部)、占城(越南南部)、宾同龙(越南中南部)、真腊(柬埔寨)、勃泥(加里曼丹岛)、麻逸(菲律宾明多罗岛)、三佛齐(印尼苏门答腊岛东部)等国家和地区,来自这些地区的外商有些长期在明州经商。据元人汪大渊《岛夷志略》记载,当时中国出口海外的货物多达 150 多种,浙江输往海外的商品主要包括丝织品、瓷器、金属制品、土特产品、书籍等,其中以龙泉青瓷颇具盛名;从海外输入浙江的商品大抵包括宝物、布匹、香货、皮货、药物、杂物等,其中纯属奢侈品的数量呈下降趋势,大多用以满足人民生产

---

① (宋)罗濬:《宝庆四明志》卷6《叙赋下·市舶》,《景印文渊阁四库全书》第 487 册,台湾商务印书馆,1984 年,第 81 页。

② (元)脱脱等撰:《宋史》卷 167《志第一百二十·职官七》,中华书局,2013 年,第 3971 页。

生活的需要。贸易形式首先是官方贸易（即朝贡贸易），主要是宋、元与高丽之间。熙宁七年（1074），高丽为了避开契丹的威胁，"乞改途由明州诣阙"①，此后使臣入宋朝贡和贸易多取道明州。元代还出现了官本船贸易，即"官自具船、给本，选人入蕃，贸易诸货。其所获之息，以十分为率，官取其七，所易人得其三"②。澉浦出现了世代从事海外贸易的杨氏家族，杨发以总领两浙舶事的职位优势，积极发展海上贸易，航遍诸番，成为当时著名的航海世家。其他贸易形式则以私商经营为主，主要是由市舶司管理下的互市贸易，是宋元时期海外贸易的主要形态。

宋元时期浙江海外贸易的兴盛除了成熟的海上航路，还得益于港口及其内地的经济和交通状况。浙江湖州、杭州等地盛产生丝，丝织品远近闻名，同时越州所辖绍兴、上虞、余姚等地生产的青瓷，以及浙西南的龙泉青瓷，工艺精湛、冠于全国，深受外国欢迎，是海外贸易的大宗商品，经由杭州、明州、温州等港口输往国外，远销日本、朝鲜半岛、马来西亚、中东等地，其海上贸易航路因此被形象地称为"丝绸之路"、"陶瓷之路"。浙江内地水路运输便捷也为海外商品内销提供了便利条件。宋时海外商品抵达明州后，溯慈溪－余姚江－浙东运河、钱塘江（或杭州湾），运销内地。元时，浙西运河经疏浚后可直抵钱塘江，杭州因此既是海港，又是内河转运港，是腹地联系重要港口庆元（今宁波）的交通枢纽。发达的内地水路运输网络保证了商品流动的畅通。

晚唐以后，中国的经济中心开始南移。两宋时由于与辽、金、蒙古对峙，北方长期处于战乱状态，浙江有快速发展的经济，以及优越的地理位置、气候条件、水域条件，发展海外贸易可谓得天独厚。熙宁七年（1074），北宋政府因担心海外贸易资敌，下令关闭登州港；政和四年（1114）以后，朝廷又将山东密州市舶司关闭，高丽的官方使团和商队完全经由两浙港口入中国贸易，无疑凸显了浙江的地理区位优势。浙江又是全国重要的造船基地，在杭州、明州、温州、台州、澉浦等地建有造船厂，并能制造江海两用船，船上装有指南针以确定方位，为发展海上贸易

---

① （清）乾隆官修：《续通典》卷147《边防》，浙江古籍出版社，1988年，第1996页。

② （明）宋濂等撰：《元史》卷94《志第四十三·食货二·市舶》，第2402页。

提供了技术条件。

可以说，唐中期以后随着生产力的提高，造船业、航海业等有了长足的进步，海洋贸易空前地发达起来，海洋不再是隔绝陆地的天然屏障。浙江以其优越的地理位置和富饶的内地物产，加上北方战乱较多、南方相对和平的外部有利环境，逐步构筑起发达的海洋贸易网络。伴随着海洋活动增多和人的足迹的延伸，海防问题也随之而来。

二、浙江海防问题产生与海防体系的初步建立

海防的产生源于海上威胁的存在。唐至北宋，由于东北亚是地缘政治博弈的地带，浙江还不是海防的重点区域。唐朝时，海疆经营的重点在于东北海疆，曾联合新罗制服百济。663年，唐水师军队在白江口（今朝鲜锦江口）击败了支持百济的日本水军。为此，山东半岛成为唐代海防重地，在登州常年驻扎征调服役水手5000多人，每期两年，轮番更调。同时期的浙江并无大的海患，对外文化、贸易交流呈现和平发展的特点。北宋面临辽军从海上进攻的威胁，山东半岛首当其冲，与辽朝所辖的辽东半岛隔海相望，因而在登州府置水师备御。相比较而言，浙江虽也设有一定数量的水兵，但其海防地位远逊于山东半岛。

浙江进行大规模的海防建设始于南宋，这与南宋偏安东南一隅的地理位置息息相关。南宋定都临安，系"背海立国"，位于钱塘江口，濒临大海。时人章如愚对南宋的国防形势做过精辟分析：

> 江淮，手足也。海口，咽喉也。京畿，腹心也。钱塘面瞰浙江，去淮有千里之遥，濒海无半日之顷。江淮固要津，守御既备，仓促有警，未足为腹心之忧。巨海梯航，快风顺水，自海而入京畿，不信宿而自捣吾腹心之所。江淮之师虽列百万，各坚守御，岂能应缓急之援？[①]

当时从北方到达浙江的海上航线有两条。一是由"抛大洋至洋山、二孤、宜山、岱山、猎港、岑江，直至定海县。此海道一也，系浙东路"。二

----

① （宋）章如愚：《群书考索》别集卷24《边防门》，书目文献出版社，1992年，第1429页。

是"自通、泰州南沙、北沙转入东签、料角、黄牛垛头,放洋至洋山,沿海岸南来,至青龙港;又沿海岸转徘徊头至金山,入海盐县澉浦镇黄湾头,直至临安府江岸。此海道二也,系浙西路"①。为了应对金朝、蒙古的海上进攻,南宋政府设立了专管海防的机构——沿海制置司,这是中国历史上第一个独立的海军衙门。沿海制置司最初设立于绍兴二年(1132),全称为福建两浙淮东沿海制置司,后分为浙东沿海制置司和浙西沿海制置司,分别驻在明州定海县和平江府许浦镇。前者主要管辖温、台、明、绍等地,有时还包括福建地面;后者管辖浙西、淮东等地。两司废置不常,最后只有浙东沿海制置司保留了下来。浙东沿海制置司大多由知明州或知庆元府兼任②。

南宋以都城临安为海防重心,屯驻有多支水军。最早建成的是定海水军,隶属于沿海制置司,屯驻于明州定海县,所辖水军士卒逾万,"舟船数百"③;许浦水军,屯驻于平江府许浦镇,兵额为 7000 人,最多时达12000 人,主要是防范长江口及其以北地区;澉浦水军,屯驻于嘉兴府澉浦镇,隶属于殿前司,兵额 1500 人;金山水军,屯驻于嘉兴府金山,隶殿前司,兵额为 1000 人;浙江水军,屯驻于临安府,隶殿前司,兵额为 10000人,直接保卫都城的安全。总兵员数 3 万多人,占据南宋沿海水军的绝大部分④。

南宋水军建立了海上和近岸侦察体系。如定海水军每月定期派船出海,进行海上巡逻和侦探,对舟山群岛一带进行昼夜巡逻,并规定水军要将军事情报定时上报给枢密院和尚书省。对重要的岛屿派兵哨守,如明州境内的三姑山,地理位置十分重要,"山东海船乘风而来,必先经由三姑,然后分路或入浙东,或入浙西"⑤,故由沿海制置司派一小股土军、水军驻扎其上进行瞭望,自每年十月朔至次年三月朔为止。在沿海制高点设立烽燧作为海防警报系统,如浙东以招宝山为起点,建立了三路烽

---

① 刘琳等校点:《宋会要辑稿》职官 40《制置使》,上海古籍出版社,2014 年,第 3989 页。
② 熊燕军:《南宋沿海制置司考》,《浙江大学学报(人文社会科学版)》2007 年第 1 期。
③ (宋)李心传:《建炎以来系年要录》卷 101,绍兴六年五月乙亥,上海古籍出版社,1992 年,第 397 页。
④ 王青松:《南宋海防初探》,《中国边疆史地研究》2004 年第 3 期,第 102 页。
⑤ 刘琳等校点:《宋会要辑稿》方域 19《益置海寨》,第 9671 页。

燧共 26 铺①,以放炮、举火为号,来传递海上安全状况。

南宋依赖强大的水军,实行了积极的海上防御策略,以歼敌于海上为主。绍兴三十一年(1161),金朝水军企图沿海南下直捣临安,南宋水军得报后从海上长途奔袭,在山东密州附近海面全歼金朝水军,粉碎了其海上攻占临安的企图②。除水军外,沿海各地的巡检、禁军、民间武装等也是南宋海防的重要依靠力量,共同组成了较为严密的海防体系,在100 多年内确保了作为政治、经济、文化中心的两浙路的安全。

元朝实现了超越汉唐的大一统,凭借其无与伦比的强盛军事力量,雄踞亚欧大陆。在灭南宋后,元朝获得大量水军战船,以此奠定了其在东南沿海的海军力量。元朝曾发动对日本、安南、爪哇等地的征伐,但大多以失败告终。此后,元军在海上不再进行大规模用兵。元朝前期,海上几乎没有敌对势力的威胁,以防盗贼为主,后期以日本为主要防范对象。

两次元日战争给中日两国关系投下了阴影,元朝对日本产生强烈的戒备防范心理。至元十八年(1281)十一月,元廷令:"征日本回军后至者分戍沿海。"③至元十九年(1282)二月,元政府"徙浙东宣慰司于温州,分军戍守江南,自归州以及江阴至三海口,凡二十八所"④。至元二十六年(1289)二月,元政府自泉州至杭州设立 15 个海站,每站配船 5 艘、水军200,"专运番夷贡物及商贩奇货,且防御海道"⑤。至元二十七年(1290)十一月,元廷在浙江恢复三万户镇守制,其中哈喇带一军戍守明州、台州,亦怯烈一军戍守温州、处州,札忽带一军戍守绍兴、婺州。又在濒海沿江要害选择 22 所演习水战,在钱塘江口增置战舰 100 艘、海船20 艘。

庆元路(今浙江宁波)因其"三垂际海,扶桑在其东,瓯粤在其南,且

---

① (宋)梅应发、刘锡:《开庆四明续志》卷5《指挥本末》,《景印文渊阁四库全书》第 487 册,台湾商务印书馆,1984 年,第 411—417 页。

② 王青松:《南宋海防初探》,《中国边疆史地研究》2004 年第 3 期,第 101—102 页。

③ (明)宋濂等撰:《元史》卷 11《本纪第十一·世祖八》,第 236 页。

④ (明)宋濂等撰:《元史》卷 99《志第四十七·兵二·镇戍》,第 2542 页。

⑤ (明)宋濂等撰:《元史》卷 15《本纪第十五·世祖十二》,第 320 页。

控扼日本诸蕃,厥惟喉襟之地"①,是元朝在东南沿海的海防重地。到元朝中期,庆元路的千户所已达到16翼,每翼设千户、弹压、百户等。在作为庆元门户的定海(今宁波镇海)县城以北驻扎万户府,并设有分镇抚所、哨船千户所、蒙古千户所、巡盐千户所等。

从13世纪初开始,日本九州和濑户富于冒险的武士和名主携带同伙到中国和高丽进行贸易,同时伺机抢夺沿岸居民,这就是早期的倭寇②。元至元二十九年(1292)十月,"日本舟至四明,求互市,舟中甲仗皆具,恐有异图,诏立督元帅府,令哈喇带将之,以防海道"③。大德二年(1298),在昌国州(今舟山定海)创立巡捕司,设立镇守所五处,又设立螺头、岑江、三姑、岱山、北界等五处巡检司,各领弓兵数十名。大德八年(1304)四月,元政府在定海置千户所,"以防岁至倭船"④,又以守卫海口的兵力单弱,调蕲县汉军100人、宁万汉军100人和新附军300人守庆元,蒙古军300人守定海。大德十年(1306)四月,有日本商人抵达庆元进行贸易,进献金铠甲,元政府"命江浙行省平章阿老瓦丁等备之"⑤。至大元年(1308),"日本商船焚掠庆元,官军不能敌",次年元廷决定于水路沿海万户府新附军三分取一,与陆路蕲县万户府汉军相参镇守⑥。至大四年(1311)十月,江浙行省奏称:"两浙沿海濒江隘口,地接诸蕃,海寇出没,兼收附江南之后,三十余年,承平日久,将骄卒惰,帅领不得其人,军马安置不当,乞斟酌冲要去处,迁调镇遏。"为此,枢密院认为:"庆元与日本相接,且为倭商焚毁,宜如所请。"⑦

以上不难发现,浙江真正意义上的海防体系在南宋时已经初步建立,在元朝时虽有应对日本的多种布置,但临事应对的痕迹也很明显,尚缺乏整体规划和设计。

---

① (元)袁桷:《延祐四明志》卷8,《景印文渊阁四库全书》第491册,台湾商务印书馆,1984年,第478页。
② [日]井上清著、天津市历史研究所译:《日本历史》,天津人民出版社,1974年,第166页。
③ (明)宋濂等撰:《元史》卷17《本纪第十七·世祖十四》,第367页。
④ (明)宋濂等撰:《元史》卷21《本纪第二十一·成宗四》,第459页。
⑤ (明)宋濂等撰:《元史》卷21《本纪第二十一·成宗四》,第469页。
⑥ (明)宋濂等撰:《元史》卷99《志第四十七·兵二·镇戍》,第2548页。
⑦ (明)宋濂等撰:《元史》卷99《志第四十七·兵二·镇戍》,第2548页。

第二节　趋于完备的明代浙江海防体系

　　一般认为,中国的海防始于明代,"古有边防而无海防,海之有防自明始也"①。这显然是从海防的完备程度来讲的。前文说过南宋时浙江已建立了较为严密的海防体系,但不及明朝海防体系之完备与周密。明初为了应对海上方国珍、张士诚残部的反攻和防备倭患,开始建置卫所。明太祖原本想通过外交途径与日本解决倭寇问题,但在洪武中期遭遇失败,不得不加强海防措施②。尤其是洪武十九年(1386)以后,信国公汤和奉命巡视海疆,陆续在浙江修筑卫所城池。卫所的设置规则是:"度要害地,系一郡者设所,连郡者设卫。大率五千六百人为卫,千一百二十人为千户所,百十有二人为百户所。所设总旗二,小旗十,大小联比以成军。"③"征伐则命将充总兵官,调卫所军领之;既旋则将上所佩印,官军各回卫所。"④浙江境内卫所由都指挥使司统辖:"卫所在内地者主守,在沿海者主备倭。卫在内地者一,沿海者九。卫各五所,其外又特设所三十四,在内地者六,沿海者二十八。卫所官有定员,而沿海特设总督都指挥一人、把总指挥四人……而又备战有船,守瞭有寨,传警有烽堠、墩台。卫所外有巡检司,司有弓兵,而沿海居其半。"⑤可知卫所有内地和沿海之别,沿海设立卫所的主要目的是备倭。卫所外还有巡检司,巡检司主要负责缉捕沿海通倭商民,大致形成卫—所—巡检司为上下层级的海防体系,并配有水寨、战船、关隘、寨堡、烽堠、墩台等设施。根据宋烜的统计,浙江沿海的卫有海宁卫、绍兴卫、临山卫、观海卫、定海卫、昌国卫、海门卫、松门卫、盘石(亦作磐石)卫、温州卫、金乡卫、宁波卫,共 12 卫,这些卫下辖千户所近 30 个、巡检司 50 多个⑥。每卫军兵人数 4600 至 5600

---

① (清)齐翀:《南澳志》卷 8《海防》,哈佛燕京图书馆藏,道光二十一年(1841)补刊本。
② 陈尚胜:《闭关与开放:中国封建晚期对外关系研究》,山东人民出版社,1993 年,第 11 页。
③ (清)张廷玉等撰:《明史》卷 90《志第六十六·兵二》,中华书局,1974 年,第 2193 页。
④ (清)张廷玉等撰:《明史》卷 89《志第六十五·兵一》,第 2175 页。
⑤ (清)嵇曾筠等监修、沈翼机等编纂:《浙江通志》卷 95《海防一》,《景印文渊阁四库全书》第 521 册,台湾商务印书馆,1984 年,第 452—453 页。
⑥ 宋烜:《明代浙江海防研究》,第 65—84 页。

人,每千户所 1100 多人,百户所 110 多人,每巡检司置弓兵百人或数十人不等。笔者根据相关研究整理出浙江沿海卫所建置情况,如表 1-1 所示:

表 1-1　明代浙江沿海卫所建置一览表①

所在政区	卫	官兵配置	卫下辖水寨	卫下辖千户所	官兵配置	千户所下辖水寨
嘉兴府	海宁卫	指挥使 1 人,同知 2 人,佥事 4 人,镇抚 2 人。左右中前后各正千户 1 人,副千户 2 人,镇抚 1 人。管军百户 20 人,辖总旗 2 人,小旗 10 人,军百人。与澉浦、乍浦 2 所合计官 127 人,旗军 10302 人	北铺、蓝田、三间	澉浦所	正千户 1 人,副千户 2 人,镇抚 1 人,管军百户 20 人。辖总旗 2 人,小旗 10 人,军百人	西山、东盐团、南海口、混水闸、葫芦湾、南门总
				乍浦所	正千户 1 人,副千户 2 人,镇抚 1 人,管军百户 20 人。辖总旗 2 人,小旗 10 人,军百人	独树林、独树东、蒲山外、蒲山西、汤山总、西山嘴、金家湾、唐家湾、长沙湾、梁庄大、梁庄旧、圣妃宫
杭州府				海宁所	正千户 3 人,副千户 6 人,镇抚 1 人,百户 9 人。每百户总旗 2,总旗下小旗 5,小旗下军 10 人,原额旗军 1351 名	黄湾、石墩山
绍兴府	绍兴卫	指挥 15 员,镇抚 2 员,千户 16 员,百户 33 员。额军 5600 名		三江所	千户 5 员,百户 15 员,镇抚 1 员,额军 1352 名	
	临山卫	指挥 17 员,镇抚 2 员,千户 18 员,百户 43 员,所镇抚 11 员。额军 5600 名		三山所	千户 5 员,百户 9 员,所镇抚 1 员,额军 1120 名	
				沥海所	千户 1 员,百户 8 名,镇抚 3 员,额军 1120 名	
宁波府	观海卫	指挥 18 员,千户 17 员,百户 50 员,所镇抚 10 员。额军 5704 名	瓜誓	龙山所	千户 5 员,百户 10 员,所镇抚 1 员,额军 1263 名	家嚣

---

① 芮赵凯:《嘉靖"大倭寇"与浙江海防建设考论》,东北师范大学 2019 年博士论文,第 15—22 页。

续表

所在政区	卫	官兵配置	卫下辖水寨	卫下辖千户所	官兵配置	千户所下辖水寨
宁波府	定海卫	卫与内四所军职90员。旗军4480名	江北、长山	大嵩所	千百户、镇抚17员。旗军1120名	
				霩衢所	千百户16员。旗军1120名	
				穿山后所	千百户、镇抚17员。旗军1120名	
				舟山中中、中左二所	千百户、镇抚共37员。旗军2240名	沈家门
	昌国卫	军职共76员。旗军4480名	南堡、游仙、黄沙	爵溪所	千百户、镇抚共13员。旗军1120名	
				钱仓所	千百户、镇抚共15员。旗军1120名	
				石浦前所	千百户、镇抚共24员。旗军2240名	
				石浦后所		
	宁波卫	军职共107员。旗军5600名				
台州府	海门卫	指挥以下等官54员。旗军683名	海门	海门前所	千户等官14员。旗军196名	
				新河所	千户等官18员。旗军863名	
				健跳所	千户等官11员。旗军241名	
				桃渚所	千户等官17员。旗军411名	
	松门卫	指挥以下等官52员。旗军2025名	松门	楚门所	千户等官9员。旗军567名	楚门
				隘顽所	千户等官14员。旗军567名	

所在政区	卫	官兵配置	卫下辖水寨	卫下辖千户所	官兵配置	千户所下辖水寨
温州府	盘石卫	指挥以下等官 90 员。旗军 2105 名	黄华、浦东、屿山	宁村所	千户等官 16 员。旗军 1175 名	沙沟、沙邺、长沙、龙湾、前岗
				蒲岐所	千户等官 14 员。旗军 904 名	
				盘石后所	千户等官 15 员。旗军 815 名	
	温州卫	指挥使 1 员,同知 2 员,佥事 4 员,镇抚司镇抚 1 员。辖千户所五,曰左所、右所、中所、前所、后所,每所正千户 1 员,副千户 2 员,镇抚 2 员。辖百户所 10,每百户 1 员,管总旗 2 名,小旗 10 名		海安所	千户等官 17 员。旗军 1251 名	上坞、东山、丁田、田寨
				瑞安所	千户等官 20 员。旗军 1260 名	
				平阳所	千户等官 18 员。旗军 1232 名	凤火、江兼、汶路口
	金乡卫	指挥以下等官 97 员。旗军 4928 名	庙背、屿门、舵艚、大嶨、炎亭、大获、小获、石塘、石砰、小鱼野、大鱼野	蒲门所	千户等官 14 员。旗军 1232 名	镇下门
				壮士所	千户等官 15 员。旗军 1232 名	
				沙园所	千户等官 13 员。旗军 1250 名	陡门、仙口、眉石南、眉石北、江兼、烽火

从上表可知,一些沿海卫所设有水寨。明朝规定,滨海卫所、巡检司配置一定数量的战船供海上巡逻。《明史》记载:"滨海卫所,每百户及巡检司皆置船二,巡海上盗贼。"①明初海上巡倭多属于临时派遣,尚无固定的制度。如洪武七年,"诏以靖海侯吴祯为总兵官,都督佥事于显为副总兵官,领江阴、广洋、横海、水军四卫舟师,出海巡捕海寇,所统在京各卫

---

① （清）张廷玉等撰:《明史》卷 91《志六十七·兵三》,第 2244 页。

及太仓、杭州、温、台、明、福、漳、泉、潮州沿海诸卫官军,悉听节制"①。永乐间,为应对频繁出没的海上倭寇,在太监王镇建议下,海宁、观海等卫的卫所军船集中到沈家门水寨,进行海上巡逻,各沿海卫所有警,则由停泊水寨的军船回卫所支援。如此一来可以集中战船在海上御倭,但其缺点是各卫所没有军船,一旦有倭船来寇,水寨军船往往回救不及②。至明后期已形成比较完善的巡洋会哨制度。郑若曾《浙直福兵船会哨论》记载:"浙东地形与福建连壤,浙西地形与苏松连壤,利害安危各有辅车相依之势,故上命浙江巡抚、总督浙直福分哨各官互为声援⋯⋯其在浙江也,南则沈家门兵船哨至福建之烽火门,而与小埕兵船相会;北则马墓港兵船哨至苏州洋之羊山,而与竹箔沙兵船相会。"③这里说的是浙江与福建、江苏之间的省际会哨。省内各防区、卫所之间也有会哨规定。如万历《绍兴府志》记载:"各区官兵分拨小哨、喇叭、唬网船轮流远出外洋,往来哨逻,仍与邻近兵船交相会哨。"④因此各卫所"陆聚步兵、水具战舰",形成陆水相维的海防体系。

明初奠定的沿海卫所防御体系总体上维系了一百多年的海上稳定。但到嘉靖大倭患爆发时,卫所制度疲敝已极,暴露出了很多问题,如旗军缺额严重、军政腐败、战斗力丧失等。"卫所军不堪用,则募民为兵用之,兵制因大变。"⑤为适应抗倭斗争形势,明政府不得不对原有体系进行调整。通过调客兵、练乡兵、募兵的方式来提高兵员战斗力。对原先混乱的指挥体制也进行变革,逐渐形成"督抚—兵备副使"的文官系统和"总兵—参将—把总"的武官系统,是文官与武官共同指挥的双轨体制。学

---

① 《明太祖实录》卷87,洪武七年正月甲戌,台湾"中研院"历史语言研究所校印本,1962年,第1546页。

② 宋烜:《明代海防军船考——以浙江为例》,《浙江学刊》2012年第2期,第55—56页。

③ (明)郑若曾:《郑开阳杂著》卷1《浙直福兵船会哨论》,《景印文渊阁四库全书》第584册,台湾商务印书馆,1984年,第479页。

④ (明)萧良干修、李能成点校:万历《绍兴府志》卷23《武备志一·军制·哨探之规》,宁波出版社,2012年,第477页。

⑤ (清)顾炎武撰、黄珅等校点:《天下郡国利病书》第4册《浙江备录下·成海篇》,上海古籍出版社,2012年,第2464页。

者把这种不同于卫所世袭兵制的新兵制称为省镇营兵制①。也有学者称之为镇戍制,指出从嘉靖年间起浙江逐步建立海防镇戍体制,到万历年间海防镇戍体制趋于完备。镇戍制下的浙江海防体系是一个大小相维、文武互制的整体。文官总督、巡抚处于这个体系的顶层,意在整合浙江海防的所有资源,另有巡视海道、兵备道、分巡道、兵巡道等官负责监军,其作用是以文抑武,防止武官拥兵自重或画地为牢、各自为政;总兵是浙江武官之首,下辖四个参将、六个备倭把总,四参将包括杭嘉湖参将、宁绍参将、台金严参将、温处参将,他们组织跨府级的海防,六把总包括海宁总、临观总、定海总、昌国总、松海总、金盘总。参将主要统领陆军,负责海岸防御,把总主要统领水军,负责近海水面防御。营是镇戍兵制下最基层的单位,其编制采用营兵的伍—什—队—哨之制,而非卫所制的卫所—千户—百户—总旗之制②。卫所制在明中后期仍然存在,对省镇营兵制(镇戍制)起辅助作用,如提供兵员等,直到清朝前期才最终废除。

明代专门性海防理论著作的丰富也反映出其海防的完备程度。自嘉靖中期至万历中期,时人在海防斗争实践的基础上,撰写了一大批海防著作,如《筹海图编》、《海防类考》、《海防纂要》、《虔台倭纂》等。万历二十四年(1596),浙江温处兵备兼巡浙东道副使蔡逢时,鉴于浙江是嘉靖年间倭患的重灾区,因思"浙为海内首藩,而浙之东南温处,其门户也"③,在前人论著基础上编成《温处海防图略》,详细介绍了浙东地区的水陆要冲、入寇海道、风潮汛期、驻防兵制等情况。万历三十年(1602),浙江按察使司管海兵备道范涞,鉴于浙江是防倭要冲,参考《筹海图编》等书编成《两浙海防类考续编》,对浙江沿海兵卫巡防饷额等记述颇详。这些也从侧面显示出明代浙江海防体系的系统性和完备性已经远远超越宋元时代。

---

①　张侃、宫凌海:《明代中后期东南地区兵制变迁——以浙江沿海地区为中心的考察》,《江西社会科学》2014 年第 11 期。

②　钟铁军:《明代浙江沿海海防地理研究》,黑龙江教育出版社,2019 年,第 20—31 页。

③　(明)蔡逢时:《温处海防图略》前序,四库全书存目丛书编纂委员会编《四库全书存目丛书》史部第 226 册,齐鲁书社,1996 年,第 642 页。

本章小结

　　海防起源于人类海上活动的增多和外部威胁的存在。唐朝后期至吴越国、宋元时期,浙江凭借优越的地理位置使海外贸易不断发展,贸易网络得以拓展,海上活动趋于活跃。南宋时因都城临安面临着金人、蒙古人可能从海上发起的进攻,开始大规模构筑海防体系。元朝以日本为海防对象,浙江庆元路成为海防重地,但海防布置多系因应之举,尚缺乏整体规划和设计。明代洪武年间浙江面临方国珍、张士诚海上力量以及倭寇的威胁,汤和主持系统建设以卫所为核心的海防体系。至嘉靖倭患时,明政府进一步对海防体系做出变革。可以说,浙江海防体系成形于南宋时期,在明代趋于完备。

第二章　清代浙江行政区划、
海防地理和海防对象

海防体系的构建离不开特定的时空背景,且往往针对已有或潜在的海防威胁。本章先是考察清代浙江的行政区划,然后介绍浙江滨海六府的海防地理,并对清代浙江的海防对象按照时间段进行梳理分析。

第一节　清代浙江的行政区划

清代浙江行政区划是一成不变还是发生了较大变化?兹选取成书于不同时期的三部文献《读史方舆纪要》、清雍正朝《浙江通志》、《清史稿》,对清代浙江行政区划的记载做一对比,分述如下。

清康熙年间顾祖禹所撰《读史方舆纪要》记载:

> 洪武九年置浙江等处承宣布政使司。领府十一,属州一,属县七十五……今仍为浙江布政使司。[①]

根据它的记载,清初浙江各府和所属州县如下表(表 2-1)所示:

表 2-1　清初浙江府、州、县行政区划一览表

省	府	治所	下设县(州)数	所辖县(州)
浙江布政使司	杭州府	钱塘	9	钱塘县、仁和县、海宁县、富阳县、余杭县、临安县、於潜县、新城县、昌化县
	严州府	建德	6	建德县、桐庐县、淳安县、遂安县、寿昌县、分水县
	嘉兴府	嘉兴	7	嘉兴县、秀水县、嘉善县、崇德县、桐乡县、平湖县、海盐县

---

① 　(清)顾祖禹撰,贺次君、施和金点校:《读史方舆纪要》,中华书局,2005 年,第 4097 页。

续表

省	府	治所	下设县(州)数	所辖县(州)
浙江布政使司	湖州府	乌程	7	乌程县、归安县、长兴县、德清县、武康县、安吉州、孝丰县
	绍兴府	山阴	8	山阴县、会稽县、萧山县、诸暨县、余姚县、上虞县、嵊县、新昌县
	宁波府	鄞县	5	鄞县、慈溪县、奉化县、定海县、象山县
	台州府	临海	6	临海县、黄岩县、天台县、仙居县、宁海县、太平县
	金华府	金华	8	金华县、兰溪县、东阳县、义乌县、永康县、武义县、浦江县、汤溪县
	衢州府	西安	5	西安县、龙游县、常山县、江山县、开化县
	处州府	丽水	10	丽水县、青田县、缙云县、松阳县、遂昌县、龙泉县、庆元县、云和县、宣平县、景宁县
	温州府	永嘉	5	永嘉县、瑞安县、乐清县、平阳县、泰顺县

资料来源:(清)顾祖禹撰,贺次君、施和金点校:《读史方舆纪要》,中华书局,2005年,第4098—4100页。

雍正朝编纂的《浙江通志》云:

> 皇清定天下为两京、十四省:直隶、盛京,江南、浙江、江西、湖广、福建、山东、山西、河南、陕西、四川、广东、广西、云南、贵州。置浙江等处承宣布政使司,统辖各府州县。凡隶布政司者,府一十一、州一、县七十六。[1]

民国时赵尔巽等清朝遗老撰写的《清史稿》对浙江的行政建置有一总结:

> 浙江:禹贡扬州之域。明设布政司。清初为浙江省,置巡抚,福建置总督。顺治十五年,置浙江总督。雍正五年,改巡抚为总督。十二年,仍为巡抚。乾隆元年,复置浙江总督。三年,改闽浙总督,自是为定制。顺治五年,遣固山额真金砺来杭驻防,掌平南将军印。

---

[1] (清)嵇曾筠等监修、沈翼机等编纂:《浙江通志》卷5《建置二》,《景印文渊阁四库全书》第519册,台湾商务印书馆,1984年,第223页。

康熙初年改将军,总督驻福州,将军、巡抚驻杭州。三十六年(按,此处有误,应为二十七年),舟山置定海县,以旧县改置镇海。雍正六年,增置温台玉环厅。道光二十一年,升定海为直隶厅。乾隆三十八年,升海宁县为州,降安吉州为县。领府十一,直隶厅一,州一,厅一,县七十五。①

以上三部文献的记载反映了清初、前期、晚期不同时期浙江的行政区划。可以发现,清代浙江行政区划保持了总体的稳定,但随着海防形势的变化,海疆个别政区进行了相应的调整。变化如下:

康熙二十七年(1688),随着台湾明郑势力降清后海上威胁的消除,清政府决定在舟山群岛设置定海县,隶宁波府,改原定海县为镇海县②。雍正六年(1728),清政府在温台交界的玉环岛设温台玉环清军饷捕同知,把临近的台州府太平县、温州府乐清县的部分地方划入其地管辖,隶温州府③。乾隆三十八年(1773),浙江巡抚三宝奏称,"杭州府属海宁县,系海疆要地,赋重差繁,兼有塘工修筑,应升为州。其事简之湖州府属安吉州,应降为县",获得吏部批准④,海宁州成为与县平行、地位略高于县的散州。道光四年(1824),铸浙江宁波府石浦厅同知关防⑤,石浦厅成为相当于县的散厅。道光二十三年(1843),鉴于定海在鸦片战争中首当其冲、两度被占的局面,决定将其升格为直隶厅⑥,地位相当于府,隶属于分巡宁绍台道管辖。宣统元年(1909),宁波府象山县的南田岛设置南田抚民厅。光绪《钦定大清会典》载:"沿海沿江,则将军、督抚分其治于各关道、巡道、守道,道分其治于厅以设防。"⑦可见,厅的设置有加强海防的考虑。

---

① 赵尔巽等撰:《清史稿》卷65《志四十·地理十二·浙江》,中华书局,1976年,第2127—2128页。
② (清)嵇曾筠等监修、沈翼机等编纂:《浙江通志》卷7《建置四》,《景印文渊阁四库全书》第519册,第250页。
③ 《世宗实录》卷67,雍正六年三月甲戌,《清实录》第7册,中华书局,1985—1987年,第1026—1027页。
④ 《高宗实录》卷940,乾隆三十八年八月辛丑,《清实录》第20册,第709页。
⑤ 《宣宗实录》卷70,道光四年七月丙寅,《清实录》第34册,第110—111页。
⑥ 《宣宗实录》卷388,道光二十三年正月丙辰,《清实录》第38册,第969页。
⑦ (清)昆冈等修、吴树梅等纂:《钦定大清会典》卷6,《续修四库全书》编纂委员会编《续修四库全书》第794册,上海古籍出版社,1995年,第74页。

　　清朝在设立府、厅、州、县的基础上,还设置了道这一行政区划。道,原为布政司、按察司临时差遣僚属办事划分的管区。顺治、康熙时,浙江守、巡诸道裁设不定,至雍正时稳定为四道,即分巡杭嘉湖道、分巡宁绍台道、分巡温处道、分巡金衢严道[①]。杭嘉湖道管辖杭州府、嘉兴府、湖州府3府;宁绍台道管辖宁波府、绍兴府、台州府3府,和定海直隶厅;温处道管辖温州府、处州府2府;金衢严道管辖金华府、严州府、衢州府3府。

　　以上浙江行政建置中,滨海的道自北向南依次是:杭嘉湖道、宁绍台道、温处道3道;滨海的府(含直隶厅)自北向南有:嘉兴府、杭州府、绍兴府、宁波府、定海直隶厅、台州府、温州府,共6府1直隶厅。滨海的县(散州、散厅)自北向南有:嘉兴府的平湖县、海盐县,杭州府的海宁州、仁和县,绍兴府的萧山县、山阴县、会稽县、上虞县、余姚县,宁波府的慈溪县、镇海县、鄞县、奉化县、象山县、石浦厅、南田厅,台州府的宁海县、临海县、黄岩县、太平县,温州府的乐清县、永嘉县、瑞安县、平阳县、玉环厅。具体分布详见表2-2。

表2-2　晚清浙江滨海道、府、厅、州、县建制表

滨海道	滨海府 (直隶厅)	滨海县 (州、厅)数	所辖滨海县(州、厅)
杭嘉湖道	嘉兴府	县2	平湖县、海盐县
	杭州府	散州1、县1	海宁州、仁和县
宁绍台道	绍兴府	县5	萧山县、山阴县、会稽县、上虞县、余姚县
	宁波府	县5、散厅2	慈溪县、镇海县、鄞县、奉化县、象山县、石浦厅、南田厅
	台州府	县4	宁海县、临海县、黄岩县、太平县
	定海直隶厅	/	/
温处道	温州府	县4、散厅1	乐清县、永嘉县、瑞安县、平阳县、玉环厅

　　综上,清代浙江海疆行政区划保持了总体上的稳定,只是随着海防形势的变化和需要,个别政区进行了调整。至晚清时,浙江滨海之地包

---

① (清)嵇曾筠等监修、沈翼机等编纂:《浙江通志》卷120《职官十》,《景印文渊阁四库全书》第522册,台湾商务印书馆,1984年,第213—216页。

括 3 道、6 府、1 直隶厅、3 散厅、1 散州、21 县。

第二节　清代浙江的海防地理

浙江位于中国大陆海岸线中段,地处长江三角洲南翼,东面大海,西连安徽、江西,北依江苏、上海,南接福建,省境陆地轮廓呈六边形。其沿海地貌属于基岩港湾淤泥质海岸,拥有许多优良的港湾,如杭州湾、象山湾、三门湾、台州湾、乐清湾、温州湾等;著名的港口有宁波港、乍浦港、舟山港、温州港、洋山港等。浙江境内江河资源丰富,自北向南有东西苕溪、钱塘江、曹娥江、甬江、灵江、瓯江、飞云江、鳌江等八大主要水系,除苕溪外,其余均流入大海。浙江地处亚热带季风气候,四季分明,温和湿润,非常适合农业生产。沿海区域冬季盛行西北风,夏季盛行东南风,便于发展海外帆船贸易。漫长的海岸线,优越的地理位置,宜人的气候,使浙江拥有广阔的海洋发展空间,在全国占有重要的经济和军事地位,逐渐成为国家的海防重地。

从地势上看,浙江自西南逶迤东北,呈阶梯下降。从地形看,大致可分为浙北平原、浙西丘陵、浙东丘陵、浙中金衢盆地、浙南山地、东南沿海平原和滨海岛屿,"杭、嘉、湖平原水乡,是为泽国之民;金、衢、严、处丘陵险阻,是为山谷之民;宁、绍、台、温连山大海,是为海滨之民"[①]。明代浙江海防形势十分严峻,此阶段催生了一批海防著作,大多是对御倭经验的总结,其中包含对海防地理的认识,浙江沿海海口和岛屿备受关注。王在晋《海防纂要》云:

> 两浙形胜,大半负海。岛夷之来,最为切近,日本旧时贡道在焉。论列郡之海口,则温州之飞云、横阳、馆头,台州之松门、海门,宁波之定海、大浃、湖头渡,绍兴之三江、沙门,杭州之赭山、龛山,嘉兴之乍浦、澉浦,皆倭寇窥犯之地,列郡之门户也。守门户,则堂奥自安矣。论海洋之要害,则金盘之凤凰山、南麂山,松海之大陈、大

---

① (明)王士性撰、吕景琳点校:《广志绎》卷 4《江南诸省》,中华书局,1981 年,第 68 页。

佛头,昌国之韭山,定海之舟山,远而陈钱、马迹、下八山,临观之烈港,海宁之洋山、许山,皆倭寇必经之地,沿海之藩篱也。守藩篱,则门户自固矣。夫浙东地形,突出海外,固为当敌要冲。浙西虽涉里海,而豪华财帛之明聚也,尤为贼所垂涎。两浙设御,其容以轩轻耶?![1]

将浙江海防地理构成分为藩篱、门户、堂奥三重。沿海的舟山、洋山、许山、韭山等众多岛屿被视作藩篱、屏障,一些重要的海口、港口如飞云、松门、海门、乍浦、澉浦等被称作门户,再向里则是堂奥。此外,浙西物产的富饶也增强了其海防地位。

对于如何保卫浙江省城,《江防辑略》认为重在把守三个门户,"鳖子门者,乃省城第一门户。石墩、凤凰外峙,乃第二门户。此外无山,惟羊、许山独立海中,东接衢洋,西控吴淞江口,此为第三门户。羊、许二山有防,然后石墩、凤凰有蔽;石墩、凤凰有蔽,然后钱塘鳖子门可守;鳖子门可守,然后省城无恐。此其大略也"。进而指出,"险要之防有二:曰海洋,曰江洋。往者倭寇结巢金山、柘林,贻害浙之昌化、富阳、石墩、渔浦,此海洋之患也。沿江多盗,劫掠客船,此江洋之患也","若训练江洋之水兵,控扼海洋之门户,庶乎江海互摄,内外交防,省会无虞,两浙无恐"。[2]

清人进一步总结了浙江的沿海形势,认为"浙濒海者六郡,水陆交错,岛屿旁连,并称要地。"[3]分别把濒海六府杭州、嘉兴、宁波、绍兴、台州、温州的基本海防地理描述如下:

> 杭州枕江负海,钱塘县沿江,仁和、海宁二县濒海。江口两山夹峙,南曰龛山,北曰赭山。旁有小山,曰鳖子山,谓之海门。江流经府西而南,东接海宁县界,出海门以入于海。故鳖子门控扼要害,乃省会之锁钥。而海宁则濒海为县,东达澉浦,南临大洋。石墩、凤凰、黄湾诸山,皆沿海必备之险也。

---

① (明)王在晋:《海防纂要》卷1《浙江事宜》,《续修四库全书》编纂委员会编《续修四库全书》第739册,上海古籍出版社,1995年,第669—670页。

② (清)顾炎武撰、黄坤等校点:《天下郡国利病书(四)》,上海古籍出版社,2012年,第2370—2372页。

③ (清)嵇曾筠等监修、沈翼机等编纂:《浙江通志》卷95《海防一》,《景印文渊阁四库全书》第521册,第442页。

嘉兴地处浙西,惟平湖、海盐二县之境东临大海,南澈北乍,延袤百七十里,相望宁绍诸山,隐隐列拱。白沙、梁庄、西海口、秦驻山、黄道港诸处,皆为郡境之冲,而乍浦一关,尤称紧要,控据海岸,翼蔽金山,外通羊洴大洋,实与江省相为唇齿云。

宁波三面际海,北面尤孤悬海滨,吴淞、海门呼吸可接,东出镇海,大洋辽阔,南连闽、粤,西通吴、会,舟山突起,中洲延袤四百余里,控扼日本诸蕃,厥惟咽喉之地。故以要害而论,镇海为宁、绍之门户,舟山为镇海之外藩。海上设备多途,宁波当全浙之冲,尤不可不厚集其力也。

绍兴北乃海之支港,北流薄于海盐,东极镇海之蛟门,西历龛、赭,入鳖子门,抵钱塘。所属山、会等五县,并皆边海。自三江至龙山,延袤三百余里,中有宋家娄、蛏浦、临山、泗门、胜山、古窑、松浦,均为要冲之地。

台州三面阻山,一面滨海。南自温州蒲岐,北抵宁波昌国,海岸五百余里,临黄、宁、太之间,四塞孤悬,七港错列。论适中之地在新河;论形势之急,在海门。由海门而上,直薄府城。增设兵船,严御港口,与桃渚、健跳、松门分守合备,当不在随汛出洋之例也。

温州襟带大海,北毗台、宁,南连闽、粤。延袤四百余里,深洋最多。自流江至镇下门、江口、飞云、海安、黄华、蒲岐诸港止,所在水路冲达;外则霓岙、三盘、南麂、南龙,均为海山之要害;而玉环岛吞孤悬,水陆交错,实温、台之门户,全浙之藩篱,戒备尤不容以不密也。①

亦有将浙江沿海划分内、外海加以审视者,如《清史稿》对此描述为:

浙江东南境濒海者,为杭、嘉、宁、绍、温、台六郡,凡一千三百余里。南连闽峤,北接苏、松。自平湖、海盐西南至钱塘江口,折而东南至定海、舟山,为内海之堂奥。自镇海而南,历宁波、温、台三府,

---

① （清)嵇曾筠等监修、沈翼机等编纂:《浙江通志》卷97《海防三》、卷98《海防四》,《景印文渊阁四库全书》第521册,第469、471、474、493、498、507页。

南接闽境,东俯沧溟,皆外海。论防内海,则嘉兴之乍浦、澉浦,海宁之洋山,杭州之鳖子门,绍兴之沙门为要。论防外海,则定海县与玉环厅皆孤峙大洋。定海为甬郡之屏藩,玉环为温、台之保障,尤属浙防重地。[①]

又指出,浙江外围比较重要的岛屿有:定海直隶厅的五奎山,定海以东洋面的马迹山,该山北属江苏境,山南属浙江境;马迹山东北的陈钱山,山大岙广,可以屯泊舟师;陈钱山迤南的岱山、普陀山、东霍山,其中东霍山与陈钱山南北相为犄角;昌国洋面的韭山,亦可驻泊舟师;自宁波而南,内有佛头、桃渚、松门、楚门诸山,外有茶盘、牛头、积谷、石塘、大小鹿山,为温、台所属水师会哨之所;玉环厅以南,则有渔山、三盘、凤凰、北屺、南屺等岛。

明代至清代鸦片战争之前的海防地理认识多是继承了明代的"倭寇记忆",而对日益膨胀的欧洲殖民势力缺乏警惕[②]。晚清随着外国列强从海上侵入中国,一些新的认识得以产生。候选州同朱正元著有《浙江沿海图说》一书,结合列强入侵浙江的经历,将浙江沿海海口按重要地位和防守难易缓急划分为"极冲、次冲、又次冲"三个等级。乍浦、镇海、宁波、舟山、石浦、温州列为"极冲"之地,澉浦、蟹浦、三山浦、穿山、象山、海门卫、玉环、飞云江、南北关、岱山列为"次冲"之地,沈家门、爵溪所、健跳所、松门卫、大渔口、长涂、衢山等地列为"又次冲"之地[③]。该书对海港宽狭深浅、大小轮船能否通过给予了特别关注。

浙江海防地理的重要性不仅仅是对于浙江一省而言,对东南乃至全局皆是如此。如定海不仅是宁波门户,亦是崇明唇齿;羊山、马迹也是长江、吴淞外蔽。有论者从更广阔的地理空间来审视浙江的重要性:

> 中国东南海岸,略同半规,而浙省于东海,最为突出。外而岛屿罗列,内而港汊分歧,水陆相参,形成扼塞,海疆有事,辄首当其冲。朝

---

①　赵尔巽等撰:《清史稿》卷 138《志一百十三·兵九·海防》,第 4109 页。

②　李恭忠、李霞:《倭寇记忆与中国海权观念的演进——从〈筹海图编〉到〈洋防辑要〉的考察》,《江海学刊》2007 年第 3 期。

③　(清)朱正元:《浙江沿海图说》,光绪己亥(1899)上海聚珍版。

鲜、台湾其左右臂,而舟山、南田、松门、玉环者其齿,琉球者,其唇也。[①]

综上,清代浙江滨海六府中,以宁波海防地位最为突出,次为嘉兴、台州、温州三府。杭州、绍兴二府由于有舟山为屏障,且地处杭州湾内,沙淤较重,海防形势稍轻,海防地位又次之。

第三节　清代浙江的海防对象

清代浙江的海防对象大致可按三个阶段划分,以下即按时间段来梳理分析。

一、第一个阶段:从1646年清军占领浙江到1683年收复台湾

这一阶段浙江的海防对象是以明鲁王朱以海和郑成功为代表的南明海上势力,张名振、张煌言、阮进都是当时浙东抗清的代表人物。清与南明之间曾对舟山群岛以及浙江沿海其他地方展开激烈的争夺,且多有反复。清政府此时专注于夺取和巩固全国政权,海上以坐困和消灭南明海上势力为目标,弃岛、禁海和迁界政策便是这一背景下的产物。

(一)以明鲁王朱以海为代表的抗清力量

清军于顺治二年(1645)占领杭州,明朝遗臣张国维、钱肃乐、朱大典、张煌言等在浙东绍兴拥立明太祖十世孙、鲁王朱以海为监国,建立临时政权,以次年(1646)为鲁监国元年。张国维被任命为东阁大学士、督师,统帅各部兵马,构筑了钱塘江东岸防线。在不到一年时间里,鲁王官兵多次渡过钱塘江、杭州湾,一度收复富阳、於潜、澉浦等地,甚至三次进攻杭州,造成清军南下以来遇到的最顽强的抗击。诚如当时史家所言:

> 甲申、乙酉间,清兵南下,至兖、至豫、至淮、扬,以及入金陵,下苏、杭,所至逃降,莫敢以一矢相抗者。至是而始与之战,战而且捷,真三十年来未有之事。[②]

---

① 徐映璞:《两浙史事丛稿》,浙江古籍出版社,1988年,第280页。
② (清)计六奇撰,任道斌、魏得良点校:《明季南略》卷5《清兵大败》,中华书局,1984年,第288页。

但这种抵抗很快在清军的反击下瓦解，至 1646 年八月，浙江除舟山外全部被清军占领。1646 年六月，鲁监国朱以海在张名振等的保护下渡海到达舟山。驻守于此地的黄斌卿声称自己是南明隆武朝廷所封的肃虏侯，不承认鲁监国政权的合法性，拒绝接纳朱以海进城。鲁监国及随从官员、兵将只能寄人篱下，在舟山群岛的普陀山借住。十一月，屯守于金门、厦门一带的南明永胜伯郑彩、定波将军周瑞把鲁监国迎往厦门。由于先前在福建称帝的南明隆武皇帝朱聿键已在本年被清军掳获，后绝食而死，因此鲁监国来闽后迅速成为当地抗清力量倚重的一面旗帜，但东南沿海的郑鸿逵、郑成功、黄斌卿等抗清武装仍以尊奉隆武朝为名拒绝接受他的领导。从 1647 年到 1648 年初，以鲁监国为首的南明军队取得了一系列胜利，收复了闽东北的三府、一州、二十七县[①]。然而，南明各派势力之间的勾心斗角、互相倾轧给清军反攻以可乘之机，1648 年三四月间，在清朝靖南将军陈泰和浙闽总督陈锦所率军队的联合反击下，鲁监国所复之地重新落入清军之手。迫于福建形势的恶化，鲁监国先是于 1649 年正月移驻闽、浙交界的沙埕，又于七月移居浙江临海县濒海的健跳所。九月，张名振等护送鲁监国进驻舟山。在遭到黄斌卿的拒绝后，张名振与王朝先、阮进设计袭杀了黄斌卿，通过安抚其旧部稳定了舟山局势。由于舟山群岛的地理位置十分重要，鲁监国在此辖有强盛的兵力，使之成为浙东抗清活动的中心。与之相呼应的还有驻于温州三盘的闽安伯周瑞、平虏伯周鹤芝，屯于宁波四明山的王翊、王江等抗清势力，对清朝在江浙地区的统治产生了较大威胁，牵制了东南沿海的大量清军。

1651 年，清军在扫清内陆的抗清力量后，开始集中兵力进攻舟山。六月，提督田雄从杭州带兵前往定关（即蛟门），与定海总兵张杰部会合，准备渡海作战船只。七月，固山额真金砺、刘之源统兵从杭州经绍兴前往定关，浙闽总督陈锦带兵从衢州经台州至定关。这三支军队担任进攻舟山的主力。同时，金华总兵马进宝带领水陆兵从台州乘船北上，吴淞

---

① （清）黄宗羲：《海外恸哭记》监国鲁三年闰三月，《台湾文献史料丛刊（第六辑）》，台湾大通书局，2000 年，第 18 页。

水师总兵王燝率军南下。水陆三路人马约定八月二十日会攻舟山。作为应对，鲁监国派荡胡侯阮进带领水师在定关海域迎战清军，欲在海面击败来犯之敌；安洋将军刘世勋、左都督张名扬、总兵马泰等带兵三营6000人守卫舟山城；鲁监国朱以海本人与定西侯张名振、兵部左侍郎张煌言等率领水师出击吴淞，进军长江口，意在围魏救赵，使清军顾此失彼。

八月二十日，清军在定海集结完毕，次日晨趁大雾登船出海。接到烽火报警后，荡胡侯阮进率领明军水师迎战。双方在横水洋（舟山岛与册子山、金塘山之间）相遇，发生激战。阮进试图攻击清军统帅金砺的坐船，却不幸被火球烧伤，伤重而死。失去主帅的明军未能阻止清军前进。清军登陆后对舟山城发起攻击，明军在守将刘世勋、张名扬、马泰的带领下奋勇抗敌，激战十余天，终因寡不敌众，城池失守，主要将领大多阵亡。此时鲁监国和张名振、张煌言统领的水师虽然在海上击败了台州方向的清军和清朝吴淞水师，但当得知舟山危急的消息后火速回援，却遭到水上清军的堵截而不能靠岸，舟山遂告失守。事后清浙闽总督陈锦的报捷奏疏反映了事件经过：

> 贼渠阮进、张名振等，拥伪鲁王盘踞舟山。臣会同固山额真金砺、刘之源、提督田雄等统兵进剿，由定关出海，遇贼艘于横洋，奋击败之，生擒伪荡湖侯阮进，遂至舟山，掘陷其城。我兵奋勇齐登，贼势屈，因纵火自焚，伪官及家口俱为灰烬。张名振闻城破，遂拥伪鲁王遁去。[①]

在舟山失守这一无奈结局之下，鲁监国余部被迫南下驶入温州三盘，不久受清金衢总兵马进宝的追击驱赶，南下沙埕。海上基地丧失造成粮饷、宿营的困难，导致其无法在浙江沿海立足，只得投靠盘踞福建沿海的郑成功。

占领舟山后，清廷在浙闽总督陈锦奏请下，于顺治八年（1651）十二月同意在舟山设陆兵一千名为中营，水兵二千名为左、右二营，从定海水

---

① 《世祖实录》卷60，顺治八年九月壬午，《清实录》第3册，第475页。

师左营、钱塘水师左营和提标定镇标兵调补；设副将一员，每营游击、守备各一员，千总二员，把总四员①。

（二）以郑成功为代表的抗清力量

郑成功起先追随其父郑芝龙尊奉南明隆武朝廷，隆武帝朱聿键授予郑成功"招讨大将军"封号。在1646年隆武朝廷覆灭后，郑成功又改奉南明永历皇帝正朔。他高举反清复明的政治旗帜，赢得了明朝遗兵遗将和文人儒生的拥护和支持，在整合郑芝龙旧部的基础上，以福建厦门为根据地，逐渐削平和兼并了郑联、郑彩、郑鸿逵等海上割据势力。

1652年（顺治九年，鲁监国七年，永历六年）正月，鲁监国朱以海率部众进驻厦门，接受了郑成功的改编。先前活动于浙直沿海的张名振、周鹤芝、周瑞成为郑成功军中的重要将领，浙直人马成为郑军的重要组成部分，"其部下分南郎、北郎。南郎多闽、广海盗，芝龙旧部曲；北郎则江、浙人及所招中原剧盗、旗下逃丁也"②。郑成功由此完成了对东南沿海海上势力的整合，牢牢控制了东南沿海的制海权。所有入海商、渔船只必须接受郑氏政权保护、购买其牌票方能安全出洋，这些收入又反哺了其海上军事力量的建设，形成一个强大的海上军事—贸易集团。

1651至1652年间，清军在福建沿海地区多次被郑成功击败，同时在贵州、广西、湖南、四川等地遭到了原大西军的猛烈进攻，遇到了自入关以来前所未有的挫折。鉴于军事征服的乏力，清廷改以实施招抚郑成功的策略。从1652年到1654年不到两年的时间里，清政府与郑成功进行了三次和谈，郑成功坚持索地、供饷、不剃发。在第二次和谈中，郑成功提出驻军舟山和拥有浙江五府的要求：

> 至于海上防剿，成于宁谧，尤未易言，盖大江以南莫非海也。寇东下则在交广，南上则在吴越，而舟山等处尤盗贼之咽喉，窃以为不扼舟山，海不可得而靖也。今在舟山镇将非兵不利、甲不善也，而北人多不谙水战，以致鲸鲵鼓浪，莫之如何，异日酝酿势成，乘风南北，

<hr>

① 《世祖实录》卷61，顺治八年十二月戊辰，《清实录》第3册，第483页。
② （清）吴伟业：《鹿樵纪闻》卷中，载《台湾文献丛刊》第127种，台湾银行经济研究室，1961年，第60页。

不惟闽粤之害，实江南之忧。故将平靖海氛，必用闽兵屯扎舟山，然后可以弹压海寇；而屯兵尤先议饷，不得不就近支给温、台、宁、绍等处钱粮，以养扎舟山之兵。夫舟山乃海中一孤岛耳，其地不过弹丸，而闽浙隔绝，水汛不常，倘两浙之海有警欲调闽兵，既有鞭长不及之患，欲挽闽饷更苦神鬼转运之劳……倘以温、台、宁、绍、处五府委任屯扎，调度接应舟山，使寇无窃处，地方宁静，此又可以解苍生倒悬之苦，而抒朝廷南顾之忧也。自两浙以至闽、粤则海无扬波者矣。①

其意在通过闽、浙等地粮饷的供应来支撑海上武装力量的延续，保持海上政权高度的独立性。郑成功也明知这种"狮子大开口"不可能被清廷接受，不过是"将计就计，权借粮饷"而已。对此，清政府予以驳斥：

> ……念尔父郑芝龙，投诚最早，忠顺可嘉，故推恩延赏，封尔公爵，给与敕印。俾尔驻扎泉、漳、惠、潮四府，拨给游营兵饷，养尔部下弁兵。朕之推诚待尔，可谓至矣。尔自当薙发倾心，义不再计。今据尔疏奏，虽受敕印，尚未薙发。冀望委畀全闽，又谬称用兵，屯扎舟山，就近支给温、台、宁、绍等处钱粮。词语多乖，要求无厌。②

清政府对郑成功招抚无望，决计用兵。顺治十一年（1654）十一月，"议政王、贝勒、大臣会议，郑成功屡经宽宥，遣官招抚，并无薙发投诚之意。且寄伊父芝龙家书，语词悖妄，肆无忌惮，不降之心已决。请敕该督、抚、镇整顿军营，固守汛界，勿令逆众登岸，骚扰生民。遇有乘间上岸者，即时发兵扑剿"③。十二月，清廷任命郑亲王世子济度为定远大将军，同多罗贝勒巴尔处浑、固山贝子吴达海、固山额真噶达浑统率将士征剿郑成功④。

面对强兵压境，郑成功决定扬长避短，主动放弃先前收复的漳州、泉州两府属地，把兵力集中至海上，在加强金门、厦门等岛屿防务的同时，

①　《明季稗史》第三种《朱承晃报书》。转引自顾诚《南明史》，中国青年出版社，1997年，第754页。
②　《世祖实录》卷85，顺治十一年七月己丑，《清实录》第3册，第668页。
③　《世祖实录》卷87，顺治十一年十一月甲辰，《清实录》第3册，第684页。
④　《世祖实录》卷87，顺治十一年十二月壬申，《清实录》第3册，第687页。

派遣水师北上攻打浙江、长江等地，"捣其心腹，使彼不得并力南顾"①。1655年（顺治十二年，永历九年）十月，甘辉、王秀奇部郑军北上，会同南下的张名振部攻打舟山。据当时清朝浙江巡抚秦世祯报称："自王师大进，兵力全注于闽中，而郑逆豕奔，贼众亦全注于海上……南北贼艘逾千，贼兵数万，围困舟山，声息不通。"②只有区区三千守兵的清军副将把成功无力抵御，率众投降。清定关守将张洪德也率部投降。时隔四年后，明郑军队收复了舟山群岛。

1655年（顺治十二年，永历九年）十一月，郑成功派总制陈六御督率定西侯张名振、英义伯阮骏等镇守舟山。不久，张名振去世，临终前将军务托付给张煌言。明郑军队以舟山为基地对浙江沿海展开攻击。顺治十三年（1656）正月，忠振伯洪旭率战船三百余艘攻打台州，据清浙闽总督屯泰奏报："自舟山失守，海寇猖狂，逆艘千余，直泊台州。驻防副将马信，叛变献城。"③三月，总制陈六御规复健跳所。

顺治十二年（1655）十二月，清廷命固山额真伊尔德为宁海大将军统帅将士征剿舟山明军，"同固山额真王国光、护军统领车尔布率官属兵丁前赴宁波府，会同总督屯泰、巡抚秦世祯、提督田雄、总兵官张杰，计议进剿"④。次年（1656）八月，伊尔德、田雄指挥满汉士兵进攻舟山。明将陈六御、阮骏率领水师迎战。杨英《先王实录》记载了战争经过：

> 是月二十六日，虏水师大小五百余船进犯舟山，陈总制、阮英义等率战舰五十余号与战。时我师占据上风冲顺犁，大败虏船，虏随退回，我师全胜，回舟山。二十七日，虏又令舟师来犯，意在诱敌，且战且退，我师误中其计，直追而进，至定关口，水流涌急，虏遂拥合交锋，我师少却。陈总制遂呼英义伯二舟率先冲破其艨，缘不知水势，二舟被流水拥拖而入，挽掉不进。虏认知为先锋、总制之舟，合力齐

① （明）杨英：《延平王户官杨英从征实录》，永历九年七月，《续修四库全书》编纂委员会编《续修四库全书》第444册，上海古籍出版社，1995年，第695页。
② 厦门大学台湾研究所、中国第一历史档案馆编辑部编：《郑成功档案史料选辑》，福建人民出版社，1985年，第134—136页。
③ 《世祖实录》卷97，顺治十三年正月己亥，《清实录》第3册，第758页。
④ 《世祖实录》卷96，顺治十二年十二月甲戌，《清实录》第3册，第753页。

攻,铳矢如雨,总制知不支,望南拜毕,蹈海而死。阮英义亦知深入无援必死,将船中火药铳器齐发,自焚其舟,虏船被击沉二只,虏兵亦死不计。我师见二船俱失,随四散溜下。虏遂进克舟山……①

九月,宁海大将军伊尔德向清廷报捷:

> 臣等领兵至杭州,海逆伪总兵王长树、毛光祚、沈尔序等,拥贼兵登岸,侵犯大兰山等处。遣梅勒章京顾禄古、总兵官张承恩引兵趋夏关,击败之。至两斗门,贼复迎战,又击败之。斩长树、光祚、尔序,并头目及贼兵无算。臣率师次宁波,乘舟趋定海县,分三路进发。贼渠伪总制陈六御、伪英义伯阮思等于海岛里江口山下列战舰以待。臣等率兵进攻,贼兵败北。追至衡水洋口,阵斩六御、思等,擒获甚多,遂取舟山。②

这样,清朝在与南明的争夺中第二次占领了舟山。但清廷内部对是否在舟山置兵防守展开了讨论,浙江巡抚王元曦从地理位置、粮饷供给、驻军成本等方面分析,认为舟山不宜防守。他指出:

> 从来守险之举,最为关系,然必相其冲要所在。一夫当关、千夫难越之地,虽一寸土犹当数百万金钱以守之,为其一处守而处处皆安,一处费而处处皆可省也。今舟山孤悬洪波中,既非浙海门户,亦非闽海咽喉,沿海一带,弥望汪洋,处处皆可飞渡,非舟山所能扼,其不得撤沿海之防而并力于舟山也明矣。议守必须设镇,设镇必须增兵。计舟山不过海中一块土,即设镇增兵,亦不过保得舟山一块土耳。且兵增饷随,政费区画,少设则单虚可虞,多设则物力难继。欲止守舟山,则孤寄无济;欲并守诸泛,则兼顾实难,见今残城已毁,遗黎无几,必须另建城垣,招移百姓,广给牛种,费孔甚繁,种种不赀。创始维艰,乐成岂易? 臣又目击输运宁米之苦,肩推手挽,曳舟拖坝,足穿肤裂。若从此飞输巨浸中,不知又当何似? 繁难之役,督之一时则忘劳,行之经久则称苦。查舟山经岁之入钱粮不过四千四百

---

① (清)杨英撰、陈碧笙校注:《先王实录》,福建人民出版社,1981年,第139—140页。
② 《世祖实录》卷103,顺治十三年九月丙午,《清实录》第3册,第804页。

余两，粮米不过七百九十余石，悉其所供仅亦锱铢，量其所费，当得巨万。方今用兵之际，财赋为重。费一饷则当费于必需，增一兵则当增于有用，岂可因海外辽远尺寸无用之堤垣，坐费朝廷有用之金钱，并疲劳南北之兵势，销耗东南之民力？更有虑者，舟山民物渐集之后，贼以釜底游魂，保无窥伺？是有舟山而有居有食，反起贼垂涎之心；无舟山而无居无食，反制贼必死之命。臣区区之愚，窃以舟山原系海外之地，或应暂置海外，无烦议兵增守，以示朝廷不勤远略之意。至于百姓，料亦无多，或于班师之日听其择便，愿为兵者编入卒伍，使之随行报效；愿归业者安插宁波一带，使之耕凿得所。至沿海冲要，容臣随督抚二臣之后，相地度势，量议添聚，确酌机宜，奏请力行，庶兵民之劳苦可以永纾，地方之物力可以休养，而沿海防御亦可以饷足兵专，获收固圉之实效矣。①

这一建议得到清政府批准，舟山百姓被迁入内地，其城池予以毁坏，原有驻兵中营迁黄岩，左、右二营迁宁波。从此，"舟山等处俱弃置，凡海外闽浙之境，皆属伪延平王郑成功"②，舟山随后成为郑成功进军长江的重要基地。

1658 年（顺治十五年，永历十二年），清军分三路进攻西南，击败李定国，南明永历朝廷岌岌可危。郑成功得知清军主力云集西南，认为这是北上进攻沿海、扩大东南抗清基地的大好时机，决定率领主力乘船溯长江进攻南京。之所以选择攻打南京，一则由于南京战略地位十分重要，北连广阔的江淮平原，东接富庶的长江三角洲，一旦占领，将成为有利的进退之地；二在于南京曾是明代故都，明朝的遗老遗少和广大民众对清政府的民族压迫和屠杀政策义愤填膺，极易响应和归附抗清势力。本年六月，张煌言、甘辉、马信等率军攻打温州府属的瑞安县城。清浙江巡抚陈应泰报称郑军"联艘数千，甲兵数万，分道突犯，密布帐房，扎营绵亘四十余里，烟火蔽天。此番大举非比寻常登犯，且贼艘横截飞云江口，援兵

---

① 孔昭明：《台湾文献史料丛刊（第 3 辑）44、45、46·郑氏史料续编（一、二、三、四）》，台湾大通书局，1984 年，第 590 页。

② （清）周圣化等修、凌金祚点校：《定海县志》卷 8《遗事》，舟山市档案局馆，2006 年，第 400 页。

莫渡,平(指平阳县)、瑞(指瑞安县)二县声息不闻。又复水陆并进,窥伺郡城。我兵首尾牵制,万分危迫"①。郑军在温州地区取足七个月粮饷后,北上抵达舟山,建造草蓬作为临时屯军处所。八月,郑成功统率兵马从舟山抵达江、浙交界的羊山(今大洋山),准备进兵长江,不料遭遇台风,损失惨重,只得退回舟山休整。由于舟山岛被清朝遗弃后一片荒芜,郑军主力又南下攻克台州、海门卫、黄岩县、磐石卫、乐清县等浙东要地,借以修船、筹粮、练兵。1659年五月,郑成功、张煌言率军进入吴淞口,一举收复了四府、三州、二十四县。七月,郑军进攻南京失利,被迫退出长江。当年十二月,郑成功因根据地厦门防务吃紧,命令屯驻舟山的军队撤回。1660年正月,马信、陈辉部明军放火烧毁了舟山岛上的草蓬等设施,乘坐三百余艘船只南下金门、厦门。

在郑军败走南下、清军进取舟山之际,浙江巡抚佟国器提出应派重兵守住舟山:

> 职谓舟山若守,则巨浸洪波中,贼不能以船为家,虽来而不能久。舟山不守,则贼或倚为巢,浙省沿海六郡,时时可以登犯,是舟山为重地也。惟是议守之策,必须设兵。前抚臣陈应泰疏称:应设战船六百只,用水手战兵三万六千名,方可固守。职谓为数过多,需费百万,岂可轻议? 查舟山原设副将、游击等官,并兵三千名,已经撤回内地。今舟山既取以后,应设总兵官一员,统官兵五千名驻扎防守。查浙省有提督一员、温州总兵一员、台州总兵一员、水师总兵一员、随征总兵一员,合候部议一员,移驻舟山。其官兵五千名,即于浙省各营内职等酌议抽调,此皆易议者也。惟是弃舟山之时,毁城迁民,焚毁房屋,当日虑为贼资,是以惟恐不尽。职查舟山旧城,周围五里,仅存泥基砖石,抛弃海中。兵法有云:城以守地也。舟山孤悬海中,万一贼羰蚁聚,遇风不顺,内地官兵万难接应,若非登埠固守,何以持久? 则城垣不可不筑也。既经设镇驻防,必无露处之理。总兵、游击、守备等官,必须大小衙署一二十处,兵丁营房五千

---

① 台湾"中研院"历史语言研究所编:《明清史料》第五本,台湾"中研院"历史语言研究所员工福利委员会,1972年,第423页。

余间,方可安插。则房屋不可不造也。以上二事,最为重大,需费不赀。工程作何期限,钱粮作何动支,若俟既取舟山之后,而后议及,诚恐迟缓。目今浙海各汛,尚有零星贼艘水面游移,则是舟山不难于取,而难于守。合先预为计议,伏乞睿鉴,敕部详议。①

但朝廷认为,"舟山既为所弃,使我军守舟山而贼即不能来浙江、江南,则宜遣兵固守。但汪洋大海,贼船任意往来,舟山虽守,亦属无益。且舟山孤悬海中,粮草转运艰难"②。顺治十七年(1660)八月,议政王等会议后上奏,"舟山乃本朝弃置空地,不惟运饷维艰,守亦无用",建议已占领舟山的安南将军、都统明安达礼应率满兵回京,绿营官兵应各归原汛或于沿海要地暂行戍守,得到了朝廷的批准③。从顺治十七年(1660)直到康熙二十二年(1683),舟山群岛被清政府弃置二十多年之久,岛上基本成为一片废墟。驻防成本大、易攻难守、转运粮饷困难成为清廷放弃舟山的主要考量因素。

郑成功进取台湾以后,张煌言仍在浙东一带坚持抗清。在清军的攻击下,被迫解散队伍,隐居海岛。康熙三年(1664),张煌言被清军擒获。浙江总督赵廷臣上奏了事情经过:

> 逆渠张煌言,盘踞浙海多年。其下伪官,节次招降,独张煌言抗不就抚。臣与京口将军刘之源,先后发书遣使,谕以祸福,劝其去逆效顺。张煌言之死不悔,虽将随从兵弃船只,起发进关,犹借名归隐,徜徉海外。臣即驰赴定海,会商水陆提督哈尔库、张杰,分遣将士,配坐船只,由宁、台、温三路,出洋搜剿,毁其贼巢,歼其余党。侦知张煌言披缁远遁,密令骁勇将备徐元、张公午扮成僧民,随带健丁火器,潜伏普陀山一带。仍拨将弁,扼守要路,以防奔窜。至七月二十日,瞭望朱家尖,有赶缯船一只,急举火器前击,获有活口林生、陈满等,知张煌言见在悬山范岙。徐元等即驾所获贼艘,尾随八桨兵船,令活口林生等仍扮差回原船,使之不疑。乘夜进一小港,从山后

---

① 台湾"中研院"历史语言研究所编:《明清史料》第五本,第464页。
② 《世祖实录》卷139,顺治十七年八月丁亥,《清实录》第3册,第1072页。
③ 《世祖实录》卷139,顺治十七年八月庚寅,《清实录》第3册,第1073页。

觅路,突入帐房,遂擒张煌言及其亲信余党。[1]

张煌言被捕后,英勇不屈,被清军杀害。此后,浙东有组织的抗清活动告一段落。

以上反映了清初至康熙年间收复台湾之前浙江海防的主要对象是以明鲁王朱以海和郑成功等人为代表的南明海上抗清力量,双方曾在浙江沿海的舟山群岛和其他地方展开激烈争夺。清政府忙于夺取和巩固全国政权,而且一时并不能消灭郑氏海上政权,因此采取了弃岛的举措,并配合以禁海、迁界的措施[2],企图以此坐困海上抗清力量。

二、第二个阶段:从清政府收复台湾到鸦片战争前夕

(一)对日本、英国、滞留海外汉人的防范

清政府在收复台湾、收降南明海上力量后即实施开海,允许内地民众出海通商和谋生。清统治者在此后大部分时间里对开海秉持开明的态度,只是在个别时期日本、西洋诸国和滞留南洋的汉人曾进入过清朝统治者的海防视野。

清初政府试图通过朝鲜与日本建立官方联系,将其纳入清国主导的宗藩体制之下,但遭到日本德川幕府(又称江户幕府)的抵制[3]。德川幕府为强化自身的统治,排除外国势力,于1633—1639年之间一连下了数道命令,实施"锁国"政策,禁止日本人与外国人接触,禁止人民航海国外,仅允许中国和荷兰船至长崎贸易。此后中日两国始终未有官方往来,这种情况一直持续到同治年间。清政府为得到铸钱所用的日本铜,鼓励内地船只从浙江乍浦等地前往日本长崎,于贸易之便搭买铜斤回国。清朝除了单向的对日贸易联系,还对漂流至中国沿海的日本海难难民提供救助和遣返,自乾隆二年(1737)起,对日贸易港集中于浙江乍浦,

---

① 《圣祖实录》卷 13,康熙三年八月甲戌,《清实录》第 4 册,第 196 页。
② 清政府在浙江的禁海、迁界情况可参见:张宪文:《略论清初浙江沿海的迁界》,《浙江学刊》1992
年第 1 期;祝太文:《清代浙江的山海封禁》,《中国边疆学》第六辑,中国社会科学院中国边疆研
究所,2016 年,第 221—249 页。
③ 柳岳武:《清初中日关系研究》,《人文杂志》2006 年第 1 期。

对日本难民的遣返也先送至乍浦，交由赴日贸易商照顾和遣返①。

清入主中原进而统治了整个中国，使江户时代日本国内的"夷夏之辨"意识增强，他们认为中国"先王礼文冠裳之风悉就扫荡，辫发腥膻之俗已极沦溺"，视明清鼎革为"鞑虏横行中原，是华变于夷之态也"，并由此形成"华夷变态"的中国观②。由于两国政治上的联系不能建立，加上前明倭寇袭扰中国东南海疆的历史记忆，一些清朝士大夫对日本的潜在威胁不无忧虑。在此背景下，原福建浙江总督王骘于康熙二十八年（1689）疏言："日本商船，应令停泊定海山，遣官察验，方许贸易。"康熙帝表达了对此事的看法：

> 朕南巡时，见沿途设有台座，问地方官及村庄耆老，据云明代备倭所筑。明朝末年，日本来贸易，大船停泊海口，乘小船直至湖州，原非为劫掠而来，乃被在内官兵杀尽，未曾放出一人。从此衅端滋长，设兵防备，遂无宁期。今我朝凡事皆详审熟计，务求至当，可蹈明末故辙乎？且善良之民，屡遭水旱，迫于衣食，亦为盗矣。武备固宜预设，但专任之官，得其治理，抚绥百姓，时时留意，则乱自消弭。否则，盗贼蜂起。为乱者，将不知其所自来。不独日本也！③

他认为，海疆能否无事，除了设置武备外，关键在于治理是否有效，倭寇肆虐便是海疆治理不善造成的后果。因此康熙帝对日本贸易持一种开明的态度，而没有采纳王骘的建议。

1715 年，德川幕府为了解决贵金属铜的大量外流以及走私贸易猖獗的问题，颁布了"正德新令"，限制商船数和贸易数量，实行"信牌"制度，规定外国船只持有日本发放的"信牌"才能到长崎贸易。这一新令导致清朝多地船主为争夺有限的"信牌"引发矛盾，没有拿到信牌的商人甚至告发那些已领信牌的商人"私奉日本正朔"，使一个贸易问题升级为意识形态问题，清廷内部议论纷纷。康熙帝及时阻止了该问题政治化的倾

---

① 刘序枫：《试论清朝对日本海难难民的救助与遣返制度之形成》，载浙江大学日本文化研究所编《中日关系史论考》，中华书局，2001 年，第 194～222 页。
② 易惠莉：《清代中前期的对日关系认识》，《思想与文化》2005 年，第 339 页。
③ 《圣祖实录》卷 141，康熙二十八年八月戊子，《清实录》第 5 册，第 556 页。

向，他说："朕曾遣织造人过海观彼贸易，其先贸易之银甚多，后来渐少。倭子之票，乃伊等彼此所给记号，即如缎布商人彼此所认记号一般。各关给商人之票，专为过往所管汛地以便清查，并非旨意与部中印文。巡抚以此为大事奏闻，误矣。"①遂认可了正德新令的规定。由康熙帝奠定的这一开明务实的对日贸易政策在此后 150 多年的时间里总体上得以延续。

康熙年间的中西礼仪之争对他晚年做出禁止中国商人前往南洋贸易的决定有直接影响②，由于欧洲商人在中国和南洋诸国都有比较大的影响，康熙皇帝不无忧虑地认为"海外如西洋等国，千百年后中国恐受其累"。他对内地商人造船赴南洋贸易、常常将船卖与当地或者滞留不归也心存芥蒂，"朕南巡过苏州时见船厂问及，咸云每年造船出海贸易者多至千余，回来者不过十之五六，其余悉卖在海外赍银而归。官造海船数十只，尚需数万金，民间造船，何如许之多。且有人条奏海船龙骨必用铁梨苧木，此种不产于外国，惟广东有之。故商人射利偷卖，即加查讯，俱捏称遭风打坏。此中情弊，速宜禁绝。海外有吕宋、噶喇吧等处，常留汉人，自明代以来有之，此即海贼之薮也"，因此他告诫大学士、九卿等"海防乃今日之要务"③。可见康熙帝晚年对西洋诸国在中国和南洋活动的增多以及汉人滞留南洋深表忧虑，他要求沿海设立炮台，把海防提上日程。

雍正六年(1728)，清朝防范日本的神经一时紧绷。浙江总督李卫"以日本招集内地人，教习弓矢技艺，制造战船，虑为边患"④。他从苏州余姓洋商那里打探到日本幕府将军重金聘请内地人教演弓箭藤牌，偷买盔甲式样。据该商人称，先是有福州人王应如，略通天文战阵，日方出万金聘其教阵法，不久死去。一广东年满千总，每年受倭数千金，为其钉造战船二百余号，习学水师。洋商钟觐天、沈顺昌久领倭照贸易，倭人很是

①　中国第一历史档案馆编：《康熙起居注》，中华书局，1984 年，第 2303 页。

②　Ronald C. Po. *The Blue Frontier：Maritime Vision and Power in the Qing Empire*，Cambridge University Press, 2018, p153.

③　《圣祖实录》卷 270，康熙五十五年十月壬子，《清实录》第 6 册，第 649—650 页。

④　赵尔巽等撰：《清史稿》卷 158《志一百三十三·邦交六·日本》，第 4617 页。

信赖。钟带去杭州武举张粲若教习弓箭，每年得银数千。沈亦带去苏州宋姓兽医疗治马匹。又有商人费赞侯推荐一绍兴革退书办，在日本讲解律例，复因不能通晓，被逐回。该余姓商人还描述了外国人在长崎贸易被管制的情形，"凡贸易人到倭，皆圈禁城中，周砌高墙，内有房屋，开行甚多，名土库，只有总门重兵守之，不许外走得知消息。到时将货收去，官为发卖，一切饮食皆其所给。回棹时逐一消算扣除，交还所换铜斤货物，押往开行。至聘去之人，则另在隐秘之地。造船之说，吾等尝亲闻之。"①

明代倭寇入侵的历史记忆增加了李卫对此事的忧虑，他奏称："日本虽系蕞尔岛夷，恃其铜铸炮火攻击甚远，倭刀器械犀利非常，前明曾屡为海患，于东洋称一强寇。本朝威灵慑服，屏迹多年，从无干犯中华……今彼不惜重赀，招集无赖，习学内地弓矢技艺，无故打造战船，奸怀叵测，不无窥伺，乘有空隙欲为沿海抢掠之谋。"他分析道："但彼狡谋惟在重利引诱，凡属愚人孰不贪婪，往堕术中，故江浙闽广好事棍徒，甘为心腹，通风走线之辈甚多。伊要得内地之信颇易，而中国欲知其的耗实难。今若遽将访出之徒张皇拿问，则贩洋往来人多，传至彼地，恐即致激而生事。"在他看来，"天朝之待外夷，罪恶昭著者，必申征讨之诛。若迹涉隐微，藏而不露，则当示以羁縻，防范未然"。为此，李卫一方面继续暗中查访，另一方面密饬沿海文武营县及各口税关员役加强对米谷、军器出洋的盘查，命牙行查明水手、舵工、商人、奴仆、附搭小客的籍贯、年貌，出具保结，限期回籍；返棹进口时，点验人数，将缺少者即行拿究。同时要求水师各镇、协、营整顿兵船、炮械，练习攻战之具，做好防备。

李卫的奏报引起雍正帝对海防问题的警惕，他说："此奏深合朕心。又闻噶喇叭、吕宋聚有汉奸不下数万，朕经屡次密谕闽广督抚加意体访具奏，且复闻日本与朝鲜往来交好，踪迹甚密云云。"②这里可看出雍正帝由日本联想到了南洋的"汉奸"以及朝鲜的动态，但他要求李卫和沿海其

---

① （清）王之春撰、赵春晨点校：《清朝柔远记》，中华书局，1989年，第72页。
② （清）雍正十年敕编：《世宗宪皇帝朱批谕旨》卷174之八，《景印文渊阁四库全书》第423册，第200—203页。

他地方密为防备、不要声张:"此事虚实未的,只可密饬防备,不宜明显,致令风声远播,外夷生疑畏之心。"①随后李卫奏请设立商总加强对赴日商人的管理:"于各商中择身家最殷实者数人,立为商总,凡内地往贩之船,责令伊等保结,方许给以关牌县照、置货验放,各船人货即着商总不时稽查,如有夹带违禁货物,及到彼通同作奸者,令商总首报,于出入口岸处所密拿。"②

乾隆年间,英国对舟山的觊觎引起清统治者的警惕。英国人对舟山的关注伴随着英国东印度公司对浙江开展贸易而开始。康熙三十七年(1698),清政府在定海设立钞关和监督衙署,并在定海城外南道头西侧建有"红毛馆",专门接待来自英吉利等西方国家的商人。1700年,英国东印度公司在舟山建立商务监督公署,派出首任商务监督经营贸易。1710年有10艘英国商船前来贸易,一时称盛。与英国商人一起来到舟山的,还有一些专门开展情报调查的人。如1701年苏格兰的医生兼博物学家James Cunningham来至舟山进行植物采集和气象观测,调查当地的自然与人文状况,定期向公司报告。通过地理调查,Cunningham等人绘制出一幅完整的舟山岛地图。该地图采用科学投影方法,岛屿、陆地形状清晰可见,并标注了航道水深、航行方向、距离及何处有淡水、浅滩等,甚至连县城外的兵营位置、被贬官员所居之金塘岛等细节也详细标明③。1736年以后的十几年中,几乎没有英船来浙,这与定海囤积货物的地方有限,没能建立比较繁荣的市场有关。商船仍需运往宁波发卖,海关监督虽往返宁波、舟山两地,但多数时候驻在宁波,使英商感到审理贸易的流程不畅。1736年英国商船"诺曼顿"号抵达舟山,要求直接进入宁波府城交易,当地道台要求该船交出帆、舵、炮、火药和其他军械,英商拒绝交出,因争执不下,英船被迫驶离宁波、舟山,前往广州④。同时由于浙江存在海关监督和官商勒索的现象,所以在1736年后的十多年

---

① (清)王之春撰、赵春晨点校:《清朝柔远记》,第74页。
② (清)王之春撰、赵春晨点校:《清朝柔远记》,第75—77页。
③ 常修铭:《认识中国——马戛尔尼使节团的"科学调查"》,《中华文史论丛》2009年第2期。
④ [美]马士著、区宗华译:《东印度公司对华贸易编年史(1635—1834)》第一、二卷,中山大学出版社,1991年,第239—245页。

里英商多赴广州贸易①。

到了18世纪50年代，英国东印度公司为了打开毛织品的销路、接近丝茶产区，同时避开粤海关各种附加税的敲诈勒索，再次把目光投向了浙江的宁波和舟山。乾隆二十年（1755）八月，有英吉利商船收泊定海，船上大班喀喇生、通事洪任辉请求运货宁波，得到宁绍台道的同意②。由于浙江关税比广州优惠，加之本地官员的热情接待，英商对此次贸易的结果非常满意，极大地鼓舞了东印度公司。随后有更多的商船来到宁波、舟山贸易。这一情况引起了乾隆帝的关注，他担心将来入宁波贸易的船只越来越多，形成澳门之外的另一市场，"恐积久留居内地者益众，海滨要地，殊非防微杜渐之道"，提醒有关人员预为留意③。来浙商船的增加必然意味着广州商船的减少，无疑损害了广东地方的经济利益，两广总督杨应琚奏称，"向来洋船至广东者甚多，今岁特为稀少"。对此乾隆帝一方面要求对勾引外商至浙贸易的船户、牙行、通事等查明并严加治罪，另一方面要求闽浙总督喀尔吉善会同杨应琚酌量加重浙海关关税，"俾至浙者获利甚微，庶商船仍俱归岙门一带"④，冀收不禁自禁之效。

乾隆帝不愿看到洋商聚集浙江，在他看来一是由于浙江民风浇漓。早年雍正帝就因"查嗣庭案"设浙江观风整俗使，来整治那些在意识形态上挑战皇权的南方士大夫，甚至一度停罢浙江乡会试。二是浙江地处内地海疆，可直达内陆腹地，非广东远离京城可比。因此他向闽浙总督喀尔吉善、两广总督杨应琚等封疆大吏特别强调要领会此意：

> 洋船向例，悉抵广东澳门收口，历久相安。浙省宁波，虽有海关，与广省迥异。且浙民习俗易嚣，洋商错处，必致滋事。若不立法杜绝，恐将来到浙者众，宁波又成一洋船市集之所。内地海疆，关系紧要。⑤

> 向来洋船，俱由广东收口，经粤海关稽察征税。其浙省之宁波，

① 王文洪等著：《西方人眼中的近代舟山》，宁波出版社，2014年，第97—102页。
② （清）王之春撰、赵春晨点校：《清朝柔远记》，第100页。
③ 《高宗实录》卷516，乾隆二十一年七月乙亥，《清实录》第15册，第522页。
④ 《高宗实录》卷522，乾隆二十一年闰九月乙巳，《清实录》第15册，第582页。
⑤ 《高宗实录》卷530，乾隆二十二年正月庚子，《清实录》第15册，第679—680页。

不过偶然一至。近年奸牙勾串渔利，洋船至宁波者甚多。将来番船
云集，留住日久，将又成一粤省之澳门矣。于海疆重地，民风土俗，
均有关系。是以更定章程，视粤稍重，则洋商无所利而不来，以示限
制，意并不在增税也。①

然而浙海关加税后并未减少红毛番船前来的积极性，"乃增税之后，
番商犹复乐从"，表示愿意按照新定则例输税。乾隆帝推测，"盖其所欲
置办之物，多系浙省所产，就近置买，较之粤东价减。且粤东牙侩，狃习
年久，把持留难，致番商不愿前赴，亦系实情"。他遂打算顺其自然，允许
外商来浙江贸易："将来定海一关，即照粤关之例，用内府司员补授宁台
道，督理关务。"②

广东地方由于先前垄断对外贸易获得了巨大的利益，已形成一个包
括行商、粤海关监督和地方官员在内的利益集团，极不情愿看到浙海关
分沾其利。该集团的代表人物原两广总督奉调闽浙总督杨应琚再一次
对乾隆帝施加影响，他陈说粤省现有的 26 家洋行无不奋力办事，招致番
人贸易，"办理维谨，并无嫌隙"，"若不设法限制，势必渐皆舍粤趋浙"，
"再四筹度，不便听其两省贸易"，认为加税后番商必归粤省，"庶稽查较
为严密"③。他从民生、海防两方面陈说利害，一是洋船减少不仅影响粤
省生计，而且内陆的赣、韶等关亦受影响。二从海防地理看，粤海关所处
口岸逶迤曲折，处处有防，而宁波大浃江（今甬江）江面开阔，可由外海径
直驶入，不易设防。乾隆帝对此深以为是，决定禁止外国船只来浙江
贸易：

> 粤省地窄人稠，沿海居民大半借洋船谋生，不独洋行之二十六
> 家而已。且虎门、黄埔，在在设有官兵，较之宁波之可以扬帆直至
> 者，形势亦异。自以仍令赴粤贸易为正，本年来船虽已照上年则例
> 办理，而明岁赴浙之船，必当严行禁绝……此于粤民生计，并赣、韶
> 等关，均有裨益，而浙省海防，亦得肃清……宁波地方，必有奸牙串

---

① 《高宗实录》卷 533，乾隆二十二年二月甲申，《清实录》第 15 册，第 721 页。
② 《高宗实录》卷 544，乾隆二十二年八月丁卯，《清实录》第 15 册，第 916—917 页。
③ 《高宗实录》卷 549，乾隆二十二年十月是月，《清实录》第 15 册，第 1010 页。

诱,并当留心查察。如市侩设有洋行,及图谋设立天主堂等,皆当严行禁逐,则番商无所依托,为可断其来路耳。①

由此确立了西方商人在广州一口通商的政策,浙江地方因之关闭了定海的红毛馆。可见,清廷此举有着杜绝外人窥伺浙江海疆重地的深层考虑。

英国在工业革命后,迫切需要打开棉纺织品的销路,他们越来越不满足局限于广州一地通商。长期以来英国人十分艳羡葡萄牙人占据澳门所带来的各种优惠②,渴望在中国沿海能拥有类似的贸易港口和囤货地。为此,英国政府决定派遣外交使节出访中国来洽谈这些问题。1787年,英国决定派遣卡思卡特中校访问中国。英国政府在给他的训令中要求,向中国皇帝争取一个地方,供英国人建立商站,这个地方应便于英国航运而且安全,易于推销英国的输入货品,靠近生产优良茶叶的产地,据说这个产地位于北纬27度至30度之间③。显然舟山是符合条件的理想地点。后来卡思卡特在出使途中病逝,导致本次出访流产。1793年,接替出访的马戛尔尼勋爵曾将舟山作为其旅途中的一站,他在北京向清政府提出六点贸易要求,其中第一点要求准许英吉利商人在舟山、宁波等地贸易;第三点提出准许英国人把舟山附近一个独立的非军事区的小岛作为仓库,堆放未售出的货物,并当作是他们的居留地来管理④。乾隆帝对此予以拒绝,指出"天朝尺土,俱归版籍,疆址森然,即岛屿、沙洲,亦必划界分疆,各有专属。况外夷向化天朝,交易货物者,亦不仅尔英吉利一国。若别国纷纷效尤,恳请赏给地方居住买卖之人,岂能各应所求,且天朝亦无此体制,此事尤不便准行"⑤。

乾隆帝虽然驳斥了英国的要求,但他深知英国在西洋诸国中较为强悍,"今既未遂所欲,或致稍滋事端","究恐其心怀叵测,不可不留心筹计,豫为之防"。因此谕令沿海整饬海防:

---

① 《高宗实录》卷550,乾隆二十二年十一月戊戌,《清实录》第15册,第1023—1024页。
② 陈尚胜:《澳门模式与鸦片战争前的中西关系》,《中国史研究》1998年第1期。
③ [美]马士著、区宗华译:《东印度公司对华贸易编年史(1635—1834)》第一、二卷,第483页。
④ [美]马士著、区宗华译:《东印度公司对华贸易编年史(1635—1834)》第一、二卷,第542页。
⑤ 《高宗实录》卷1435,乾隆五十八年八月己卯,《清实录》第27册,第185—187页。

各省海疆,最关紧要。近来巡哨疏懈,营伍废弛,必须振作改观,方可有备无患。前已屡次谕知该督抚等,督饬各营汛,于英吉利使臣过境时,务宜铠仗鲜明,队伍整肃,使之有所畏忌,弭患未萌。今该国有欲拨给近海地方贸易之语,则海疆一带营汛,不特整饬军容,并宜豫筹防备。即如宁波之珠山等处海岛,及附近呑门岛屿,皆当相度形势,先事图维,毋任英吉利夷人,潜行占据。该国夷人,虽能谙悉海道,善于驾驶,然便于水而不便于陆。且海船在大洋,亦不能进内洋也。果口岸防守严密,主客异势,亦断不能施其伎俩……各该督抚,饬属认真巡哨,严防海口。若该国将来有夷船驶至天津、宁波等处妄称贸易,断不可令其登岸,即行驱逐出洋。倘竟抗违不遵,不妨慑以兵威,使知畏惧……各该督抚,惟当仰体朕心,会同该省提督,及沿海各镇等,不动声色,妥协密办,不可稍有宣露,致使民情疑惧。如或办理疏懈,抑或过涉张皇,俱惟该督抚等是问……①

从中可以读出乾隆帝已意识到拒绝英国可能导致其侵犯海疆,为防备起见,紧急命令沿海秘密加强海防力量。为贯彻乾隆帝的指示,闽浙总督觉罗伍拉纳在舟山选择险要增加防守力量。定海县城对岸五里有五奎山,其峰势高于周围众山,可以瞭望全洋岛屿,"且外洋船只前赴定海者,皆于此停泊,实为扼要",决定在此添设一汛,于定海镇标中、左、右三营内抽拨水师兵 50 名,派千总一员,率领驻扎。并拨驾营船往来巡哨,"以资防守"②。

以上这些表明日本、英国以及滞留海外的汉人在清前中期都曾进入过清朝统治者的海防视野,当朝者都采取了一定的海防措施,如康熙后期沿海开始兴建炮台工事,雍正时浙江总督李卫对出入海口的船只、人员、物资等进行管制,要求水师加强戒备,闽浙总督觉罗伍拉纳根据乾隆帝加强海防的指示,在舟山定海县城对岸的五奎山添设驻军等。

(二)海盗

虽然清前中期曾对日本、英国、滞留海外的汉人在一些时期给予警

---

① 《高宗实录》卷 1436,乾隆五十八年九月辛卯,《清实录》第 27 册,第 196—197 页。
② 《高宗实录》卷 1445,乾隆五十九年正月癸丑,《清实录》第 27 册,第 280—281 页。

惕和防范,但他们并没有给浙江造成严重的海防问题,只能说彼时外国的威胁尚处于萌芽状态,而真正造成严峻海疆问题的是海盗。海盗是指那些脱离或半脱离生产活动(尤其是渔业生产)、缺乏明确的政治目标、以正义或非正义的暴力行动反抗社会、以抢劫勒赎收取保险费为主要活动内容的海上武装集团①。海盗在文献中有时也用海贼、海匪、洋盗、洋匪等称呼。《清史稿》云:"国初海防,仅备海盗而已。自道光中海禁大开,形势一变,海防益重。"②就是说在道光中期以前海防的主要对象是海盗。美国学者安乐博指出,1520 至 1810 年是中国海盗的黄金时代,中国海盗无论是在规模上还是在范围上,一度都达到了世界其他任何地方的海盗均无以匹敌的地步。他认为,这期间海盗活动发生了三次高潮。第一次高潮为明中期的倭寇,嘉靖年间(1522—1566)堪称中国海盗的腾飞时期。第二次高潮为明清易代时期的海寇,大致是从万历四十七年(1619)至康熙二十三年(1684)。第三次高潮发生于清中叶的乾嘉之际(1790—1810)③。无论是哪一次海盗爆发的高潮,浙江都是海盗袭扰的重灾区,其中第二次高潮主要指以郑芝龙、郑成功为代表的沿海海盗武装集团,第三次则是以蔡牵、越南海盗等为代表的海盗集团,清政府为剿灭海盗付出了巨大的人力和物力④。

因此在清前中期的大部分时间里,浙江海防的主要对象是海盗,曾在乾嘉时期酿成严重的海患;个别时期曾对日本、英国和滞留海外的汉人有所防范,但他们并未对清朝造成实质性的侵犯。

---

① 刘平:《清中叶广东海盗问题探索》,《清史研究》1998 年第 1 期。按,本书中的海盗不仅包括刘文所说的海盗集团,也包括零星的海盗。

② 赵尔巽等撰:《清史稿》卷 138《志一百十三·兵九·海防》,第 4095 页。

③ [美]安乐博著、王绍祥译:《中国海盗的黄金时期:1520—1810 年》,《东南学术》2002 年第 1 期。按,安乐博把郑成功等南明海上势力与其他海盗相提并论,但笔者认为郑成功有政治上的诉求并建立了海上政权,与一般意义上以抢劫获取生活资料的海盗不同,故作为海防对象时在前文单独列出。

④ 代表性研究可参见:苏信维:《闽浙地区海盗集团之研究——以蔡牵集团为例》,台湾成功大学 2008 年硕士论文;Chung-shen Thomas Chang. *Ts'ai Ch'ien*, *the Pirate King Who Dominates the Seas*: *A Study of Coastal Piracy in China*, *1795—1810*. The University of Arizona, 1983;[日]松浦章:《明清时代的海盗》,《清史研究》1997 年第 1 期;陈钰祥:《海氛扬波:清代环东亚海域上的海盗》,厦门大学出版社,2018 年,等等。

三、第三阶段：从鸦片战争到清末

（一）英国、法国、日本、俄国、意大利等外国列强

从鸦片战争到清朝覆灭这段时间可称为清后期。这段时间里外国列强对浙江进行了直接的入侵或间接的威胁，康熙皇帝"海外如西洋等国，千百年后中国恐受其累"的预言变为现实。鸦片战争中，浙江成为主战场，英军盘踞浙江的时间最长，直到1846年英军才撤出舟山，但英国通过签订《英军退还舟山条约》把舟山纳为它的势力范围①。在第二次鸦片战争中，英法联军占领舟山，把它作为联军的休整地、补给地和中转站，此时清朝国内政局糜烂，无力做出应对。

晚清中外交涉频繁，稍有不慎，即有招致外国以军舰武力相威胁、兵戎相见之虞，如天津教案、日本侵台事件、中俄伊犁交涉、中法战争、中日甲午战争、意大利强索三门湾事件等，都造成了当时海疆的紧张局势。同治九年（1870）天津教案发生后，法、英、美、俄、普、比、西7国向清政府抗议，并调来军舰进行威胁。清廷深刻感到此起彼伏的各地教案，一旦处理不当，就会引起列强的干预，轻则威胁讹索，重则开战，因此命令沿海各省暗中防维，对口岸设立防兵随时训练，实力整顿②，"万一洋人兵船驶至，务须设法堵御，勿任其乘虚肆扰，或至占踞口岸"③。浙江巡抚杨昌浚接到命令后，认为浙江的海疆形势是"以宁波、镇海为最要；温州、乍浦次之；杭绍台所属又次之；定海、玉环则孤悬海面"，坦言此时浙江筹防实有防不胜防之势④。

同治十三年（1874）发生了日本侵台事件，东南海疆震动。联想到浙江曾是明朝倭患重灾区，备防工作自不敢怠慢。浙江巡抚杨昌浚依然认为防不胜防，因为浙省沿海地方不下二千余里，洋面辽阔，港口分歧。他对两浙沿海形势作了分析：

---

① 王铁崖编：《中外旧约章汇编》第1册，生活·读书·新知三联书店，1957年，第70—71页。
② 中华书局编辑部、李书源整理：《筹办夷务始末（同治朝）》卷73，中华书局，2008年，第2959页。
③ 中华书局编辑部、李书源整理：《筹办夷务始末（同治朝）》卷74，第2993页。
④ 中华书局编辑部、李书源整理：《筹办夷务始末（同治朝）》卷76，第3063页。

其大要宁波、镇海为通商口岸,华洋杂处,招宝、金鸡两山,雄峙海口,天然关锁。定海为古舟山地,远隔重洋,与日本长崎岛对渡,水程不满三千里,轮船两昼夜可到。是镇、定二处,最为冲要之区。温州近接闽境,玉环一厅,孤悬海外,地势散漫,无险可扼。惟温港磐石、状元桥一带,江面窄狭,磐石城本可守,状元桥距郡城不远,轮船可到,必须于两岸设防,则温州气势自固。台州介于温、宁之间,如松门、桃渚,小口甚多,而以海门为居中扼要之地,亦应设防。嘉兴与苏接壤,平湖之乍浦,海盐之澉浦、黄道关,为前明倭寇出入之所。咸丰年间,尚有日本运铜来乍贸易,故嘉兴铜器最著。此数处均亦设防,以固浙西门户。此外钱塘江虽紧接大海,且近省城,而沙水情形,变迁无定,向无轮船来往。绍兴各属滨海地方,沙涂甚宽,非通海要路,情形稍缓。①

在沿海择其险要修筑炮台、布置兵勇。在台湾事件平息后,清政府内部开展了海防大讨论,杨昌浚进言练兵、简器、造船、筹饷、用人、持久六条。在他的主持下,浙省的海防建设取得了一定的成绩,如水陆各标经整顿后有所起色,组建洋枪队,一切步伐号令,效仿西法;购买机器在省城设厂铸造火炮、水雷等武器②。

光绪六年(1880),中俄伊犁交涉陷入僵局,俄国为了达到恐吓目的,派军舰东来,海疆再度告急。浙江巡抚谭钟麟以炮台为海防重点,他认为浙省沿海各口,巨舰可以深入者,距省最近的是乍浦,其次为宁波的镇海、定海、石浦,再次为台州的海门、温州的黄华关,这些地方旧有炮台30余座。对澉浦长山、乍浦陈山、定海舟山、海门镇小港口各炮台加以修改③;镇海的金鸡山、小港口两处,因海舟皆可登岸,添建炮台2座,工程仿照招宝山④;并募练兵勇,择要分布,从福建调拨兵轮前来协防,由张其光统率水陆防营进行训练。

中法战争时,法军在越南战场并不占绝对的优势,为了逼迫清政府

---

① 中华书局编辑部、李书源整理:《筹办夷务始末(同治朝)》卷97,第3888—3889页。
② 中华书局编辑部、李书源整理:《筹办夷务始末(同治朝)》卷99,第4004—4005页。
③ 赵尔巽等撰:《清史稿》卷138《志一百十三·兵九·海防》,第4110页。
④ (清)杜冠英等著、朱晓凯、翁飞整理:《杜徵三友朋手札》,黄山书社,2016年,第750—751页。

早日屈服,法国远东舰队想通过封锁台湾海峡、占据沿海岛屿为质、阻止清朝漕粮海运等方式来迫使清廷就范。在战争爆发前夕,同文馆就译出了法国巴黎的报纸内容,显示法军打算占据琼州、台湾、舟山三岛,以为将来赔补军需之用[1]。为解台湾之围,南洋海军派五舰南下援台,但中途被法舰拦截,其中 2 艘遁入石浦港,后放水自沉。其余 3 艘进入甬江口躲避,法舰为消灭南洋三舰,将镇海口封锁并展开炮击,清军发起镇海保卫战[2],双方对峙达三个多月之久。

光绪二十年(1894),中日甲午战争爆发。日军在攻陷旅顺后,"其第三队兵,已乘轮南行,尚未知其所向。现在北洋海口将冻,恐其扰及南洋"[3]。日军可能南下的传闻一时间搅得人心惶惶,镇海、定海等地已有百姓离家避难。浙江巡抚廖寿丰选择重要地方设防,宁波府的镇海、定海直隶厅,嘉兴府的乍浦、澉浦,台州府的海门,温州府的黄华关、飞云江是设防的重点,依靠原有炮台,派勇营、练军驻防,在甬江、飞云江江口放置木桩、水雷进行堵口。浙江地方还抓获 2 名日本间谍。光绪十九年(1893)十二月,日本人高见武夫至普陀山,二十年(1894)二月披薙为僧,密探中国地势。另一名日本人籐岛武彦于二十年(1894)六月由大阪启程,七月初至上海,见日本领事大越。因中日交兵,大越给与路费洋元,记有暗码,嘱令来招高见武夫一同窥探军情。籐岛武彦亦剃发扮作僧人,于七月十九日至镇海口武宁轮船,被元凯轮船大副把总贝名润盘获。随后抓获高见武夫,一起送省审讯,九月二十九日 2 人被处斩[4]。可见,日本已派间谍四处刺探,为下一步的行动做准备。

光绪二十五年(1899),意大利步其他外国列强瓜分中国势力范围的后尘,向清政府提出租借浙江三门湾及附近地区,派出军舰至浙江洋面游弋。为应对意大利的武力恫吓,清政府命浙江巡抚刘树堂妥筹调度防军,密饬严备。同时因浙江地属南洋,命两江总督、南洋大臣刘坤一给予

---

① 王必昌著:《重修台湾县志》,台湾大通书局,1984 年,第 13 页。
② 戚其章:《南洋海军援台与中法镇海之役》,《社会科学辑刊》1995 年第 6 期。
③ 《德宗实录》卷 353,光绪二十年十一月丁丑,《清实录》第 56 册,第 574 页。
④ 倭奸藤岛武彦、高见武夫已讯明遵电旨正法,光绪二十一年一月二十九日(1895 年 2 月 23 日),台湾"中研院"近史所档案馆藏档案,总理各国事务衙门,朝鲜档,馆藏号:01-25-040-02-004。

协助，并派遣叶祖珪率北洋数舰南下，与南洋闽浙等省配合应对局势，相机御敌。刘树堂以清军水师不敢与意军舰争雄，只能扼之于陆，实行坚壁清野，择要屯扎御敌。由于三门湾无险可守，决定在海滩近处掘挖地营，倚为屏障；广设疑台，密饬各州县办理民团，严查保甲，以杜奸宄。有了备战为后盾，清廷态度趋于强硬，"言战亦出于万不得已，与其动辄忍让，不如力与争持。虽兵事之利钝不可知，然既非自我与之，仍不难自我复之"；意兵"倘竟登陆强占，即当奋力合击，毋得观望游移，徒示恇弱，致误事机"①。经过一番防务布置后，巡抚刘树堂声称浙省全边已联为一气，"若敌攻镇海，则以石浦防营为应援，台防之兵进驻石浦为后备。攻海门，亦以石浦防营为应援，镇防之兵移驻石浦为后备。若攻石浦，则镇防、台防两路分兵来援。若攻乍浦，则以省防为应援，湖防之兵调驻省垣为后备。其温州一口，则专以台防为应援。沿途均设有瞭台哨探。由宁波至温台一带，现已招定商人接设电线，正在举办"。刘树堂认为"一意大利不足虑也"，可虑的是意军船坚炮利，游弋洋面，声东击西，踪迹不定，使我求战不得，防守无从，所以他主张实施诱敌登岸之计，在台州选择海岸荒寒、居民寥落的健跳、松门二处地方，阙而不守，引诱意兵登陆中伏②。在清军的军事备防和清政府的外交抵制下，意大利最终放弃租借三门湾的要求。

通过以上对浙江沿海海防事件的梳理，可知清后期浙江的海防对象包括英国、法国、日本、俄国、意大利等国，其中既有外国列强的直接军事入侵，也有间接的军事威胁，曾对浙江沿海造成严峻的海疆危机。

（二）海盗

除了外国列强外，清后期浙江的另一海防对象是海盗。鸦片战争后，日益频繁的鸦片走私贸易是海盗盛行的直接诱因，一些海盗把鸦片走私船作为抢劫的对象，外国船也不能幸免。一位叫 J. Scarth 的外国人在自宁波前往乍浦途中屡为海盗追袭，尽管他们船只精良，船员众多，

---

① 《德宗实录》卷442，光绪二十五年四月乙酉，《清实录》第57册，第822页。
② 浙抚刘树堂奏意人要索三门湾敬陈防务情形折，载王彦威、王亮辑编、李育民等点校整理：《清季外交史料(6)》，湖南师范大学出版社，2015年，第2720—2721页。

武器先进(配有 14 只双管猎枪和大量弹药),也仅以能够逃脱海盗的追击为幸事①。1847 年二月,闽浙总督刘韵珂奏报有洋盗劫杀夷商②。1847 年 8 月 19 日,美国传教士娄礼华(Walt Cr Macon Lowrie)乘船在镇海洋面遇到海盗抢劫,本人被抛入海中淹毙③。外国船只的航行安全已受到严重威胁。

咸丰、同治时,国内政局糜烂,海疆秩序紊乱。与清前中期浙江海盗多是福建籍不同的是,咸丰时浙江的海盗多是广东人,其中最著名的是"广艇海盗"的代表人物布兴有,他在浙江、山东、福建、江苏四省的水师围堵之下率部众在浙江洋面投诚④。但此后浙江沿海的海盗依然猖獗,如咸丰十一年(1861)十二月初九日这天,温州府知府志勚乘坐广艇办理公差时,在外黄门洋面突遇盗船 5 只,约有盗匪数十人,持械过船掳抢,将知府志勚和温州府经历陈占元推跌落海身死,幕友沈家干亦受伤殒命⑤。同治二年(1863),温州、玉环三盘洋面,时有盗船游弋,劫案纷起。浙江巡抚左宗棠命令护理温州镇总兵、补用游击黄载清雇备师船前往剿捕,并咨闽省派拨师船协缉。黄载清于四月初三日统带师船出洋,初六日抵达坎门洋面,适逢署福建闽安协都司陈登三管带师船在楚门洋巡缉,当即合帮前进,在三盘洋面对十余只盗船进行兜剿。黄载清部击沉盗船 2 只,烧毁 1 只,起获洋炮 2 位,获犯 3 名,将被劫惠安县刘合兴等商船 9 只及难民 150 名救回;陈登三部夺获盗船 1 只,击沉 1 只,生擒盗首周达、定贵 2 名,格杀凶贼 1 名⑥。另有盗首颜马登,率手下 56 人投诚,充当水勇。但颜马登投诚后并不归标,仍盘踞海上肆行抢掠,并勒抽商渔船税。本年三月间,经署温处道周开锡密饬永嘉县陈宝善诱拿颜马登到案,一面飞咨护理温州镇总兵黄载清将其党伙金明海等 23 名拿获,缴获私造抽税旗子 4 杆。颜马登被立即斩决、枭首,其伙犯颜阿欢、陈国

①　姜修宪、王列辉:《开埠初期闽浙沿海的海盗活动初探》,《安徽史学》2006 年第 2 期。
②　《宣宗实录》卷 439,道光二十七年二月丁丑,《清实录》第 39 册,第 507 页。
③　吴义雄:《美国传教士娄礼华在华活动述论》,《中山大学学报(社会科学版)》1998 年第 4 期。
④　陈钰祥:《在洋之盗,十犯九广:清咸同年间广艇海盗布兴有事迹考》,《故宫学术季刊》第 24 卷,第 2 期。
⑤　(清)左宗棠著:《左宗棠全集》奏稿一,岳麓书社,2009 年,第 241—242 页。
⑥　(清)左宗棠著:《左宗棠全集》奏稿一,第 207—208 页。

胜、金明海亦被斩决,其余 20 人在研讯确情后拟结①。

同治三年(1864)十月,左宗棠在卸任浙江巡抚、履新闽浙总督前夕,向朝廷上奏浙江应办善后事宜,其中之一便是治理海盗:"至杭属及宁、绍、台、温滨海之区,海盗时有出没,水师直同虚设,船、炮全无。欲治洋盗以固海防,必造炮船以资军用。轮船、红单两式均不可废,仿造、雇驾两议非钱不行,一时筹措无从,不得不缓期以待。"②已指出治盗必须建造船炮,但碍于经费难以筹措,不得不缓期办理。同治五年(1866)正月,署黄岩镇总兵刚安泰率部巡哨时,被盗匪驾驶广艇包围,刚安泰战殁。经署副将张其光等统率师船,驶往剿捕,将首匪梁彩擒斩,毙匪多名,夺获船只器械,并擒获戕害官军各犯③。同治九年(1870)三月二十九日,又有署黄岩镇总兵陈绍巡洋捕盗至东矶岛时,力战而死④。短短数年间,两位总兵大员被戕,足以说明海盗的嚣张程度。

光绪、宣统年间,海盗猖獗之势不减。创刊于同治年间的著名报纸《申报》对海盗之事屡有报道。再,宁波、温州开埠后,负责管理浙海关、瓯海关的各海关税务司定期撰写各口的贸易报告,得益于今杭州海关工作人员的努力,译编形成了《近代浙江通商口岸经济社会概况——浙海关、瓯海关、杭州关贸易报告集成》一书(以下简称《贸易报告》),于 2002 年 10 月由浙江人民出版社出版,该书对海盗也有所关注。笔者根据这两种文献,对此时期的海盗状况略作汇总,以供管窥,如表2-3所示:

表 2-3　光绪、宣统年间浙江海盗情况

时间	案情简介	资料来源
1882 年 10 月	温州、玉环交界之内港半沼泥屿峁各处有四樯五桨小盗船肆行抢劫并刃伤事主。	《海盗猖獗》,《申报》1882 年 10 月 23 日,第 2 版。

① (清)左宗棠著:《左宗棠全集》奏稿一,第 209 页。
② (清)左宗棠著:《左宗棠全集》奏稿一,第 512 页。
③ 《穆宗实录》卷 166,同治五年正月已卯,《清实录》第 49 册,第 21 页。
④ 喻长霖等纂修:《台州府志》卷 136,成文出版社有限公司,1970 年,第 1823 页。

时间	案情简介	资料来源
1885 年 5 月	台州海盗某夜劫三港口商船约洋 400 元,又劫海门岛商船约洋 500 元,又劫铜岩岭客帮约洋 2000 元。查此项被劫之洋乃黄岩人赴宁波办货者。又劫海洋商船棉花 80 余包。先有十余盗跳上商船,将船上人尽数骗钉舱板下,然后连船连货连人驶入各埠售卖,欲将全船棉花出售。奈何连旬阴雨,销路不旺,仅售去 80 余包,恐日久走漏风声,始航海而遁。而商船上人从舱板下钻出。	《台匪汇记》,《申报》1885 年 5 月 5 日,第 9 版。
1885 年 5 月	本月初一夜,突有海盗多人至象山东陈地方陈姓家大肆劫掠,拒伤工人 3 名,掳去事主两人,每名索洋 10000 元取赎。	《宁镇近闻》,《申报》1885 年 5 月 25 日,第 2 版。
1887 年底	玉环右营武弁乘坐兵船在洋面巡缉,行抵凤凰洋,倏遇盗船多艘围住攻击,该兵船寡不敌众,被海盗上船将管带官和兵丁杀死十余人。危急之时,适与周静山镇军巡洋之兵船相遇,奋勇向前,始将玉环兵船夺回,并拿获海盗多名送交玉环总捕府监禁候讯。	《兵船遇盗》,《申报》1888 年 1 月 30 日,第 2 版。
1888 年 深秋	永嘉场海盗登岸,肆行抢劫。台州各匪盗住踞大荆水涨对面郑头山,前临大江,后有丛林,山径四通八达,毗连数县。	《瓯海鱼书》,《申报》1888 年 11 月 6 日,第 3 版。
1890 年 12 月	一群海盗攻击一条在石浦附近被误认为是商船的军用民船。海盗撤退不及,6 名海盗被俘斩首,头送到宁波,悬挂城门外示众。	《贸易报告》,第 8 页。
1891 年 2 月	干丰裕等 6 号商船在普陀洋面被劫,某甲之子被盗斩断两脚,某乙亦为所戕,北帮来往货船因海盗横行相率裹足不前。	《三山树色》,《申报》1891 年 2 月 13 日,第 3 版。
1893 年 7 月	台州人杂居于舟山、岱山之地者最多,舟岱两山之间盗贼亦由是而纵横。	《海滨多盗说》,《申报》1893 年 7 月 6 日,第 1 版。
1893 年 11 月	有苏顺兴、金合利二船运载米麦价值万余金,驶至定海厅辖长涂洋面与温州府辖磨盘洋面,忽有匪船来劫,货物尽被掳去,舵工、水手伤毙者凡 25 人。	《商船被劫》,《申报》1893 年 12 月 8 日,第 2 版。
1899 年 5 月	因无风而停泊离镇海 30 英里水面上满载贵重货物的夹板船遭海盗袭击,老大被杀害,另一船员负伤,两名被俘作人质勒索赎金。数日后,船只由政府汽轮拖来宁波并俘来海盗数名,绳之以法。	《贸易报告》,第 302 页。

续表

时间	案情简介	资料来源
1900 年 10 月 13 日	一艘名"清保安"的夹板船从上海载运杂货返回宁波时在大戢山外遭海盗袭击，抓走了老大和管账员，扬言索要赎金 6000 银元。据该夹板船其他船员称海盗均属台州籍。	《贸易报告》，第 303 页。
1900 年 12 月	有渔船驶至舟山洋面，突被海盗高根土、丁金桥、陈高木、朱厚发、胡曾有等人截劫。船上人狂呼救命，驻泊附近之红单水师船闻声而至，将盗擒获解送鄞县署。	《擒获海盗》，《申报》1901 年 1 月 16 日，第 1—2 版。
1901 年冬	上海本地人杨明卿、王阿顺在洋捕鱼时突遇海盗，杨被抛掷海中，王被禁锢船内。幸杨素谙水性，在海面游泳，适逢定海镇总兵吴吉人巡洋过此救起，随追获盗船，拘盗犯 13 名，发交镇海县讯实正法。	《生回故土》，《申报》1902 年 3 月 21 日，第 3 版。
1901 年 12 月到 1902 年 7 月 1 日之间	向浙海关报案的受害者，多是与上海、长江口岸往来贸易的三桅帆船。前几天在三门逮住 14 人，押解到镇海后受到极刑处置。	《贸易报告》，第 56 页。
1902 年 4 月	一商船在宁波附近狮子山洋面被盗劫去货物，并掳去伙伴一人，幸遇新宝顺轮船，将被盗情事详诉镇海吴吉人统领，立刻鼓轮追拿，盗尚胆敢开炮拒敌，越时盗船愈聚愈多，经吴统领奋力格杀十余人，拿获三四十人，众始畏逃。所获者捆送镇海县研讯，先将 12 名口供认实者绑赴南门枭首示众，余皆钉镣收禁，申详上宪核夺。	《拿获海盗》，《申报》1902 年 4 月 15 日，第 2 版。
1908 年 6 月 12 日	金同大船主禀报浙海关，其船驶至镇海口外被海盗所阻，登舟提去水手两名，勒赎 2000 洋元，嗣后以半价了之。	《贸易报告》，第 326 页。
1911 年 3 月 25 日	花旗轮船公司一大轮名"亚细亚"者，行经台州洋旗山洋面遇雾触礁，全船损坏。船中丝货被海盗劫掠一空，约值 10000 金镑。	《贸易报告》，第 593 页。
1911 年秋	宁波、台州洋面海盗猖獗，水师兵轮几同虚设，以致单帮商船出洋无一幸免。	《浙洋海盗之猖獗》，《申报》1911 年 9 月 19 日，第 12 版。
1911 年冬	定海近日盗案迭出，西乡传姓先后被抢两次。本月初二夜 11 时，有海盗从东乡平洋浦登岸，抢劫勾山李姓（即前江宁劝业道李子川家）。因该盗携有毛瑟枪，乡民未敢围捕，致被饱掠而去。临去时纵火焚毁房屋四五十间，所失甚巨。	《浙江近事纪》，《申报》1911 年 12 月 25 日，第 12 版。

从上表可见,光绪、宣统时期浙江洋面的海盗依然猖獗。抢劫货物、打劫渔船、勒索钱财、戕杀官兵、上岸入室抢劫的现象皆有发生,无论中外船只皆在受害之列,案件主要集中在宁波、台州、温州三府。水师虽有积极应对之时,无奈盗风日炽,大有应接不暇之势。同治以后的浙江海盗以台州人居多,左宗棠曾言:"台郡各属,负山濒海,民俗强悍,匪类最多,而黄岩、太平滨海之区,尤为匪薮,以剽掠为生涯,以戕官为故事,恶习相仍,由来已久。"①连浙海关的税务司杜德维也说,台州在浙东、全浙乃至全国都是臭名昭著、崔苻不靖之地,属于穷乡僻壤,民多剽悍好斗而又目无法纪②。海盗众多的一个重要原因便是民生艰难。当时有人指出,海盗中的大部分来源于渔民,墨鱼的捕捞业状况和沿海的安全有很大关系:如果渔民连续好几个季度捕鱼状况不佳,陷入赤贫的边缘,便铤而走险走上抢劫的道路③。这一时期,官府对民众的盘剥持续加重。以"厘金"为例,本是咸丰年间清政府为筹措资金镇压太平天国起义而设,准许地方在水陆交通要道设局、卡向过往商人征收税金,又称"厘捐"、"抽厘",其后作为常态保留下来。台州知府刘敖在同治元年(1862)设局18处、分卡38所征收厘金,同治五年(1866)又设局征收盐税,种类繁多的厘金名目使民间不堪重负,引起黄岩徐大度、太平谢仁旺等聚集数千人大闹盐局,杀死贪官。从同治元年(1862)到光绪七年(1881)的20年间,厘金的税率从1‰升至7‰以上,设置关卡数急剧增加④。给事中楼誉普指出,台州盗匪四起,抢劫叠见,"一由于捐厘重征,一由于税契苛索"。区区宁海县属四十里中,设一捐厘总局、七分局,甚至连肩挑贸易,也滥行需索。临海县官到任,纵令差役四向穷搜,"膜视民瘼,任意朘削,以致地方不靖,盗风日炽"⑤。此外,畸形的农业结构也是海疆社会不靖

① (清)左宗棠著:《左宗棠全集》奏稿一,第223页。
② 中华人民共和国杭州海关译编:《近代浙江通商口岸经济社会概况——浙海关、瓯海关、杭州关贸易报告集成》,第211页。
③ 中华人民共和国杭州海关译编:《近代浙江通商口岸经济社会概况——浙海关、瓯海关、杭州关贸易报告集成》,第56页。
④ 《文史精华》编辑部编:《近代中国土匪实录》中卷,河北人民出版社,1993年,第325页。
⑤ 《德宗实录》卷134,光绪七年八月戊辰,《清实录》第53册,第935—936页。

的一个诱发因素。台州府是浙江种植鸦片的发源地，主要是黄岩、太平二县，浙江其他地方罂粟的栽种都由台州派人前往指导。温州府的平阳、泰顺，处州府的丽水、青田、缙云、景宁，宁波府的奉化、象山等地是鸦片主要产地[1]。鸦片种植的增多意味着粮食产量的减少，遇上干旱等自然灾害或是粮价升高时，绝望的饥民往往会入山为匪、下海做盗。黄金满就是光绪年间台州府著名的水陆大盗，清政府对其围剿历时多年难以奏效，最终不得不招抚之[2]。

总之，海盗是清后期浙江海防的重要对象，海盗发生的原因涉及民生、官府水师力量、外部环境等多方面因素。海盗问题比较严重的时候，往往伴有吏治腐败、外部环境不靖等因素，即如论者所指出的，不寻常的危机往往是同时发生的，并且相互重叠[3]。清末海疆危机四伏之时，海盗问题往往与外国列强入侵带来的冲击交织在一起。如光绪二十一年（1895）有人奏，浙省盗风炽肆，洋面劫案叠出[4]；宁波、温州、台州、定海、玉环各处洋面，商船被劫者，不下数十起[5]，这极有可能与中日甲午战争带来的海上震荡有着或多或少的联系。

本章小结

清代浙江的行政区划基本沿袭明代，总体上保持了稳定，个别时期随着海疆形势变化而有所调整，亦形成了当今浙江行政疆域的基本版图。由于浙江居于中国海岸线中段，海岸线绵长，港湾众多，海口林立，岛屿星罗棋布，因此其海防地理形势十分险要，其中又以宁波海防地位最为突出，处于南北洋冲要位置，实为浙省乃至东南安危所系。清代浙

---

① 中华人民共和国杭州海关译编：《近代浙江通商口岸经济社会概况——浙海关、瓯海关、杭州关贸易报告集成》，第179—180页。

② 白斌：《清末浙江海盗治理——以清廷处置台州海盗黄金满为例》，《社会科学战线》2012年第7期。

③ Wensheng Wang. *White Lotus Rebels and South China Pirates: Crisis and Reform in the Qing Empire*, Harvard University Press, Cambridge, Massachusetts, London, England, 2014, p81.

④ 《德宗实录》卷369，光绪二十一年闰五月丁未，《清实录》第56册，第825页。

⑤ 《德宗实录》卷380，光绪二十一年十一月辛酉，《清实录》第56册，第974页。

江的海防对象,在清初是以明鲁王朱以海、郑成功为代表的南明海上势力;收复台湾以后至鸦片战争前夕,海防对象以海盗为主,个别时期曾对日本、英国以及滞留海外的汉人有所防范;鸦片战争以后至清末,海防对象既包括外国力量也包括海盗,英国、法国、日本、俄国、意大利等国曾对浙江进行直接的军事入侵或间接的军事威胁,是最凶险的海防对象,而海盗依然是清后期浙江重要的海防对象。

第三章　清前中期浙江海防体系的构建

学界对清代历史分期并无统一固定的标准,本章里的清前期大致是指顺治、康熙、雍正三朝,清中期大致是指乾隆朝至鸦片战争前的阶段。本章从海疆军事力量,海防指挥体制,绿营水师,岸防工事,浙海关对船只、人员、物品的管理几个方面来考察清前中期浙江海防体系的构建。

第一节　海疆军事力量与海防指挥体制

清代浙江经制兵由八旗和绿营两部分构成,亦是部署海疆的两大军事力量。本节重点考察八旗和绿营的部署情况、分布特点以及海防指挥体制的架构情况。

一、以城防、岸防为主的八旗驻军

(一)杭州八旗驻军

清代八旗驻防多选择根本、要害之地驻防,其目的是厚集兵力,形成一个控制、震慑地方的军事网络,以极少数八旗劲旅监视人数占优的绿营兵,进而控制全国。杭州是清朝最先派遣八旗驻防的三个城市之一。驻兵于此,一是由于浙江是清初抗清斗争最激烈的沿海地区之一,加之东南沿海是抗清主战场,杭州为"江海重地,不可无重兵驻防,以资弹压"[①],借此威慑闽浙;二是由于杭州地处钱塘江下游和京杭大运河的南端,是东南地区重要的商业中心,为"调遣饷糈之重心"[②],能提供足够的

---

① (清)张大昌辑、白辰文点校:《杭州八旗驻防营志略》,辽宁大学出版社,1994年,第154页。
② 徐映璞:《两浙史事丛稿》,第320页。

粮饷,又是财赋重地,所谓"东南为天下财赋之薮,江苏之苏、松、常、镇,浙江之杭、嘉、湖七郡,尤甲于两省"①。

顺治二年(1645),多罗贝勒勒克德浑和博洛率领八旗兵抵达杭州。七年(1650),清廷决定为八旗官兵及其家眷另辟新址修建驻防城以隔离旗人和汉人,遂选中仁和、钱塘二县靠近大运河和西湖西北部的地带加以圈建。建成的"满城"大致呈长方形,经过数次扩展,至康熙初年,固定在 7000 余亩的面积,约为清代杭州城内总面积的 13%。驻防城墙是砖石结构,周长 4.9 千米,高 6.33 米,宽 3.33 米。城墙顶部的宽度可容两匹马通过,并可安放火炮。驻防的五个城门(曰承乾、拱辰、平海、迎紫、延龄)从东、东北和南面开向杭州城,内有 137 个属于各个不同级别官员的衙门,包括杭州将军、其他八旗官员以及浙江巡抚、浙江承宣布政使司的衙署。旗营官员对杭州城内的文官进行监控,还掌握着杭州各城门的钥匙,每个城门由驻防中不同旗属的士卒把守②。

浙江驻防八旗设将军、副都统、协领、佐领、防御、骁骑校等官职。顺治二年(1645)初,设杭州梅勒章京,是为杭州驻防之始③。四年(1647),置固山额真。十五年(1658),改称昂邦章京。十七年(1660),改为总管。康熙二年(1663),更名为杭州将军,自此为定制。顺治十五年(1658)设左、右翼副都统各 1 人,驻杭州。康熙十三年(1674),增设汉军副都统 2 人。雍正七年(1729),移杭州右翼副都统 1 人驻乍浦。乾隆十六年(1751),裁汉军副都统 1 人。二十八年(1763),又裁去另 1 名汉军副都统。设协领 14 人(含水师 5 人),佐领 34 人(含水师 11 人),防御 28 人(含水师 8 人),骁骑校 48 人(含水师 16 人)④。

将军为从一品官,其职责为"镇守险要,绥和军民,均齐政刑,修举武

---

① (清)张大昌辑、白辰文点校:《杭州八旗驻防营志略》,第 208 页。
② 汪利平:《杭州旗人和他们的汉人邻居:一个清代城市中民族关系的个案》,《中国社会科学》2007 年第 6 期;[韩]任桂淳:《清朝八旗驻防兴衰史》,生活・读书・新知三联书店,1993 年,第 12 页。
③ (清)张大昌辑、白辰文点校:《杭州八旗驻防营志略》,第 3 页。
④ 赵尔巽等撰:《清史稿》卷 117《志九十二・职官四》,第 3386 页。

备"①。圣祖玄烨曾说："将军之职，以训练军卒，选阅武弁为要。"②高宗弘历曾训诫各驻防将军："教演骑射技艺，是其分内应办之事。"③说明训练士卒是将军的重要任务。除遇战事率兵出征作战以外，驻防将军日常的职责，包括组织校阅驻防官兵每年的操演、督促官兵练习马步弓箭、点验稽察军器、选拔兵丁、裁汰老弱、教养兵丁等④。副都统为正二品官，协助将军佐画机宜。协领为从三品官，负责管理其专辖旗分的旗务，还兼掌将军、副都统署内的各司关防，参与督办地方事务⑤。佐领为正四品官，掌管驻防户籍，定时颁布教戒等。

杭州驻防八旗兵额因时因势不同而屡有增减，盛时有将士7000左右，一般在4000左右，后缩减为2000左右。其大致变化情况⑥如下：

顺治十五年(1658)，设满洲、蒙古马甲669名，又自太原驻防移驻马甲300名，合计969名；设步甲700名，弓匠24名，铁匠48名；汉军马甲1031名，步甲347名，铁匠37名；满洲、汉军棉甲兵764名。

康熙十三年(1674)，有耿精忠之役，兵数骤增，增设满、蒙、汉兵共3200人，事平复减。

康熙十七年(1678)，增设满洲每旗佐领、骁骑校各1人，四旗汉军每旗防御2人、骁骑校3人，满洲、蒙古增骁骑567名，汉军增骁骑433名。

康熙三十年(1691)，增设满洲每旗防御1人，满洲、蒙古增骁骑64名，合新旧共1600名(内满洲1200名，蒙古400名)；分设委前锋校16人，前锋184名，鸟枪领催16名，鸟枪骁骑184名，领催160名，骁骑1040名；汉军增骁骑136名，合新旧共1600名，分设鸟枪领催100名，鸟枪骁骑700名，领催100名，骁骑700名。

康熙三十一年(1692)，增设驻防汉军炮甲16名、四旗汉军炮骁

---

① 赵尔巽等撰：《清史稿》卷117《志九十二·职官四》，第3383页。
② 《圣祖实录》卷212，康熙四十二年五月丙寅，《清实录》第6册，第153页。
③ 《高宗实录》卷505，乾隆二十一年正月丁酉，《清实录》第15册，第376页。
④ 定宜庄：《清代八旗驻防研究》，辽宁民族出版社，2003年，第126—127页。
⑤ 顾松洁：《清代八旗驻防协领刍议》，《吉林师范大学学报(人文社会科学版)》，2017年第1期。
⑥ 参见席裕福、沈师徐辑：《皇朝政典类纂》卷333《兵十一·驻防兵》，文海出版社，1982年，第7145—7148页；(清)张大昌辑、白辰文点校：《杭州八旗驻防营志略》，第152页；徐映璞：《两浙史事丛稿》，第321—322页；赵尔巽等撰：《清史稿》卷130《志一百五·兵一·八旗》，第3869页。

骑 12 名。

康熙六十年(1721),实存八旗满洲骁骑 1611 名,步军 365 名,弓匠 24 名,铁匠 48 名;蒙古骁骑 430 名,步军 85 名,弓匠 8 名,铁匠 16 名;四旗汉军骁骑 1600 名,步军 250 名,炮骁骑 16 名,铁匠 37 名。

雍正七年(1729),杭州实有兵额:满洲兵 1200 名,步兵 365 名,弓匠 24 名,铁匠 48 名;蒙古兵 400 名,步兵 85 名,弓匠 8 名,铁匠 16 名;汉军兵 1600 名,步兵 250 名,炮骁骑 16 名,铁匠 37 名。

雍正十一年(1733),将满洲、蒙古兵 135 名、汉军兵 135 名改设为炮领催 30 名,炮骁骑 240 名。

乾隆时,清廷为了解决日益严重的八旗生计问题,以及在平定蒙古准噶尔部以后在西北进行军事部署,开始将八旗中的非满洲成分清除出去,或补绿营,或入民籍,史称此举为"出旗为民"[1]。乾隆二十八年(1763),裁撤杭州驻防四旗汉军马步炮甲、匠役共 1900 名,缺额不补,部分被编入浙江各标绿营[2],是为杭州八旗兵额的一次较大调整。三十九年(1774),改驻防步军 128 人为养育兵,将八旗定额:满洲、蒙古委前锋校 16 名、前锋 184 名;鸟枪领催 64 名、鸟枪骁骑 736 名;炮领催 30 名、炮骁骑 160 名;箭营领催 83 名、箭营骁骑 328 名;步军 322 名、养育兵 128 名;弓匠、箭匠 64 名[3]。

杭州八旗在清初和乾隆年间等个别时间被派遣征调外,大多时间驻防杭州城,以城防为主要任务,并监视绿营和汉人。咸丰十一年(1861)十一月,太平天国李秀成军攻克杭州,驻防官兵、丁口 8000 多人殉难。同治三年(1864)省城克复,收集遗逸,仅获 46 员名。六年(1867),调福州驻防官兵 500 余名移扎杭州,并增协领 1、佐领 2、防御 2、笔帖式 1 及委前锋校、领催、委前锋、马甲各员缺。十三年(1874),调德州驻防旗兵 200 名、青州 100 名、河南 50 名、荆州 550 名移补杭州驻防兵额。光绪四年(1878),将军果勒敏奏请挑选 800 名骁骑组建洋枪队。六年(1880),

---

① 定宜庄:《清代八旗驻防研究》,第 110 页。

② 郑小悠:《核心——边缘:乾隆朝"出旗为民"研究》,《文史》2016 年第 4 期。

③ (清)张大昌辑、白辰文点校:《杭州八旗驻防营志略》,第 153 页。

调成都驻防闲散、官兵 100 名来杭。九年(1883),册造官兵、户丁共 5330 人①。一直到清末,杭州都是清王朝一处重要的八旗驻防地点。

(二)乍浦水师旗营

雍正五年(1727)五月,上谕:"今杭州驻防兵丁,既在滨江沿海之地,亦当挑选壮丁,学习水师。"②雍正六年(1728)八月,杭州将军鄂弥达奏:"查平湖县乍浦地方,系江浙海口要路,通达外洋诸国,且离杭州止有二百余里,易于照应,请挑选水师兵丁二千名驻扎乍浦。"③次年,清廷决定设立驻防浙江乍浦水师旗营,于杭州驻防满洲、蒙古兵内选余丁 426 名,外加康熙六十年(1721)裁减的 1000 名内开除未尽的 374 名,共计 800 名,移驻乍浦充补水师,为水师左营。营地建于乍浦城东北,占地 261 亩,筑营房 3200 间,四周以竹篱圈围。从此,乍浦八旗与杭州驻防八旗形成"水陆犄角之势"④。乾隆五年(1740),改营地篱笆墙为砖墙,营门南向,成为一座小兵城。乍浦水师旗营设副都统 1 人,归杭州将军管辖,负责教阅、考核士兵骑射、操练及演炮,其下设协领 5 人,佐领 16 人,防御 8 人,骁骑校 16 人⑤。

雍正八年(1730),从江宁驻防兵丁余丁内挑选 800 名移驻乍浦⑥,组成水师右营。左右两营满洲、蒙古水师兵,计 16 旗,1600 名,另从绿营"浙江沿海水师各营兵丁内,选谙练水性船务者四百名,为捕盗、头舵水手之用,共合二千名之数"⑦。每旗领催 6 名,甲兵 94 名,领催共 96 名,甲兵共 1504 名。每旗弓匠 1 名,箭匠 1 名,共 32 名。雍正十一年(1733),于乍浦驻防兵额内分设委前锋校 16 名、前锋 184 名;增弓匠 16

---

① 徐映璞:《两浙史事丛稿》,第 322 页;(清)张大昌辑、白辰文点校:《杭州八旗驻防营志略》,第 153 页。
② 《世宗实录》卷 62,雍正五年十月丙申,《清实录》第 7 册,第 954 页。
③ 《世宗实录》卷 72,雍正六年八月乙未,《清实录》第 7 册,第 1080 页。
④ 徐映璞:《两浙史事丛稿》,第 321 页。
⑤ 刘子扬:《清代地方官制考》,故宫出版社,2014 年,第 177 页。
⑥ 席裕福、沈师徐辑:《皇朝政典类纂》卷 333《兵十一·驻防兵》,第 7150 页。
⑦ 《世宗实录》卷 72,雍正六年八月乙未,《清实录》第 7 册,第 1080 页。按,400 名绿营水手分别来自定海镇,154;黄岩镇,66 名;温州镇,50 名;瑞安营,28 名;镇海营,42 名;乍浦营,60 名。参见嵇曾筠等监修、沈翼机等编纂《浙江通志》卷 91《兵制二》,《景印文渊阁四库全书》第 521 册,第 372 页。

名、铁匠 32 名①。水师营置大小战船 22 只,又为绿营水兵建造营房 400 间②。乾隆初年,为了解决八旗生计问题,清廷将水师旗营里的 400 名绿营水手裁减至 115 名,但满兵不能在远洋大海执行任务,不得不把绿营水手数量增至 180 名,后又增至 250 名③。乾隆三十四年(1769),乍浦副都统舒景阿奏请裁掉乍浦甲兵 100 名,改为养育兵。乾隆五十二年(1787),调乍浦甲兵 500 名赴台湾镇压林爽文起义,事后归营。

从现有资料看,乍浦水师旗营虽然平时进行水上操练,但并不参与巡洋缉盗的具体事务,岸防是其主要的海防职能。在鸦片战争中,乍浦水师旗营伤亡惨重。道光二十三年(1843),鉴于乍浦旗营难堪海防重任,清廷决定将其额设赶缯船、满汉水手全数裁汰,其中满兵改为陆路旗兵,汉兵改归绿营④。咸丰年间,太平军占领乍浦,驻防八旗几乎全军覆没,战后仅收集乍浦驻防官兵 261 员名⑤。此后,乍浦驻防营未予重建,残余兵丁附住杭州营内。

二、"海防为重"的绿营布局

清入关后,把各省投降的明军和新招的汉人单独建制,为区别于八旗兵,定汉兵用绿色旗,故称绿旗兵或绿营兵。绿营兵的营制基本上承袭前明,分省建置。各省统率绿营兵的最高武官是提督(从一品),负责一省军政,与将军、督、抚并称为"封疆大吏"。下设总兵(正二品)、副将(从二品)、参将(正三品)、游击(从三品)、都司(正四品)、守备(正五品)、千总(正六品)、把总(正七品)、外委(正八品至从九品)等官。

绿营的组成单位可分为标、镇、协、营、汛。其中由提督直接统领的军队称为"提标",总督、巡抚、总兵亦统领一定的标兵,名曰"督标"、"抚标"、"镇标";总兵所领军队为"镇",副将所领军队为"协",参将、游击、都司、守备所领军队为"营",千总、把总、外委所领部分为"汛"。

---

① (清)张大昌辑、白辰文点校:《杭州八旗驻防营志略》,第 152 页。
② (清)嵇曾筠等监修、沈翼机等编纂:《浙江通志》卷 91《兵制二》,《景印文渊阁四库全书》第 521 册,第 373 页。
③ 王刚:《清代绿营官兵编入八旗水师考析》,《清史研究》2016 年第 1 期。
④ (清)张大昌辑、白辰文点校:《杭州八旗驻防营志略》,第 95 页。
⑤ (清)张大昌辑、白辰文点校:《杭州八旗驻防营志略》,第 153 页。

顺治五年(1648)，清廷定浙江绿营官兵建制，设总督标兵 3 营，每营副将或游击将领 8 人，兵共 3000 人；巡抚标兵 2 营，每营将领 8 人，兵共 2000 人；提督标兵 3 营，每营将领 8 人，兵共 3000 人；设定海、衢州二镇总兵官，标兵各 3 营，每营将领 8 人，兵各 3000 人；钱塘水师 2 营，台州水师 3 营，每营将领 8 人，兵各 3000 人；衢州设水师左右路总兵官，标兵 3 营，游击以下将领分统营兵；设衢州、湖州、嘉兴等 7 协副将，标兵各 3 营，每营将领 8 人，每协兵 2500 至 2600 人；设金华、严州、处州 3 协副将，标兵 2 营，将领各 8 人，兵各 1600 人；设安吉等各营守备、参将，分统营兵①。此后经过多次调整，以提督和镇的建制沿革为例，清代浙江的变化如表 3-1 所示：

表 3-1　清代浙江绿营提督、镇的建制沿革

提督、镇	建制年代	沿革
浙江提督	顺治五年(1648)	康熙元年至七年、康熙十四年至十八年曾设有浙江水师提督，裁撤后水师事务由陆路提督兼管。
定海镇	同上	顺治十七年裁，康熙八年移水师左路总兵官驻定海复设，二十三年又裁，二十七年再设。
衢州镇	同上	顺治五年初设即裁，雍正十二年复设。
水师左路总兵官	同上	康熙八年裁。
水师右路总兵官	同上	同上
金华镇	同上	移衢州镇总兵官驻金华改设。顺治十三年裁。
温州镇	顺治十三年(1656)	
台州镇	顺治十七年(1660)	移定海镇总兵官驻台州改设。康熙九年裁。
平阳镇	康熙八年(1669)	移水师右路总兵官驻平阳改设。康熙四十九年裁。
黄岩镇	康熙九年(1670)	移台州镇总兵官驻黄岩改设。康熙十五年裁，十八年复设。同治十二年裁。
舟山镇	康熙二十三年(1684)	移定海镇总兵官驻舟山改设。康熙二十七年裁。

---

① 赵尔巽等撰：《清史稿》卷 131《志一百六·兵二·绿营》，第 3896 页。按，原文错将"安吉"写成"吉安"。

提督、镇	建制年代	沿革
处州镇	康熙四十九年 （1710）	移平阳镇总兵官驻处州改设。
海门镇	同治十二年 （1873）	移黄岩镇总兵官驻海门改设。

　　资料来源：罗尔纲：《绿营兵志》，第45—46页；李其霖：《清代前期的水师与战船》，台湾暨南国际大学博士学位论文，2009年，第128页。

　　从中可以看出，清初康熙年间浙江除设有陆路提督外，还曾设过浙江水师提督，是除闽、粤两省外唯一设过水师提督的省份，后裁并为浙江水陆提督1人。至康雍年间，浙江绿营中镇的建制已稳定为定海、黄岩、温州、衢州、处州五镇，后来只是在同治十二年（1873）黄岩镇因更换驻地更名海门镇，不曾再有变动，并延续至清末。乾隆时，浙江绿营建制臻于完善，具体见表3-2：

表 3-2　乾隆朝浙江绿营营制表

将帅	驻扎地	下辖标、协、营	驻扎地或兼辖	兵额（名）	将领（员）
浙江巡抚	杭州府	（抚标）中军	兼辖左右二营		参将1
		（抚标）左营		401	守备1，千总2，把总4
		（抚标）右营		385	守备1，千总1，把总4
浙江水陆提督，节制五镇	宁波府	（提标）中营		842	参将1，守备1，千总2，把总4
		（提标）左营		842	游击1，守备1，千总2，把总4
		（提标）右营		842	游击1，守备1，千总2，把总4
		（提标）前营	鄞县大嵩所	856	游击1，守备1，千总2，把总4
		（提标）后营		853	游击1，守备1，千总2，把总4
		杭州城守协	驻扎杭州府兼辖钱塘一营	1057	副将1，都司1，守备1，千总3，把总6
		湖州协	驻扎湖州府兼辖安吉一营		副将1，都司1

续表

将帅	驻扎地	下辖标、协、营	驻扎地或兼辖	兵额（名）	将领（员）
浙江水陆提督，节制五镇	宁波府	左营		462	守备1,千总1,把总3
		右营		462	守备1,千总2,把总3
		嘉兴协	驻扎嘉兴府		副将1,都司1
		左营	海盐县	725	守备1,千总1,把总4
		右营	乍浦	725	守备1,千总2,把总4
		宁波城守营	宁波府	634	都司1,守备1,千总2,把总4
		钱塘营	杭州府	656	都司1,千总2,把总3
		安吉营	安吉州	290	守备1,千总1,把总2
		乍浦营	乍浦		参将1
		左营		300	守备1,千总1,把总2
		右营		300	守备1,千总1,把总2
		太湖营	江南吴县角头汛	658	游击1,守备1,千总1,把总2
黄岩镇总兵	黄岩县	（镇标）中营		858	游击1,守备1,千总2,把总4
		（镇标）左营		858	游击1,守备1,千总2,把总4
		（镇标）右营	海门汛	859	游击1,守备1,千总2,把总4
		绍兴协	驻扎绍兴府		副将1
		左营		855	都司1,守备1,千总2,把总4
		右营	余姚县	1017	都司1,守备1,千总2,把总5
		台州协	驻扎台州府		副将1
		中营		713	都司1,千总2,把总4
		左营	桃渚寨	677	守备1,千总1,把总4
		右营	前所寨	683	都司1,守备1,千总2,把总3

将帅	驻扎地	下辖标、协、营	驻扎地或兼辖	兵额（名）	将领（员）
黄岩镇总兵	黄岩县	宁海营	宁海县		参将1
		左营		589	守备1，千总2，把总4
		右营		584	守备1，千总2，把总4
		太平营	太平县	775	参将1，守备1，千总1，把总4
定海镇总兵	驻扎定海县舟山	（镇标）中营		982	游击1，守备1，千总2，把总4
		（镇标）左营		975	游击1，守备1，千总2，把总4
		（镇标）右营		884	游击1，守备1，千总2，把总4
		象山协	驻扎象山县兼辖昌石一营		副将1
		左营		631	都司1，守备1，千总2，把总3
		右营		631	都司1，守备1，千总2，把总3
		昌石营	昌国卫	565	都司1，千总1，把总3
		镇海营	镇海县	1155	参将1，守备1，千总2，把总4
温州镇总兵	驻扎温州府	（镇标）中营	长沙汛	823	游击1，守备1，千总2，把总4
		（镇标）左营		824	游击1，守备1，千总2，把总4
		（镇标）右营	宁村寨	881	游击1，守备1，千总2，把总4
		乐清协	驻扎乐清县兼辖磐石一营	890	副将1，都司1，千总2，把总4
		瑞安协	驻扎瑞安县		副将1
		左营		467	都司1，千总2，把总3
		右营		465	守备1，千总2，把总2

续表

将帅	驻扎地	下辖标、协、营	驻扎地或兼辖	兵额(名)	将领(员)
温州镇总兵	驻扎温州府	平阳协	驻扎平阳县		副将1
		左营		589	都司1,守备1,千总2,把总4
		右营	金乡寨	588	都司1,守备1,千总1,把总4
		温州城守营	温州府	755	都司1,守备1,千总2,把总4
		磐石营	磐石寨	297	都司1,千总1,把总2
		玉环营	阳嶴寨		参将1
		左营		448	守备1,千总1,把总2
		右营		448	守备1,千总1,把总2
		大荆营	大荆寨	660	都司1,守备1,千总2,把总5
处州镇总兵	驻扎处州府	(镇标)中营		828	游击1,守备1,千总2,把总4
		(镇标)左营	龙泉县	827	游击1,守备1,千总2,把总4
		(镇标)右营		828	游击1,守备1,千总2,把总4
		金华协	驻扎金华府		副将1
		左营		505	都司1,守备1,千总2,把总4
		右营	永康县	505	都司1,守备1,千总2,把总4
		丽水营	丽水县	431	都司1,千总1,把总1
衢州镇总兵	驻扎衢州府	(镇标)中营		778	游击1,守备1,千总2,把总4
		(镇标)左营		650	游击1,守备1,千总2,把总4

将帅	驻扎地	下辖标、协、营	驻扎地或兼辖	兵额（名）	将领（员）
衢州镇总兵	驻扎衢州府	（镇标）右营	江山县	660	都司1,守备1,千总2,把总4
		严州协	驻扎严州府		副将1,都司1
		左营		498	守备1,千总2,把总4
		右营		498	守备1,千总2,把总4
		衢州城守营	衢州府	328	都司1,千总1,把总1
		枫岭营	江山县念八都	477	游击1,千总1,把总2
总兵额				41529	

资料来源:清高宗敕撰:《钦定大清会典则例》卷111《营制二·浙江》,《景印文渊阁四库全书》第623册,第307—310页;罗尔纲:《绿营兵志》,第156—158页。

根据上表,在浙江绿营兵力的分布中,巡抚统兵786名,提督统兵10504名,黄岩镇8468名,定海镇5823名,温州镇8135名,处州镇3924名,衢州镇3889名。不难发现,部署在定海、黄岩、温州沿海三镇的兵力是内地处州、衢州二镇兵力的近3倍;提督驻扎海疆重地宁波,统兵人数最多,多分布在沿海地区,体现了浙江绿营以海防为重的分布特点,也反映出绿营"量地形之险易,酌兵数之多寡"[①]的布局原则。在清代中期,浙江配有火炮7664位,数量居于全国第四,水师拥有舰船438艘,仅次于福建,位居第二[②],足见浙江军事地位和海防的重要性。

清代浙江绿营兵额总体呈递减趋势。顺治年间,浙江兵额初定为44500名,后增加为62500名[③]。乾隆时为41529名(见表3-2)。同治八年(1869)浙江绿营减兵增饷后,共存兵21480名[④]。光绪年间,浙江绿营兵额数为23476人[⑤]。其缩减原因在于太平天国事变后,绿营已弱不经

---

① (清)嵇曾筠等监修、沈翼机等编纂:《浙江通志》卷120《职官十》,《景印文渊阁四库全书》第522册,第232页。

② 浙江火炮、舰船数参见陈锋:《清代军费研究》,武汉大学出版社,2013年,第206页。

③ 陈锋:《清代军费研究》,第95页。

④ (清)李应珏:《浙志便览》,凡例,清光绪二十二年刊本影印,成文出版社有限公司,1973年,第16页。

⑤ (清)昆冈等修、吴树梅等纂:《钦定大清会典》卷52,第493页。

用,其海防职能逐步被勇营、练军取代,但其作为经制兵的地位始终未变,直到宣统年间,才被裁汰殆尽。

另一方面,绿营人数虽多,但过于分散。以绍兴协左、右营为例,雍正时兵数1800多名,除了负责绍兴城守545名外,其余分防在所辖县城、卫所、大小汛地几十处地方(表3-3),多者如余姚县也只有149名,临山卫159名,少者仅有29名。这种配兵方式无疑仅能维持当地治安,很难形成军队战斗力。

表 3-3　雍正年间绍兴协兵力分布表

营别	驻扎、防守区域	兼管小汛	将领	马步战守兵(名)
左、右营	绍兴府城		副将	545
左营	萧山县	11 处	千总	124
	诸暨县		把总	39
	新昌县		把总	30
	嵊县		把总	29
	向天玲		千总	50
	三江所	6 处	千总	50
	沥海所	3 处	千总	94
右营	余姚县		都司	149
	临山卫	5 处	守备	159
	夏盖山		外委把总	29
	梁衕汛	2 处	把总	119
	中村汛	3 处	把总	70
	上马冈口次		外委把总	29
	北溪汛	2 处	千总	70
	上虞县		把总	40
	周巷汛	6 处	把总	70
	浒山所		外委把总	34
	观海卫	7 处	千总	139
合计				1869

资料来源:(清)嵇曾筠等监修、沈翼机等编纂:《浙江通志》卷93《兵制四》,《景印文渊阁四库全书》第521册,第413—414页。

由于绿营分散屯守,且承担着镇守、差役、海防、海塘治理、护送漕运等多种任务,因此它算不上一支专职军队。正如茅海建先生所说,清军不是一支纯粹的国防军,而是同时兼有警察、内卫部队、国防军三种职能。其中国防军的色彩最淡,警察的色彩最浓①。因此绿营更像维持地方治安的部队,如果说这在清前中期尚可应付国内的叛乱和一般海盗,那么到了晚清,面对外国列强的入侵注定不堪一击。

通过以上考察发现,清政府在浙江海疆军事部署的特点,是将有限的八旗精锐布置在省城杭州和海疆重地乍浦,承担着城防、岸防等重要职责,同时把绿营兵的大部分(五镇中的三镇,以及提标的大部分)量地形险易部署在海疆各地,体现了"海防为重"的布局特点。从驻地分布来看,八旗兵系集中驻屯,而绿营兵则分散驻屯,清廷借此形成八旗兵对绿营兵的相对优势,即以集中驻防的八旗来制约星罗棋布的绿营,防止汉人武装对地方省会要地乃至中央构成威胁,从而维持人数处于劣势的满人的统治地位。康熙帝曾强调"凡地方有绿旗兵丁处,不可无满兵"②。即如乍浦八旗水师,其设立初衷虽是让旗兵练习水战,但实际情况是巡洋缉盗任务全由绿营水师承担。正如宣宗旻宁所说:"浙江乍浦……驻防水师,专事操防,向无巡洋缉捕之责。若令该驻防水师,一同出洋远哨,亦属有名无实。"③已直白地说明乍浦八旗水师职责仅在于操防,绝大多数的海防任务是由绿营承担。

三、"以文制武"的海防指挥体制

前文讲过提督、将军、督抚并称为封疆大吏,就统兵人数多寡看,杭州将军没有浙江提督多,从地方实权看,杭州将军也不及浙江总督和巡抚,但由于将军的地位较崇,权势较大,与总督、巡抚、提督会同奏报海疆事件时,将军的列衔在前,这也是"首崇满洲"的一个体现。浙江绿营承担了海防的大部分任务,从表面上看,浙江提督是浙江绿营兵的最高统

---

① 茅海建:《天朝的崩溃——鸦片战争再研究》,生活·读书·新知三联书店,2014 年,第 53 页。
② 《圣祖实录》卷 274,康熙五十六年十月己亥,《清实录》第 6 册,第 689 页。
③ 《宣宗实录》卷 172,道光十年八月己亥,《清实录》第 35 册,第 674—675 页。

领,但清廷有意把绿营的部分指挥权分别交给总督、巡抚,使提督的军权不至于过分集中,也就是把地方武官提督、总兵等置于文官总督、巡抚的节制之下,"掌兵柄而不擅财赋,且与文臣互牵制焉"①,从而实现以文制武和互相牵制的目的,这也是清代浙江海防指挥体制的显著特点。也就是说,文武官员共同组成了浙江海防指挥体制,文官序列有总督、巡抚、道员、知府、同知等,武官有提督、总兵、副将、参将、游击、都司、守备等,两条线均以上级节制下级,同时文官依权限节制相应的武官。以下着重考察浙江海防指挥体制中的几个文官官职的职责和权限,具体包括总督、巡抚、道员和同知。

(一)总督、巡抚

总督、巡抚在明朝时本为临时性差遣职官,至清前期演变为数省或一省之最高长官。清制,总督、巡抚为各直省最高行政长官。总督管辖一省或数省,为正二品官员,凡加兵部尚书衔者为从一品。清代管辖浙江的总督裁设归并不定,经历了多次调整。先是,顺治二年(1645),设福建总督,驻福州,兼辖浙江。顺治五年(1648),改为浙闽总督,迁驻衢州,兼辖福建。顺治十五年(1658),两省分置总督,福建总督驻漳州,浙江总督驻温州。康熙十二年(1673),裁浙江总督,浙江由福建总督兼辖。康熙二十六年(1687),改福建总督为福建浙江总督。雍正五年(1727),特授李卫总督浙江,整饬军政吏治,并兼巡抚事;以郝玉麟为浙闽总督专辖福建。雍正十二年(1734),裁浙江总督,合两省为闽浙总督。乾隆元年(1736),诏依李卫例,特授嵇曾筠为浙江总督,郝玉麟仍专辖福建。乾隆三年(1738),以郝玉麟仍总督闽、浙如故,至是始为定制,其全衔为"总督闽浙等处地方提督军务、粮饷兼巡抚事"②。

浙江巡抚的地位仅次于浙江总督(浙闽总督、闽浙总督),驻扎杭州,为从二品官,凡加兵部侍郎衔者为正二品,其全衔为"巡抚浙江等处地方提督军务、节制水陆各镇兼理粮饷"③。顺治元年(1644)开始设置,雍正

---

① 汪荣宝:《清史讲义选录》第五讲"三藩之乱",台湾大通书局,1984 年。
② 赵尔巽等撰:《清史稿》卷 116《志九十一·职官三》,第 3339—3340 页。
③ 赵尔巽等撰:《清史稿》卷 116《志九十一·职官三》,第 3343 页。

五年(1727)改为浙江总督,兼管巡抚事务。雍正十三年(1735)仍改为巡抚,兼总督衔。乾隆元年(1736)复设总督,三年(1738)仍改为巡抚,直至清末为止。

一般来说,总督职掌偏重军事以及与兵事相关的政务,巡抚职掌偏重民事及文职官员的管理①。顺治帝曾说:"总督、巡抚责任不同。巡抚专制一省,凡刑名钱谷、民生吏治,皆其职掌;至于总督,乃酌量地方特设,总理军务,节制抚、镇文武诸臣,一切战守机宜,调遣兵马重大事务,当悉心筹画。"②而实际情况是,总督也综理民事,巡抚亦有管理一省军务之责。乾隆五十四年(1789),宁海营健跳关口发生海面洋盗抢劫命案,但由于以往"浙江各营,除抚标外,俱听总督节制,向不归巡抚管辖",巡抚琅玕意存推诿不予奏报。鉴于此,清廷规定"嗣后浙江各营,均令巡抚就近兼理。一切营务寻常事件,仍与总督会同,秉公商办。如遇此等紧要事件,即一面办理,专折奏闻,一面再行札会总督,庶营制更有责成,而要案亦不致稽迟矣"③。五十八年(1793),又规定"嗣后浙省提督、巡抚,及各镇标千把外委等官,遇有拔补应送总督考验者,俱交巡抚就近考拔,咨会总督"④。道光二十一年(1841),清廷明确赋予浙江巡抚节制本省水陆各镇官兵权力⑤。同治元年(1862),清廷进一步明确浙江等督、抚分省的省份,"各镇协,武职升迁调补,着就近暂由巡抚办理……各镇协,均自总兵以下,着统令就近兼归巡抚节制,以资整饬","所有校阅营伍,考核将弁,并本省筹办防剿等事,即专责成巡抚经理",并赋予各该省巡抚临时调兵之权,"设遇紧要军务,准巡抚即时调遣后,再行咨会总督"⑥。光绪朝《钦定大清会典》明确规定浙江提镇各标营俱兼受巡抚节制⑦。可见,浙江巡抚的军事职权已扩大至几与总督无异。

浙江督抚负有巡视海疆的职责。康熙四年(1665),清廷派钦差大臣

---

① 杜家骥:《清代督、抚职掌之区别问题考察》,《史学集刊》2009 年第 6 期。
② 《世祖实录》卷 111,顺治十四年九月己巳,《清实录》第 3 册,第 875 页。
③ 《高宗实录》卷 1329,乾隆五十四年五月癸未,《清实录》第 25 册,第 998 页。
④ 《高宗实录》卷 1434,乾隆五十八年八月壬申,《清实录》第 27 册,第 174 页。
⑤ 杜家骥:《清代督、抚职掌之区别问题考察》,《史学集刊》2009 年第 6 期。
⑥ 《穆宗实录》卷 50,同治元年十一月己巳,《清实录》第 45 册,第 1353 页。
⑦ (清)昆冈等修、吴树梅等纂:《钦定大清会典》卷 47,第 461 页。

巡视浙江海防,并命浙省督抚每年必须巡视海口五六次。又如乾隆九年(1744),浙江巡抚常安查勘宁波府沿海地方,更坐战船抵达镇海,辗转至定海,巡视海面①。乾隆十年(1745)六月,浙江巡抚常安巡查杭嘉海洋一路,至黄道关、乍浦口等处,检阅烽堠和战舰巡哨情况②。

(二)道员

道员本为布政使司、按察使司(又称藩臬二司)派出的临时性差使,时设时废,衔额无定。《清朝文献通考》记载,国初"设布政使左右参政、参议,曰守道,每省无定员,粮储、屯田、清军、驿传、水利,各以其职为名;设按察使副使、佥事,曰巡道,每省亦无定员,提学、兵备、清军、巡海、水利、屯田、驿传、盐法诸道,各以事设各省要地"③。从中可知,由布政使司派出驻守某一地方者,称为守道;由按察使司派出巡查某一地方者,称为巡道,皆系因事而设,如粮储道、巡海道、盐法道、驿传道等。康熙七年(1668)五月,即设有浙江宁台温巡海道,驻扎台州④。在清前期很长一段时间内,道员皆因事因地裁设不定,均属临时派遣,品秩从三品到五品不等。乾隆十八年(1753)七月,清廷规定"直省守巡各道,着俱为正四品,停其兼衔"⑤,从此道员不再是藩臬二司派出的临时性辅官,而成为介于省与府之间的常设性地方实官。

《清朝通典》对道员的职掌描述为:

> 分守、分巡及粮储、盐法各道,或兼兵备,或兼河务,或兼水利,或兼学政,或兼茶马、屯田,或以粮盐兼分巡之事,皆掌佐藩臬,核官吏,课农桑,兴贤能,厉风俗,简军实,固封守,以倡所属,而廉察其政治。⑥

具体到浙江沿海三道而言,由于地处海疆,海防成为其重要的职能。《清史稿》记载:

---

① 《高宗实录》卷211,乾隆九年二月是月,《清实录》第11册,第719页。
② 《高宗实录》卷245,乾隆十年七月是月,《清实录》第12册,第170页。
③ 清高宗敕撰:《清朝文献通考》卷85《职官九·直省官员》,浙江古籍出版社,1988年,第5618页。
④ 《圣祖实录》卷26,康熙七年五月癸丑,《清实录》第4册,第359页。
⑤ 《高宗实录》卷443,乾隆十八年七月壬午,《清实录》第14册,第773页。
⑥ 清高宗敕撰:《清朝通典》卷34《职官十二·司道》,商务印书馆,1935年,第2209—2210页。

浙江杭嘉湖道，兼海防，驻嘉兴。宁绍台道，兼水利、海防，驻宁波。温处道，兼水利、海防，驻温州。①

《宣统三年冬季职官录》对该三道的职责有进一步的明确表述：

分巡杭嘉湖兼管海防事务兵备道：滨海近湖盗贼私枭弹压，稽查东西两浙。分巡宁绍台兼管水利海防兵备道：山海交错，稽查奸匪，兼督海防，承造战船。分巡温处兼管水利事务兵备道：山海交错，稽查匪类，兼督海防，承造战船。②

可知浙江滨海三道俱加兵备衔，负责剿匪缉盗、督查海防。按当时规定，凡守、巡道加兵备衔者，即可节制所辖境内之都司、守备、千总、把总等武职，成为地方文武长官③。

为建设和管理浙江的海塘工程，清政府于雍正十一年(1733)设立海防道一员，驻扎海宁城内，"凡海塘文武官兵，俱听其调用，沿海地方州县等官亦令兼辖"④。乾隆十九年(1754)，清廷裁撤海防道，将仁和、海宁、海盐、平湖四县塘工归并杭嘉湖道兼管，将萧山、山阴、会稽三县塘工归并宁绍台道兼管⑤。

浙江沿海道员还有督理海关和对外交涉的职责。乾隆二年(1737)三月，宁绍台道被清廷委任管理浙江海关税务，负责采购各省所需洋铜，另铸给"监督浙江海关、兼理铜斤事务关防"⑥。晚清时，宁波、温州、杭州相继被迫开放通商后，浙海关、瓯海关、杭海关陆续委由分巡宁绍台道、分巡温处道、分巡杭嘉湖道管理⑦。随着沿海口岸的开放，清政府规定由兼督海关的地方道员负责处理中外交涉事务，"通省交涉洋务事件，统归关道管理，地方官遇事禀闻，由关道禀总督，以咨商总理衙门定议。各国

①　赵尔巽等撰：《清史稿》卷116《志九十一·职官三》，第3354页。
②　内阁印铸局编：《宣统三年冬季职官录》第7册，沈云龙主编《近代中国史料丛刊》第29辑，文海出版社，1968年，第1010、1022、1036页。
③　刘子扬：《清代地方官制考》，第100页。
④　(清)嵇曾筠等监修、沈翼机等编纂：《浙江通志》卷120《职官十》，《景印文渊阁四库全书》第522册，第217页。
⑤　《高宗实录》卷463，乾隆十九年闰四月丁卯，《清实录》第14册，第1005页。
⑥　《高宗实录》卷39，乾隆二年三月辛亥，《清实录》第9册，第699页。
⑦　朱东安：《关于清代的道和道员》，《近代史研究》1982年第4期。

领事有事,则会商关道,大者禀总督,剖断不决者,咨呈总理衙门"①。

(三)同知

同知为知府的佐贰官,为正五品官,每府设一二人或三四人不等,系量事而设,事简则不置。《清史稿》载同知职责为"分掌粮盐督捕,江海防务,河工水利,清军理事,抚绥民夷诸要职"②。浙江定海直隶厅和玉环厅、石浦厅的长官亦称同知,其品秩与府的佐贰同知相同。浙江巡抚梅启照曾说:"浙江先后展复之玉环、定海两厅,所以不设知县、以同知管辖地方者,系因海疆形势所在,故崇其职衔,而授以节制之权。"③以浙江嘉兴府乍浦为例,康熙五十七年(1718),福建浙江总督觉罗满保认为该地是商渔船只聚泊之地,"虽设有守备、千总,而文职止一巡检,不足以资弹压。请移嘉兴府同知,驻扎乍浦,协同武职盘验船只,严拿奸匪"④,得到朝廷允准;五十九年(1720),该同知加海防衔,可节制辖境内的守备及以下的武官。

总之,清代浙江海防实行的是文武双轨、层层节制、以文制武的指挥体制,其中督抚是领导本省海防事务的最高文官,沿海三道道员分别领导着数府的海防事务,同知往往负责一府或一厅的海防事务,他们各自依权限节制辖境内的武官。

第二节　绿营水师的创建及其职能

浙江绿营水师承担着海上和岸上大部分海防任务,在海防体系中发挥核心作用,其职责主要包括巡洋会哨、稽查海岛、护商缉盗等,因此本节对其单列进行考察(按,护商缉盗的职责放在后面第四、五章考察)。

一、绿营水师营制和战船配备

清军占领浙江后,即开始设立水师抗击南明势力。顺治三年(1646)

---

① (清)昆冈等修、吴树梅等纂:《钦定大清会典》卷100,第932页。
② 赵尔巽等撰:《清史稿》卷116《志九十一·职官三》,第3356页。
③ 吕耀钤、厉家祯等纂修:《南田县志》卷34《公文》,成文出版社有限公司,1970年,第378页。
④ 《圣祖实录》卷279,康熙五十七年六月丁未,《清实录》第6册,第737页。

设水师营参将 2 人,分左、右 2 营,水战兵 400 人,守兵 400 人,大小战船 52 艘。十四年(1657),设宁(波)台(州)温(州)水师总兵官及以下各官,分左、右、前、后 4 营,战船 202 艘。康熙元年(1662),设水师提督及左、右二路总兵官,水师设前、左、右 3 营,战船 173 艘,7 年后罢水师提督。康熙十四年(1675)复设水师提督,4 年后再度被裁,设总兵官 1 人,辖中、左、右水师 3 营,兵 3000 人。

　　浙江水师负有河防、海防双重任务,故水师有内河、外海之分,盛时总兵力达 1.6 万余人[1],战船 400 多艘。其内河水师包括钱塘水师营、太湖水师营等。因海防任务要远重于河防,所以水师大多属外海水师。以海防为主的营以上建制单位自北向南有乍浦水师营、嘉兴协营、绍兴协营、定海镇、黄岩镇、温州镇、瑞安水师营、玉环水师营等。

　　乍浦水师营,设于雍正二年(1724),以定海镇右营改归乍浦,设参将各官,水战兵 240 人,守兵 276 人,战船 10 艘,内洋岑港辖洋面汛 33 个,内洋沥港辖洋面汛 15 个,内洋岱山汛辖洋面汛 19 个。

　　嘉兴协营,设副将各官,兵 1500 余人,快唬船 30 艘,驻防府城和海盐、乍浦、澉浦、石门、桐乡、濮院、新城、平湖、嘉善、嘉兴、王江泾等汛。雍正十年(1732),裁撤快唬船 20 艘,改造大号巡船 20 艘,小号巡船 20 艘,分配各汛。

　　绍兴协营,设副将各官,兵 1872 人,沿用明代卫所之制,设临山、观海二卫,沥海、三江二所。雍正十年(1732),设周家路水师汛,置绍字一、二号巡船 2 艘。

　　顺治九年(1652),设定海镇左、右 2 营,战船 49 艘。康熙九年(1670),定海镇分中、左、右 3 营,战船 80 艘,增设哨船 20 艘。定海水师镇兼辖的象山城守营,设副将各官,哨船 14 艘,海口汛兵 150 人。昌石营,设都司等官,汛兵 565 人,战船 6 艘。康熙二十六年(1687),定海镇移居舟山后,原定海改名镇海,设镇海营,驻参将各官,汛兵 235 人,哨船 8 艘。

　　台州府,顺治十四年(1657),设宁台总镇。十五年(1658),改水师提督,寻改总兵,设黄岩镇标 3 营,水师 2775 人,战哨船 25 艘。海门驻游击

---

① 谢茂发:《清代江浙绿营水师研究》,中国人民大学 2012 年博士论文,第 38 页。

等官,前所驻都司等官。右营分防海洋 7 汛:玉环山、干江、鸡齐山、标桃屿、石塘、龙王堂、沙护。中营分防海洋 6 汛:郎几山、黄礁门、深门、三山、老鼠屿、川礁。左营分防海洋 8 汛:圣堂门、米筛门、白岱门、牛头门、靖寇门、狗头门山、茶盘山、迷江山。

　　温州府,顺治三年(1646)设副将各官。十三年(1656),改总兵官,设镇标中、左、右水师 3 营,战哨船 22 艘。中营水战兵 65 人,守兵 152 人,战船 9 艘,快哨船 2 艘,钓船 3 艘。分巡二处:一专防三盘口,水师 162人,战船 2 艘;一专防长沙海洋,水师 128 人,沙战船 2 艘。分防汛地凡七:曰霓岙、黄大岙、三盘、大门、长沙、鹿西、双排。左营水战兵 68 人,守兵 173 人,战船 9 艘,快哨船 2 艘。分巡二处:一专防凤山汛,一专防南龙海洋。分防汛地凡五:曰凤皇山、铜盘山、南龙山、大瞿山、白脑门。右营辖陆地汛兵。瑞安水师营,设副将各官,水战兵 98 人,守兵 143 人,内洋巡哨战船 4 艘,外洋巡哨战船 5 艘,快哨船 4 艘,钓船 2 艘。分巡二处:一专防北关洋,水师 70 人,战船 1 艘;一专防官山洋,水师 50 人,战船 1 艘。分防汛地凡六:曰北关、官山、金乡岙、琵琶山、南鹿山、四大屿。玉环水师营,设参将等官,水战兵 145 人,守兵 254 人,八桨船 4 艘,战船 4 艘,快哨船 4 艘。左营辖陆地汛兵。右营水师 184 人,战船 4 艘。分巡二处:一专防坎门,水师 65 人,战船 1 艘;一专防长屿,水师 34 人,战船 1 艘。内洋凡三汛:曰乌洋、梁湾、黄门。外洋一汛,曰沙头。左、右营率水师 184人,战船 1 艘,轮巡洋面。又江口水师 184 人,战船 4 艘[①]。

　　个别时期对水陆营属性做过调整,如乾隆六年(1741)经闽浙总督德沛奏请将浙江提标右营全改为水师[②]。《皇朝政典类纂》记载:"浙江提标右营,温州镇标中、左二营,定海、黄岩二镇标中、左、右三营各游击、守备,瑞安营副将、都司、守备,乍浦营、镇海营各参将、守备,玉环营参将、右营守备,昌石汛都司,石浦汛、宁海左营各守备,俱系外海水师题补之

---

①　赵尔巽等撰:《清史稿》卷 135《志一百十·兵六》,第 4010—4013 页;王宏斌:《清代前期海防:思想与制度》,第 68—69 页;张铁牛、高晓星:《中国古代海军史》,八一出版社,1993 年,第 296—297 页。

②　《高宗实录》卷 148,乾隆六年八月乙未,《清实录》第 10 册,第 1130 页。

缺"。① 从这则资料可以看出,浙江绿营外海水师至少包括提标右营等在内的 15 营兵力,沿海三镇定海、黄岩、温州镇构成水师的主力。由于职在海疆重地,水师将领多为题补之缺。乾隆二十三年(1758),清廷鉴于定海镇南通闽、粤,北达江南、山东、直隶、奉天诸省,为上下巡哨之枢纽,将其所辖的 5 个水师营、2 个陆路营的将领定为最要缺,将黄岩镇、温州镇改为要缺②。

水师作战必资战船,清前中期浙江外海战船主要有水艍船、双篷艍船、巡船、赶缯船、快哨船、大赶缯船、八桨巡船、大唬船、钓船、六桨巡船、小赶缯船等 11 种。不同时期浙江水师的战船类型有所变化,呈现出仿造对手所乘之船和民船的特点。清与南明对峙时期,浙江水师大量仿造南明军和郑成功水师的主力舰水艍船,成为这一时期的主力船型,其船身庞大,利于出洋作战。平定台湾之后,海防重心由外海转为内海,大型战船失去用武之地,故相继被裁撤,中小船型成为浙江水师的主力战船③。康熙四十二年(1703),清廷规定沿海各营汛有岛屿者应分定船数以备官弁驻守游巡,浙江外海水师共配有战船 196 艘(具体分布见表 3-4)。

表 3-4　康熙四十二年浙江外海水师配备战船类型、数量和分布情况

战船类型	数量	分布
赶缯船	16	提标右营 2,定海镇标中、左、右营各 1,黄岩镇标右营 2,温州镇标中营 1、左营 2,瑞安协左、右营各 1,玉环右营 1,镇海 1,昌石汛 2
水艍船	31	定海镇标中、左营各 5,右营 4,黄岩镇标中、左、右营各 2,温州镇标中、左营各 2,瑞安协左、右营各 1,玉环左、右营各 1,乍浦营 2,镇海营 1
双篷船	58	提标右营 2,定海镇标中、右营各 4,左营 5,黄岩镇标中、左营各 5,右营 3,温州镇标中、左营各 6,瑞安协左营 3,右营 2,玉环左营 1,右营 2,乍浦营 4,宁海左营 4,昌石汛 2
快哨船	45	提标右营 2,定海镇标中营 4,左营 2,右营 3,黄岩镇标中、左、右营各 3,温州镇标中、左、右营各 2,瑞安协左、右营各 2,玉环左营 2,右营 1,乍浦营 4,镇海营 6,宁海左营 2,昌石汛 2
八桨船	4	玉环左、右营各 2

① 席裕福、沈师徐辑:《皇朝政典类纂》卷 339《兵十七》,第 7307 页。
② 《高宗实录》卷 570,乾隆二十三年九月壬辰,《清实录》第 16 册,第 232—233 页。
③ 祁磊:《鸦片战争以前清朝水师战船的演变》,《历史档案》2018 年第 1 期。

续表

战船类型	数量	分布
巡船	6	定海镇标中、左、右营各1,黄岩镇标中、左、右营各1
钓船	36	提标右营2,定海镇标中、左、右营各4,黄岩镇标中、左、右营各2,温州镇标中、左、右营各2,瑞安协左、右营各1,玉环左、右营各1,乍浦营2,镇海营2,宁海左营2,昌石汛2

资料来源:清高宗敕撰《钦定大清会典则例》卷115《兵部·巡防》,第439—440页。

雍正二年(1724),浙江额定四种战船类型,分别是水艍船、赶缯船、双篷船、快哨船。雍正七年(1729),增加六桨船、八桨船①。其中,水艍船长8丈9尺,阔2丈2尺5寸;赶缯船长7丈9尺,阔1丈9尺5寸;双篷船长6丈6尺,阔1丈7尺5寸;快哨船长4丈8尺,阔1丈4尺。乾隆中期浙江水师额设船数:水艍船31艘、赶缯船16艘、双篷船58艘、快哨船45艘②,以中小船型居多。乾嘉之际,浙江海盗泛滥,本地土盗船小,额设营船于岛屿港汊水浅之处追捕往往不够便捷,于是将原先的赶缯船、艍船改造为同安船。同安船是福建同安县制造的一种商船,船身长度在7丈2尺至5丈9尺不等,因其头尾尖窄,远看像梭子,所以又称"同安梭船",其特点是料实工坚、身小驶捷,很适合在岛屿众多、水势纡回的浙江海面捕盗。这期间来自广东的艇匪也在浙江海域肆虐,其乘坐的米艇船身高大,可载重三四千石,配用数千斤大炮,相形见绌的同安船已不能与之匹敌,因此浙江水师又仿造一定数量的米艇用于缉捕。根据统计,嘉庆朝浙江外海水师的316艘战船中,同安船数量最多,达139艘,其次是钓船、快哨船、米艇,分别有56、49、30艘③。

在战船修造方面,顺治初年规定,战船、哨船以新造之年开始,三年小修,五年大修,十年拆造。康熙二十九年(1690)略作调整,外海战船、哨船自新造之年为始,阅三年小修,小修后三年大修,大修后三年尚堪修

---

① 赵尔巽等撰:《清史稿》卷135《志一百十·兵六》,第4013页。
② 祁磊:《鸦片战争以前清朝水师战船的演变》,《历史档案》2018年第1期。
③ 罗尔纲:《绿营兵志》,第390—391页。

理应用者,仍令大修,如不堪修理,题明拆造①。雍正三年(1725),浙江宁波、温州二府各设一船厂,其中定海镇标等营战船和提标前营、象山协、杭州协各哨船皆归宁波船厂修造,温州镇标战船皆归温厂修造,分别由宁台道、温处道和相应的副将、参将所派之员进行监督②,承修官一般由宁波、台州、温州三府正印官担任。雍正十一年(1733),浙江乍浦添设一处船厂,驻防水师旗营和绿营战、哨各船就近驾赴修造,派委杭嘉湖道会同乍浦营参将领帑办理,完工时由副都统验看③。在实行过程中,产生了很多弊端。如条例规定,战船修造完成后,本应由总督、提督大员亲自验收,但他们本人对战船性能、质量和材料规格不可能很熟悉,通常委派中军官代表自己前往查验,同时使用战船的营官到厂接受。营官接受战船时,或认真检查质量,或吹毛求疵,故意刁难需索。承修官眼看限期已届,面临严厉的处分,为减少麻烦和逃避责任,便把战船修造经费承包给负责验收的营员。营员负责包修和查验,利用这种权力和机会,偷工减料、中饱私囊,大船造小,大修、小修仅涂抹油灰而已,导致修造的战船无法保证质量。清廷发现这种弊端后,制定了包修处分条例,对涉事营员、将官、承修知府、督修道员、督、抚、提、镇等规定了相应的处分。

嘉庆十年(1805),为改变文职承修,战船不能如式、质量严重下降的问题,规定修造战船由督、抚、提、镇委副将、参将会同文职道府领价督修,委都司协同文职府佐筹办船料,负责修造。如系将军标下战船,则委参领以下官同领同办。凡届修造之年,各营于 5 个月前,将应小修、大修、拆造之船分别呈报,该上司照例题咨,承修官照额定小修、大修、拆造价格造册、具报、领取。浙江省于届修前两个月,领银备料,各营于届修前一月底将船驾送船厂,承修官按时兴工,依限报竣。如有违误,将按例受到处分④。清廷希望通过严密的处分规定来督促各级官员恪尽职守,但战船修造的质量往往不能达到预期效果。

---

① 清高宗敕撰:《钦定大清会典则例》卷 115《兵部·巡防》,《景印文渊阁四库全书》第 623 册,台湾商务印书馆,1984 年,第 438 页。

② 清高宗敕撰:《钦定大清会典则例》卷 135《工部·船政》,《景印文渊阁四库全书》第 624 册,第 260 页。

③ 清高宗敕撰:《钦定大清会典则例》卷 135《工部·船政》,第 264 页。

④ 王宏斌:《清代前期海防:思想与制度》,第 113—116 页。

二、绿营水师的职能

(一)巡洋会哨

清朝水师巡洋制度沿袭明代。所谓巡洋，是各水师按其驻防区域和兵力情况划分一定洋面作为巡逻信(汛)地，会哨是相邻的水师单位于规定地方(通常为岛屿)约期相会，交换凭证。其意在通过织网式的水上巡逻达到驱逐、缉捕海盗，维护商渔船只安全，巩固海疆之目的。巡洋有总巡、分巡之说，总巡一般由总兵官督率水师出洋，分巡一般由副将、参将、游击等督率出洋。嘉庆年间，将巡洋分为统巡、总巡、分巡，令总兵官为统巡，副将、参将、游击为总巡，都司、守备为分巡，遇有事故，以次代巡，不得以微员擅代①。各省划定海洋巡哨范围，如康熙二十九年(1690)划定浙江和江南省的巡洋范围，二省以大羊山(亦作大洋山)、马迹山为界，二山自西向东，以北的山、岛、洋面属江南管辖，以南属浙江海汛②。江浙以羊山划界巡哨有其原因：

> 洋山者，海道必由之路。山围百里，形似南箕，中平如掌，内有十八岙，可藏海船数百。海水盐不可饮，惟山顶一泉，清淡可汲。会哨必泊其中，以避风汲水。南至定海，北至吴淞，皆一潮可到，盖江浙之交界也。故舟山为浙江之屏翰，而玉环、凤凰、马墓等山辅之。羊山又为江浙两省之屏翰，而陈钱(按，又称尽山)、壁下、大衢、小衢诸山辅之。故防海之道，贼犯江南而浙江官兵不至陈钱者，罪在浙江。贼犯浙江，而江南官兵不至马迹者，罪在江南。俱以交牌号为验，遇贼则江浙官兵联络为一，并力击杀，或捣其中坚，或截其归路，或蹑其后，或犯其前，毋使登岸入江为第一策，此江浙海防之大要也。③

可见，羊山为海道必经之地，且利于兵船避风汲水，这些都是考量会

---

① 赵尔巽等撰：《清史稿》卷135《志一百十·兵六》，第3986页。

② (清)嵇曾筠等监修、沈翼机等编纂：《浙江通志》卷96《海防二》，《景印文渊阁四库全书》第521册，第457—458页。

③ (清)俞樾纂：《镇海县志》卷12《海防》，清光绪五年(1879)刊本影印，成文出版社有限公司，1974年，第871页。

哨之地选择的重要条件。康熙四十七年(1708),浙江水师确定由定海、温州、黄岩三镇总兵出洋总巡,每年定于二月初一日起,至九月底止①。康熙时期浙江与江南水师已开始会哨,但在康熙四十九年(1710)时,福建浙江总督梁鼐疏言:

> 江浙二省官兵,会哨海洋,必豫定日期,互相移会。若风力不顺,则两省哨船,不能如期而至,又须守候。请嗣后停止江浙会哨,但令该总兵官各循边汛分行出洋巡哨,似属有益。②

疏上,康熙帝认为海中行舟必俟风向便利,如福建遇南风始可北来,江浙遇北风始可南去,如此一来,难以会同巡逻,于是同意了上述请求,停止会哨,令江南、浙江、福建、广东、山东五省各查明海边,分出巡哨。

雍正六年(1728),在福建提督石云倬的提议下,清政府从福建精练水兵中选派50人赴浙江,浙江水师12营内每营分配三四名,教习辨别风潮、礁石,使用瞭碇、斗柁,巡游海口等水战诸务③。

乾隆十五年(1750),会哨制度再被提上日程。闽浙总督喀尔吉善上奏:

> 窃照闽、浙两省海洋绵亘数千里,北抵江省,南接粤洋、台、澎;直达西南外番陀,正对东洋各岛。其洋面险远,岛礮纷错,外洋贾舶与内地商渔络绎往来汪洋浩瀚之中,汛守防护所不能及。惟借游巡舟师实力哨巡,使奸究无从窥伺,商贾方获安宁。而游巡舟师之实力哨巡与否,尤借总巡大员亲身督察,无稍懈弛,始于洋面实有裨益……查巡洋定例:每年二月初一日起,至九月底止,镇臣照题定统辖洋面总巡,各营照题定界址分巡,仍与上下接界总巡、分巡官兵指定岛屿会哨。是总巡会哨一法非特联络声援,实可稽核勤惰。今查镇臣虽有总巡之责,不定以巡洋限期会哨;虽有指定界址,未定有查验章程。现在各镇臣未尝不出洋巡查,然出巡之期或疏或密,巡历洋面或近或远,竟无一定。更或因办理营务,不能久历外洋,出巡未久,随报回棹者。至于浙省定海、温州、黄岩三镇因系水、陆相兼,巡

---

① 清高宗敕撰:《钦定大清会典则例》卷115《兵部·巡防》,第430页。
② 《圣祖实录》卷243,康熙四十九年八月庚辰,《清实录》第6册,第414页。
③ 席裕福、沈师徐辑:《皇朝政典类纂》卷339《兵十七》,第7311页。

期难以遍历,题定不时亲身出洋,更无一定程限。总巡大员出洋督
察之日少,分巡将备千把懈弛偷安,势所不免;即使按期呈报出洋哨
巡,或湾泊近岛、或寄碇深澳,其是否在洋梭织游巡,茫无稽考。至
于交界会哨,惟凭一纸报文;其实于何处会哨,亦无可征验。洋匪窥
伺,巡历稍疏,乘间剽劫,为害商贾,殊非慎重海防之道。①

他指出了以往巡哨的弊端,即出巡时间长,会哨日期漫无限定,又无
查验章程。在他的建议下,清廷决定改变两省总兵各自总巡且为时太久
的做法,令各镇总兵官每阅两月会哨一次。其会哨之月,上汛则先巡北
洋,后巡南洋;下汛则先巡南洋,后巡北洋。定海、崇明、黄岩、温州、海
坛、金门、南澳各水师总兵官,于指定地方南北会巡,由督抚派员稽察②。
乾隆十七年(1752),闽浙总督喀尔吉善会同福建水师提督李有用、原任
浙江提督吴进义商议后指出:"海洋风信靡常,不必限定两月一次。遇会
哨之期,先遣标员前往指定处所等候。如两镇未能同时并集,即先后取
具印文缴送,总以上下两镇必赴指定之地为准,违误立参。至分巡洋汛,
相去本非甚远,可一月会哨一次。"③在考虑这些意见后,清廷遂进一步明
确了会哨日期和地点,浙江省定海镇于三月十五、九月十五日与黄岩镇
会哨于健跳汛属之九龙港,五月十五日与江南崇明镇会哨于大羊山;黄
岩镇于三月初一、九月初一日与温州镇会哨于沙角山,三月十五、九月十
五日与定海镇会哨于九龙港;温州镇于三月初一、九月初一日与黄岩镇
会哨于沙角山,五月十五日与福建海坛镇会哨于镇下关。其会哨之期,
由总督派遣标员前往指定处所等候,两镇会哨时出具印文互换④。于是,
在沿海省份中,闽浙二省较好地建立了会哨制度。

关于浙江与江南会哨的时间、地点,据《定海厅志》的记载,定海镇与
江南苏松、狼山、福山等镇四季各会哨一次:春季二月十五日,会哨于黄
龙山洋;夏季五月十五日,会哨于小羊山洋;秋季八月十五日,会哨于马

① 喀尔吉善请定巡洋会哨之法以重海防疏,诸家《清奏疏选汇》第四,《台湾文献丛刊》第256种,台湾银行经济研究室,1968年。
② 赵尔巽等撰:《清史稿》卷135《志一百十·兵六》,第3985页。
③ 《高宗实录》卷418,乾隆十七年七月壬戌,《清实录》第14册,第474页。
④ 清高宗敕撰:《钦定大清会典则例》卷115《兵部·巡防》,第435页。

迹山洋;冬季十一月十五日,会哨于大羊山洋①。

为了保证水师巡洋会哨的质量,清廷对失职的水师将领进行处分。乾隆五十四年(1789),护温州镇李定国借口风大难行,没有亲自到沙角山洋面巡哨,奉委查察的把总柯得成不行检举之责,反而通行捏造掩盖,事发后李定国被革职,柯得成被拿解到省②。定海镇总兵陈标临届会哨日期,因奏准陛见,即行交卸,致使署任来不及前往会哨,部议降三级调用。会哨误期事件时有发生,个中既有将领懈怠的主观原因,也有风大难行等客观原因。对此,高宗弘历认为如果确遇风阻,应各报明督抚,改展日期会哨,断无经旬累月延期之理。同时,他从制度层面思考是否需要调整会哨时间,如福建海面每到九月,飓风较多,商船俱不敢放洋,向例却安排了一次会哨,因此命令东南各省督抚会商调整会哨月份:"不必拘定三九两月,总以飓风不作、平稳时订期会哨,庶各该镇等不得借词风阻迟误,而于海疆巡哨,更昭慎重。"③闽浙总督觉罗伍拉纳、浙江巡抚觉罗琅玕会商的结果是,福建海坛、金门二镇会哨时间改为四月、八月,海坛镇于五月十五日与温州镇会哨于镇下关,仍循其旧;"浙省洋面,七八月间每多飓风,九月内风信尚平。所有黄岩镇三月初一、九月初一与温州镇会哨于沙角山,又黄岩镇三月十五、九月十五与定海镇会哨于九龙港之期,均请仍旧。再各镇会哨,向例由总督委弁赴该处取结备案,恐微员难免瞻徇。请嗣后责成该管之各巡道,于两镇会哨时,先期亲赴该处,俟两镇到齐,觌面取结具报。"④得到朝廷允准。可见,浙省的会哨日期照旧,但监督会哨的官弁由过去的卑微之员改为道员,提高了行政级别,以示肃重。乾隆帝考虑到巡洋的危险性给出了通融的办法:

> 嗣后各该镇定期会哨,如实有风大难行,许其据实报明督抚,并令该镇等,彼此先行知会。即或洋面风大,虽小船亦不能行走,不妨遣弁由陆路绕道札知,以便订期展限,再行前往。但该督抚等,务须详加查察,设有借词捏饰,即应严参治罪。若果系为风所阻,方准改

① (清)史致驯等编纂、柳和勇等校点:《定海厅志》,上海古籍出版社,2011年,第533页。
② 《高宗实录》卷1330,乾隆五十四年闰五月辛卯,《清实录》第25册,第1006页。
③ 《高宗实录》卷1332,乾隆五十四年六月己巳,《清实录》第25册,第1039页。
④ 《高宗实录》卷1337,乾隆五十四年八月辛未,《清实录》第25册,第1123—1124页。

展日期，以示体恤而崇实政。[1]

嘉庆年间，水师巡哨在总巡、分巡之外增加了统巡，以总兵官为统巡，副将、参将、游击为总巡，都司、守备为分巡，使巡哨网络进一步严密。如遇有事故，以次代巡，但不得以微员擅代。在人手不敷使用的情况下，如嘉庆六年（1801），因海盗猖獗，定海、黄岩、温州三镇总兵长年在洋统兵缉捕，浙省水师副将、参将、游击、都司、守备只有 30 员，大多随同出海捕盗，日常的巡哨任务难以兼顾，浙江提督苍保奏请暂准代巡洋汛，获得批准[2]。

除了以上提到的各镇之间的会哨有明确的时间、地点规定外，各营之间也有明确规定。以定海镇为例，各营之间的会哨如此规定：中营旗头汛兵船，每年正月、三月、五月、七月、九月、十一月之二十五日，与左营沈家门汛兵船，会哨于桃花山洋。青龙港汛兵船，并外洋汛兵船，每年二月、四月、六月、八月、十月、十二月之十二日，与昌石、淡旦二汛并外洋汛兵船，会哨于青门鞍子头洋；左营沈家门汛兵船，每年正月、三月、五月、七月、九月、十一月之二十五日，与中营旗头汛兵船，会哨于桃花山洋。长涂汛兵船并外洋汛兵船，每年二月、四月、六月、八月、十月、十二月之十六日，与右营岱山、长白二汛并外洋汛兵船，会哨于鲞篷礁洋；右营岑港、沥港二汛兵船，每年正月、三月、五月、七月、九月、十一月之二十一日，与乍浦、镇海各营兵船，会哨于沥港洋。岱山、长白二汛兵船并外洋汛兵船，每年二月、四月、六月、八月、十月、十二月之十六日，与左营长涂汛并外洋汛兵船，会哨于鲞篷礁洋[3]。

总起来说，水师巡洋在清前中期发挥了较好的作用。海盗除了某些时期泛滥猖獗外，大多时期处于水师的有效管控之下。同时对保护商渔船只也发挥了一定作用。有论者指出，在 1850 年之前，中国沿海接近 70％的海上贸易企业的基地建在福建、江苏和广东三省，从江苏、福建出发的商船取径浙江海道，浙江水师通过巡逻水域、岛屿来加以保护[4]。因

---

① 《高宗实录》卷 1341，乾隆五十四年十月丁丑，《清实录》第 25 册，第 1186 页。

② 《仁宗实录》卷 79，嘉庆六年二月己巳，《清实录》第 29 册，第 25 页。

③ （清）史致驯等编纂、柳和勇等校点：《定海厅志》，第 532—533 页。

④ Ronald C. Po. *The Blue Frontier：Maritime Vision and Power in the Qing Empire*，Cambridge University Press，2018，p120.

此,它的积极作用应予以肯定。

(二)稽查海岛

浙江除了舟山、玉环等主要岛屿外,还有为数众多、面积不等的小海岛(见表3-5),对这些海岛的稽查是水师的重要职责。针对海岛的不同特点,水师执行日常巡查、定期驻防、排查保甲等任务。

表 3-5　浙江面积大于 10km² 海岛一览

今属政区	岛名
舟山市	舟山、岱山、六横、金塘、朱家尖、衢山、桃花、大长涂、秀山、泗礁、虾峙、登步、册子、普陀山、长白、小长涂
宁波市	南田、高塘、大榭、梅山、花岙、檀头山
台州市	玉环、蛇蟠
温州市	大门、洞头、灵昆、霓屿

资料来源:周航主编:《浙江海岛志》,高等教育出版社,1998 年,第 5 页。按,浙江面积小于 10km² 的海岛更是不计其数。

首先,对明文或按例封禁的海岛进行日常巡查,主要是看岛上有无人员潜入。雍正六年(1728),定海守备李光彩巡哨至尽山海岙,将违禁搭盖的寮厂循例烧毁。但因检查不细,有寮户被烧死,李光彩因此获咎。浙江总督管巡抚事李卫为其开脱:"尽山、花鸟洋面远僻,波涛凶险,历来哨船所不肯实在巡到者,该员奉公获罪,情殊可悯。"[①]从中看出李光彩对偏僻的外洋小岛巡查属于日常公事。乾隆九年(1744),浙江巡抚常安查勘宁波府沿海地方,乘战船抵镇海县,复由镇海抵达定海,巡视海面。事后他上奏说:"凡涉外洋之山,最易藏奸。虽膏腴沃衍之区,必须严行饬禁,毋许开垦、采捕、煎烧等类,以滋事端。"乾隆帝表扬他冲冒风涛,勤于王事[②]。从中可知水师巡查的禁岛多在外洋。

乾隆末年,清政府面对数以万计的沿海岛民,不得不采取承认和默许的态度,对岛民编排保甲。浙江于乾隆五十九年(1794)查明,嘉兴、宁

---

① (清)雍正十年敕编:《世宗宪皇帝朱批谕旨》卷 174 之七,《景印文渊阁四库全书》第 423 册,第178—179 页。

② 《高宗实录》卷 211,乾隆九年二月戊寅,《清实录》第 11 册,第 719 页。

波、台州、温州 4 府和玉环厅所辖各岛共 561 处,向有居民、准其居住者 117 处,原应封禁应行驱逐者 11 处。11 处中包括宁海县所辖南田山 4 处,将岛民概行迁徙,其余 7 处分布在太平、乐清二县,准其照旧居住。清廷命地方官严格稽查内地人赴岛居住,该营镇道于出洋会哨之时留心稽查,对暂住岛上的渔民,渔期过后即行拆毁①。嘉庆六年(1801),规定各省海岛除例应封禁者,不许民人渔户扎搭寮棚居住采捕外,其居住多年不便驱逐的海岛,及渔户出洋采捕暂在海岛搭寮栖止者,责令沿海巡洋员弁,实力稽查,毋致勾藏为匪。浙江海岛居民,除不许增添房屋外,其现住居民,令沿海州县、守口员弁实力巡查,并责成该管镇道于出洋之时严密查察②。对明令封禁的海岛,如南田岛,由水师官兵定期上岛巡查,"每届冬令,焚烧柴草一次,以绝游民觊觎"③。

对准许居住的岛民,清廷对其编排保甲。如乾隆五十八年(1793),浙江巡抚觉罗长麟派员对大陈山各岛核查,每一岛峙设峷长 1 人,每居民 10 家设甲长 1 人,每 10 甲设总甲 1 人。令各出保结,如该甲内有通盗之人据实禀报,容隐者治罪,并派兵前往远山穷谷访拿盗匪④。

其次,在地理位置重要的岛地驻防设汛。康熙五十年(1711),江南江西总督噶礼奏请每年在马迹山和浙江大衢山等地派遣官兵,驻扎巡逻,兵部对此表示同意。但康熙帝玄烨认为,洋盗皆系居住内地之人,并非盘踞海岛之人,尽山、花鸟山等岛原无海港可以泊船,如果派遣官兵驻扎巡逻,一年一更,"大洋之中,徒劳兵力且恐致有伤损",遂否此议⑤。这种不提倡小岛驻防的情况到乾隆时有所变化。乾隆十年(1745),清廷因小羊山地处江、浙两省分辖之处,两省商船、渔船尽泊于此,在山峷之下搭盖芦篷,奸良莫辨。水师巡洋鸟船,因船大身重,不能收泊峷内,只能在半洋寄碇,遥望而返,稽查未周,决定设小哨船二只,挑选弁兵前往小

---

① 王潞:《开与禁:乾隆时期岛民管理政策的形成》,《海洋史研究》第 2 辑,社会科学文献出版社,2011 年,第 165—182 页。

② (清)昆冈等修、刘启端等纂:《钦定大清会典事例》卷 630《兵部·绿营处分例·海禁二》,《续修四库全书》第 807 册,第 769 页。

③ 《宣宗实录》卷 158,道光九年七月丙申,《清实录》第 35 册,第 427 页。

④ 《高宗实录》卷 1431,乾隆五十八年六月是月,《清实录》第 27 册,第 140 页。

⑤ 《圣祖实录》卷 245,康熙五十年三月丙辰,《清实录》第 6 册,第 437 页。

羊山驻泊,"常川在彼,弹压商渔等船。遇抢夺情事,严拿解究。探知某山某岙有奸匪形迹,即密报巡哨将备,协力搜擒。俟秋底满哨,渔船进口,官兵一并撤回。"①即在商渔船只比较集中的岛屿设有哨船以资弹压。

浙江舟山为南北商船汇集之地。乾隆五十九年(1794),经闽浙总督觉罗伍拉纳奏请,清廷决定在定海县城对岸的小岛五奎山添设一汛。因该岛北隔洋面距舟山本岛六里,峰势高出众山,可以瞭望四周岛屿,且外洋船只前赴定海者,皆于此停泊,为扼要之地,故在此添设一汛。从定海镇标中、左、右三营内抽拨水师兵50名,派千总1员,率领驻扎,并拨营船往来巡哨,照汛弁戍兵之例,每届半年轮换一半,以资防守②。总之,水师根据岛屿的类型,或定期驻守轮防,或驱逐违禁潜入人员,或严密稽查入岛人员、厉行保甲,发挥护商护渔、缉捕海盗、维持海疆秩序的作用。

第三节　以炮台等为依托的岸防工事

明代时沿海即以卫所为中心兴建各种防御工事,包括关城、炮台、墩台、城寨、烽堠等,清代继承使用这些工事,并在其基础上进一步加以修建。清初以南明、郑成功势力为海上防范对象,沿海防御以关城和烽堠为主,强调预警效果。为实施迁界政策,康熙二年(1663),清政府于沿海立桩界,增设墩、堠、台、寨,驻兵警备南明势力。在收复台湾以后,烽堠基本停用。相较于明代注重卫所城池(关城)防守,清朝更注重依托炮台工事来进行防御。这可能缘于明代的防御对象主要是倭寇,倭寇经常登岸掳掠,而清前期开海以后的防御对象主要是海盗,零散的海盗不具备攻城略地的能力,大多以海上抢劫为主,因此关城不再是防御的重要依托,转为借助散布海岸线上的炮台工事。这些炮台多建在沿海险要之地,用以护卫和监视周围的海面、海口、江面、航道和港口。清代浙江沿海炮台的修建主要集中于三个时期,一是康熙末年、雍正年间,二是道光年间,三是同治、光绪年间。由于同光时期炮台的装备、建筑形制与清前

---

① 《高宗实录》卷247,乾隆十年八月是月,《清实录》第12册,第189—190页。
② 《高宗实录》卷1445,乾隆五十九年正月癸丑,《清实录》第27册,第280—281页。

期已有很大不同,故放后章说明。

　　康熙末年东南沿海炮台的修建与觉罗满保的倡导有很大关系。觉罗满保系清皇室宗亲,进士出身,从康熙五十四年(1715)起担任闽浙总督达10年之久,任内十分重视海防事务,对炮台建设和修整格外关注。康熙五十七年(1718),他鉴于一些海疆要地没有炮台,以及旧有炮台城寨倾圮倒塌的现象,提议在浙江沿海极冲、次冲地方修筑炮台城寨,选取平湖县乍浦等50处地方,安设炮460位,添造营房,派拨弁兵,分防巡守,获得兵部同意①。同一年,他因"闽浙两省皆属沿海要区,各处炮台城寨逼临海口,盐潮蒸湿,木植易致朽蠹,原与内地不同",建议应令沿海道、府督率各州县官员不时查看、修整炮台城寨及营房,遇新旧交代如有损坏,勒令修葺,该营将领督率汛防弁员加谨看管,获得朝廷同意②。雍正四年(1726),浙江巡抚李卫认为,浙省作为江闽咽喉原设炮位甚少,经他疏请,添设子母炮48位,分给满汉驻防兵教习演放③。雍正七年(1729),经李卫奏请,台州府海门、前所、家子、三江口、新亭、章安、道头、江口汛等地添设炮台④。至雍正时期,浙江沿海的炮台已较为普遍,星罗棋布。根据雍正朝《浙江通志》的记载和相关研究,浙江沿海各府炮台分布情况如表3-6所示:

表3-6　雍正朝浙江沿海各府炮台分布

府属	炮台名称
嘉兴府	乍浦教场炮台1座;天后宫、西山嘴、独山、六里间炮台等19座;澉浦所营头围炮台等9座;平湖县独山寨、观山麓、天妃宫、南湾、陈山嘴炮台;唐家湾炮台、金家湾炮台、西长墙山炮台
杭州府	八仙石炮台10座;临平镇新塘炮台、白泽庙炮台、刘家坂炮台、大均铺炮台、黄天荡炮台、章婆炮台、衙桥司炮台、戴家霸炮台、天开河炮台、翁家埠炮台;海宁县海口炮台、潘家霸炮台、河庄山炮台、黄湾山炮台、小亹河南北炮台、念里炮台、范家炮台、石墩炮台、仁和县凤凰山炮台
绍兴府	西海塘墩台、龙山墩炮台、北门墩炮台、判官新城炮台二座、谢家墩炮台、胜山墩炮台、松浦台炮台、古窑墩炮台、方家墩炮台、垫桥墩炮台、港浦台炮台、旗山台炮台、曲塘台墩炮台、新浦城炮台、临山城炮台、新昌县大教场炮台

① 《圣祖实录》卷277,康熙五十七年二月甲申,《清实录》第6册,第715—716页。
② 《圣祖实录》卷282,康熙五十七年十二月乙丑,《清实录》第6册,第758页。
③ 《世宗实录》卷44,雍正四年五月辛酉,《清实录》第7册,第665页。
④ 《世宗实录》卷82,雍正七年六月乙亥,《清实录》第8册,第81页。

府属	炮台名称
宁波府	宁波大嵩城炮台、应家棚炮台、镇海笠山炮台、招宝山威远城炮台三座、天妃宫炮台、定海火港炮台、南道头炮台、道头炮台、北拦江炮台、南拦江炮台、五奎山炮台、沈家门炮台、青垒山炮台、岑港礐炮台、镇标炮台、东岳山震远炮台、舟山晓峰岭炮台、石墙山墩台、包家墩台、程家墩台
台州府	海门小圆山炮台、海门牛头颈炮台、三江口炮台、新亭炮台、章安道头炮台、海江南北岸炮台、海门家子汛炮台、主山炮台、鲎壳礐炮台、石塘山炮台、小圆山炮台、太平县松门卫金清炮台、江下汛炮台、黄岩海门炮台
温州府	平阳县江口汛炮台、温州城平阳炮台群、华盖山炮台、乐清炮台群、瓯江口南北岸炮台、大荆营炮台群、瑞安炮台群、瑞安北岸炮台、磐石炮台群、乐清县水涨汛北峰岭墩炮台、巽坑汛白箬岭墩炮台、跳头山墩炮台、大芙蓉汛西店岭墩炮台、蔡礐汛朴头山墩台炮台、蔡礐山墩炮台、玉环厅天妃墩炮台、温州镇标宁村城炮台、梅头汛炮台、城寨炮台

资料来源：(清)嵇曾筠等监修、沈翼机等编纂：《浙江通志》卷 92《兵制三》、卷 93《兵制四》、卷 94《兵制五》、卷 95《海防一》、卷 96《海防二》、卷 97《海防三》、卷 98《海防四》，《景印文渊阁四库全书》第 521 册，第 393—517 页；冯磊：《清代浙江海防炮台研究》，河北师范大学 2015 年硕士论文，第 24—35 页。

　　雍正时浙江沿海的炮台布局已趋于稳定，乾隆时基本上是在原有岸防工事基础上进行修补，如乾隆三十五年(1770)，杭州、嘉兴、绍兴、象山、宁波等地的多处营房墩台，被风潮吹塌，署浙江巡抚熊学鹏奏请查勘修补[①]。乾隆四十六年(1781)，乍浦一临海炮台遭遇风潮，上面的炮台、官厅尽被冲卸，炮位亦沉入海内，清廷谕令浙江巡抚福崧前往相度形势另行建复炮台[②]。

　　嘉道年间原有炮台时有修葺、改建，但至鸦片战争前多数已损坏废弃，因此在战争期间不得不赶制。如，浙江巡抚刘韵珂在镇海招宝山、金鸡山下，以及该二山之内的拦江埠两岸添筑炮台、炮墩数座；在乍浦的观山下添筑炮台一座，其天后宫、西行汛一带分别修筑炮墩。浙江定海原先只在南面隔海相望的五奎山、东头的沈家门、西边的岑港建有炮台三座，1841 年，钦差大臣裕谦在定海道头南门外修筑土城，在东山上筑震远

---

① 《高宗实录》卷 871，乾隆三十五年十月庚寅，《清实录》第 19 册，第 676 页。

② 《高宗实录》卷 1248，乾隆五十一年二月乙酉，《清实录》第 24 册，第 775—776 页。

炮城一座,东山下建炮一座,小竹山建炮台一座。但很多毁于英军的炮火之下。

从炮台建筑看,清前中期浙江多为圆形露天炮台。以乍浦西山嘴炮台为例,其为实心圆炮台,周围八丈,高一丈五尺,垛高三尺,安炮 8 位。后筑有围城,周围二十丈,高一丈二尺,内盖官兵房屋 12 间,驻防千总 1 员,兵 30 名。浙江各炮台设炮 4 至 10 位不等,守兵 20 至 50 名不等[①]。炮台临海一面往往建立敌台,敌台为露天建筑,用青石砌成高台,中用土石填实,面铺石块,另用三合土或石块砌成垛墙,在垛墙上开设炮眼若干,炮眼外小内阔,以便炮身移动改变射击方向。炮台之内通常建筑驻兵的营房、神庙、药局、望楼以及官厅等,旁设台门,以便守兵出入,有的炮台式要塞辅助建有关墙、哨台、卡碉和屯堡等。炮台建筑以砖石为主,看似非常坚固,这恰恰是其致命弱点,因为炮击石碎乱飞,对人员杀伤力很大。敌台上的守兵仅以垛墙掩护其正面,顶部与后面没有遮蔽,很容易被炮弹以及溅起的碎砖石击伤。炮台侧后,没有壕沟、吊桥、关闸设施,难以阻击敌军的侧后袭击。弹药仓库和营房建在炮台之中,易被敌炮击中起火爆炸,对整个炮台从内部构成威胁。炮台之间缺少隐蔽通道,不利于援兵进入和军需品的补给[②]。火力点多设在炮台的正面,侧面、后方缺少火力掩护,容易被敌人迂回包抄突入,比起西方的角形棱堡炮台要落后很多。

从装备的火炮看,清前中期的火炮大多是滑膛前装炮,各种名目的火炮有 80 多种。铸炮材料为铜、铁两种,铁有生铁、熟铁之分。当时铜资源缺乏,铜炮数量不多。由于冶炼技术落后,用铁铸成的火炮十分粗糙,气孔气泡多,演放时易炸裂伤及炮手。为此清军有意加厚火炮的管壁,但这样使火炮极为笨重,重者达七八千至一万斤,不便移动。铸炮仍用落后的泥膜工艺,铸模毛糙,炮膛亦未进行深入加工,使弹道紊乱,降低了射击精度。许多火炮没有炮架,固定不能移动。一些炮架用粗劣木料制成,只能调高低而不能左右活转,限制了射击范围。发射时以火绳

---

① 茅海建:《天朝的崩溃——鸦片战争再研究》,第 41 页。

② 王宏斌:《清代前期海防:思想与制度》,第 101 页。

点火,装实心弹,射击速度慢而且射程近,只对数十丈之内的目标有杀伤力。火炮平时置于炮台、城垛等处,风吹日晒雨淋,炮身锈蚀严重,临战不堪使用。清军入关前因明远之战惨败,开始积极学习明代造炮技术,造成红夷大炮,随着平定三藩、统一台湾,完成军事征服后,造炮技术长期停滞不前。鸦片战争爆发时,中国的火炮技术大致停留在欧洲17世纪加农炮系列的水平。

第四节　浙海关对船、人、物的防范性管理

开海后,清政府一方面顺应沿海民生需要,允许出海贸易、捕鱼,另一方面设立海关,对出海船只进行严格管理和限制,意在防范船、粮、军用物资等出海赍盗以及内地汉人串通外国人联合反清。为此制定了周详的禁令和条例,主要包括颁发执照,限定船只规模、人数、标识,限制军器携带,禁止人员偷渡,对特定的物品、商品实施禁限运,以及限定贸易区域、返航时限等内容,从而将商渔船只活动置于政府可以掌控的范围内。有学者把清朝对海外贸易的管理称为保卫式管理(Guarded Management),即通过海关机构来监督、控制和监视内海空间里的海洋运输。1757年清廷决定把与西方国家的海上贸易限定在广州,是为了方便监控这些贸易,而宁波与广州相比要位于内海,战略地位更高,因此清廷不同意英国人到宁波通商的要求①。本节主要考察浙海关对出入海口的船只、人员、物品的管理,虽然这块也属于海洋贸易管理的内容,但这里主要是揭示它的防范性特征。笔者认为,沿海民生、政府收益、海防安全是清统治者制定海洋政策的三个基本出发点,在确保海防安全的前提下才会考虑沿海民生和政府收益的问题。因此海关管理的底色或者说最深层的意图即首先确保海防安全。在具体的实践中,海关官弁、沿海州县、水师官兵共同参与执行这些具体的管理事务,构成海防体系的重要一环。

---

① Ronald C. Po. *The Blue Frontier: Maritime Vision and Power in the Qing Empire*, p175-180.

一、浙海关的设立

康熙二十三年(1684),台湾平定,清政府派遣工部侍郎金世鉴、都察院副都御史雅思哈巡视江浙。金世鉴在巡视后上疏说:

> 浙江沿海地方,请照山东等处见行之例,听百姓以装载五百石以下船只,往海上贸易捕鱼。预行禀明该地方官,登记名姓,取具保结,给发印票,船头烙号。其出入,令防守海口官员,验明印票,点明人数。至收税之处,交与该道,计货之贵贱,定税之重轻,按季造册报部。至海口官兵,请于温、台二府战船内,各拨二十只。平定台湾,所获哨船,拨八十只,令其分泊,防守巡逻。①

获得朝廷批准。同年十月,清廷决定在沿海省份解除海禁:

> 今海外平定,台湾、澎湖设立官兵驻扎。直隶、山东、江南、浙江、福建、广东各省,先定海禁处分之例,应尽行停止。若有违禁将硝黄、军器等物,私载在船、出洋贸易者,仍照律处分。②

康熙二十四年(1685),清政府设立浙海关,海关行署在宁波府治南旧理刑厅馆地。雍正五年(1727),宁波府知府、护理关事江承珫对行署进一步扩建。浙江海关共设有关口 15 处、旁口 13 处,具体分布如表3-7:

表3-7　清雍正年间浙海关所辖关口、旁口

关口	所在地	离关署里程	旁口
大关口	宁波府鄞县	2 里	
古窑口	宁波府慈溪县	陆路 150 里	
镇海口	宁波府镇海县	水路 60 里	蟹浦、邱洋
湖头渡	宁波府鄞县、奉化县,台州府宁海县	水陆兼半 150 里	
小港口	宁波府镇海县	水路 90 里	穿山、大碶

---

① 《圣祖实录》卷 115,康熙二十三年四月辛亥,《清实录》第 5 册,第 192 页。
② 《圣祖实录》卷 117,康熙二十三年十月丁巳,《清实录》第 5 册,第 224 页。

关口	所在地	离关署里程	旁口
象山口	宁波府象山县	水陆兼半 360 里	泗州
乍浦口	嘉兴府平湖县	小路 720 里	
头围口（澉浦口）	嘉兴府海盐县	水路 700 里	
沥海口	绍兴府山阴、会稽、余姚三县	水路 300 里	王家路
白峤口	台州府临海、宁海二县	水陆兼半 220 里	健跳
海门口	台州府临海、宁海、太平三县	陆路 450 里	金清港
江下埠	台州府太平县	陆路 500 里	
温州口	温州府永嘉、乐清二县	陆路 780 里	宁村、状元桥、黄华关、蒲岐
瑞安口	温州府瑞安县	陆路 850 里	
平阳口	温州府平阳县	陆路 920 里	大渔

资料来源：(清)嵇曾筠等监修、沈翼机等编纂《浙江通志》卷86《榷税·海关》，《景印文渊阁四库全书》第 521 册，第 284 页。

康熙三十三年(1694)，浙海关监督常在题请将关署移至定海县，其理由是：

> 初设海关时，定海尚未置县，故驻扎宁城，凡商船出洋、回洋，出入镇海口，往还百四十里报税给票，候潮守风。又蛟门虎蹲，水急礁多，绕道涉险，外国番船至此，往往回帆而去。请移关定海，岁可增税银万余两。

但户部认为，移关定海，将导致宁波关市废弃，且定海县城正在建设，因此仍令驻扎宁波，差役前往定海收税。三十五年(1696)，海关监督李雯题请将关署移至镇海县，并仿照福建设关厦门、广东设关澳门之例建红毛馆一座，外国商船必闻风而至。部议：移关殊毁成功，设馆恐糜正帑，不准行。三十七年(1698)，海关监督张圣诏认为，定海岙门宽广，水势平缓，堪容外国大船，可通各省贸易，海关要区无过于此，陈请自愿捐造衙署一所，供往来巡视，以方便过往商船。另设立一所红毛馆，安顿前来的英吉利等国商人,借此可增税一万余两,其宁波府城关市仍听客商贸易,不致毁坏。此议经户部核准,奉旨遵行①。由是浙海关又增加了定海一口。此后来定海的外国船只增多,一时称为盛事。

在不同时期,浙海关关口数有所变化,如乾隆七年(1742),下辖的主要关口有15处、旁口5处。至道光朝初期,浙海关管辖的各类关口增为35处,其中大口8个、小口11个、旁口15个、渔税厅1个,具体分布见表3-8:

表 3-8　清道光年间浙海关所设各口一览表

各口名称	下辖旁口	隶属府县	备注
大关大口		宁波府鄞县	
镇海大口		宁波府镇海县	
乍浦大口		嘉兴府平湖县	
温州大口	状元桥、宁村、蒲岐、坎门	温州府永嘉、乐清二县	
瑞平大口	大渔	温州府瑞安、平阳二县	由瑞安、平阳二口合并
海门大口		台州府临海、宁海、太平三县	即家子大口
澉浦大口		嘉兴府海盐县	即头围大口,后改小口
定海大口		宁波府定海县	后改小口
沥海小口		绍兴府山阴、会稽二县	
王家路小口		绍兴府余姚县	曾属沥海小口旁口
古窑小口		宁波府镇海县	
邱洋小口		宁波府镇海县	曾属镇海大口旁口
蟹浦小口		宁波府镇海县	曾属镇海大口旁口
小港小口	新碶、穿山	宁波府镇海县	
象山小口	泗州、西周、爵溪、东乡、石浦	宁波府象山县	
湖头渡小口	墙下潭	宁波府鄞县、奉化县	
白峤小口	健跳	台州府临海、宁海二县	
金清港小口		台州府临海县	曾属海门口旁口

---

① (清)史致驯等编纂、柳和勇等校点:《定海厅志》,第418—419页。

各口名称	下辖旁口	隶属府县	备注
江下埠小口	楚门	台州府太平县	
钱江渔税厅			

资料来源:《中国海关通志》编纂委员会编:《中国海关通志》第 1 分册,方志出版社,2012 年,第 171 页。

康熙二十五年(1686),清廷委派的首任浙海关监督满人能代到任。海关监督衙署另有汉人笔帖式 1 员协助处理关务,配有书吏、衙役等,负责办理海关征税和稽查等事务①。康熙三十四年(1695),浙海关从沿海巡逻哨船内拨船 20 艘,专门招募衙役巡查各口,并设蟹浦、邱洋、王家路、健跳、宁村等处稽查口,派驻衙役巡查②。康熙年间,浙海关监督基本由满人担任,后来逐步改由地方官兼管,如康熙六十一年(1722),清廷以浙江巡抚屠沂兼理海关监督。雍正年间,浙江巡抚委任宁波府同知、通判、宁绍台道、温处道等官员负责海关事务③。由于浙海关监督还负责采办洋铜,乾隆二年(1737),将其关防改铸为"监督浙江海关兼理铜斤事务"字样④。除了负责征税外,浙海关还与沿海州县、水师一道,担负着办理出入关手续、稽查船只、人员、商品、物品的重要职责。

二、对出入海口船、人、物的管理

(一)颁发执照

出海商渔船只需办理执照。康熙五十年(1711),清廷议准,商渔船给发执照系州县专责,如营官擅给执照者,降二级调用。倘借执照为匪,将擅给执照之营官革职⑤。康熙五十六年(1717),经兵部议复,洋船初造

---

① 《中国海关通志》编纂委员会编:《中国海关通志》第 1 分册,第 172 页。
② 《中国海关通志》编纂委员会编:《中国海关通志》第 1 分册,第 279 页。
③ (清)嵇曾筠等监修、沈翼机等编纂:《浙江通志》卷 86《榷税·海关监督》,《景印文渊阁四库全书》第 521 册,第 287 页。
④ 《高宗实录》卷 39,乾隆二年三月辛亥,《清实录》第 9 册,第 699 页。
⑤ 清高宗敕撰:《钦定大清会典则例》卷 114《兵部·海禁》,《景印文渊阁四库全书》第 623 册,第 395 页。

时,报明海关监督和地方官亲验印烙,取船户甘结,并将船只丈尺、客商姓名、货物、往某处贸易填给船单,令沿海口岸文武官员照单严查,按月册报督抚存案①。康熙五十九年(1720)进一步明确规定,商船初造时需先报明海关监督和地方官。地方官在调查和确认出海人员系殷实良民,并取具澳甲、里族各长和邻右保结后,准许该商建造船只。船造好时,由地方官亲往验看梁头是否过限,舵水人员有无多带,取具船户不得将船租与匪人甘结。将船身烙号、刊名,然后发放执照,照内将在船人员的年貌、籍贯清晰列明。在船户放船出海时,由海关监督验明船身丈尺规模,验看客商是否带有资本、货物,舵水人员必询有家口来由方许在船,取具舵水人员连环互结。验明之后,海关监督将船身丈尺、客商姓名、人数、载货前往何处、开行日期填入船照②。雍正六年(1728)规定,出洋商船于出口处将执照呈守口官弁验明挂号,填注出口、日期,该官对放洋船只造册详报督抚,督抚于每年四月内造册报部。船返回进口时由守口官弁将执照与船比对,相符者详报督抚销号,该督抚于每年九月内造册报部。如有出洋人回而船不回、大船出而小船回、出口人多而进口人少等现象,该督抚应严加讯究,确查是否存在番欠、遭风覆溺等情形,在入口册内一一声明报部。又规定商船在沿海各省贸易者于出口之处将船照呈守口官弁验明挂号,经过之处于要汛验明挂号,入口之处由守口官弁验明,回棹之日仍从各原处核验挂号而回③。雍正十二年(1734)议准,商人置货出洋,原本要求必须在本籍地方取结给照,有小本商人领照出洋,迨由外番回至内地,到各处发卖货物并别置货物赶回,因风信届期,放棹在即,不能赶到本籍地方请照,如系在浙江,可呈明乍浦海防厅,取具行户、船户保结,给予执照放洋。该厅将执照缘由行知该商本籍地方官备案。该商回棹之日,各赴请照衙门缴销。如该船舵水、客商,有在番地交易未清及别项事故,原给照衙门取具同行邻船客商舵水甘结,移行该商本籍地

---

① 《圣祖实录》卷271,康熙五十六年正月庚辰,《清实录》第6册,第658页。
② 清高宗敕撰:《钦定大清会典则例》卷114《兵部·海禁》,第395—396页。
③ 清高宗敕撰:《钦定大清会典则例》卷114《兵部·海禁》,第397—398页。

方官存案,下期回日验销①。

乾隆二年(1737),经浙江温州总兵施世泽奏请,兵部议准,沿海采捕及内河通海的各色小船均需报明地方官,取澳甲邻右保结,印烙编号,刊刻船旁,书写篷号,给以照票。小船新造或售卖,须一律报官办理。私造私卖及偷越者,照违禁治罪。又规定:

> 澳甲不举连坐。倘有船只被贼押坐出洋,立即报官,将船号姓名,移营缉究。容隐不首者,照接济洋盗治罪。租船之人,报明澳甲,出结报官存案。若租船者为匪,船主、澳甲并治。其遭风者,查明人伙有无落水受伤,讯取实据,方准销号。捏报者治罪。官役借名索诈,并究……照商渔船只之例,在中途守汛口址挂号一次,不必定地限期。惟责令守口员弁,俟其进口时,查核风信时候次数,取具结状备案,捏饰者严究。②

对在沿海捕鱼顺便购买商品的渔船,清政府在乾隆二十五年(1760)议准,应在置货之地方汛口验明给单,以便沿海游巡官兵及守口员弁查验。如在单外多带它货,即移县查明来历。倘沿海哨船和汛员盘查不实,或受贿徇纵,一经发觉,照例参处③。

乾隆二十五年(1760),浙江按察使李治运奏称,出海樵采、捕鱼船只,向例发给照票,只填写在船人数、年貌、籍贯,出洋时,搜查有无夹带违禁货物,以防透漏。其作何生业,并未于照内填明,是以回船所载货物无从查核。请各船领照时即将本船作何生业详细填注,回船时,海口官弁将货物核对,是否与照相符。若系不应有之货,即加盘诘。倘来路不明,移交地方官审鞫。即来路有因,亦详记档簿,遇洋面报有失事,地方官开具失单,移查各口。其被劫日期,并所失货物,有与档记相符者,立即报查,则原赃不致消散,奸徒亦难漏网。此议获得刑部议准并通行沿海省份④。又规定,沿海渔船赴县领照及商船改换渔照时,先将船主取具

① (清)昆冈等修、刘启端等纂:《钦定大清会典事例》卷629《绿营处分例·海禁一》,《续修四库全书》第807册,第759页。
② 《高宗实录》卷46,乾隆二年七月丙申,《清实录》第9册,第799—800页。
③ (清)昆冈等修、刘启端等纂:《钦定大清会典事例》卷630《绿营处分例·海禁二》,第763页。
④ 《高宗实录》卷613,乾隆二十五年五月辛酉,《清实录》第16册,第890页。

族邻澳甲保结,然后令船主慎雇驾船舵水,开具年貌、籍贯,出具各舵水不敢为匪甘结,送县核明,开列入照。并取十船连环互结存案,于春冬两汛出口之前,移知各汛口员弁查验放行。如年貌、籍贯不符,即行严拿究讯。倘一船为匪,余船连坐。余船能将为匪船户首捕到官者,免罪。如船主及原保结之澳甲不早首报者,一并严处。其有将船给予伯叔弟兄子侄亲友代驾出海者,取代驾出海之人族邻甘结,船主赴地方官呈明立案①。

乾隆三十年(1765)议准,海关口岸,凡一切例换照票,务须查验人数登填号簿,钤盖印戳,方准放行。进口时稽查诸事,责成该委员、吏役兼司查办,如有人照不符、船货互异,即送地方官审究。如失于查察,致匪船滥出滥入,审明系由何处口岸,有委员者,将该委员照盘查不实例降二级调用。无委员者,即将该吏役责革,枷号一月,并将失察该管官按失于查察例罚俸一年。如关口员役借端需索,仍分别参奏议处,照例治罪②。

乾隆三十三年(1768),经军机大臣议准,浙江沿海商渔船的执照一年一换,汛员对船只出入口岸按大口五日、小口十日进行汇总,报地方官注册备考。对船只出入较多口岸,派委守备以上一员按月轮替,其余小口仍委千总、把总防守,责成该处镇、道稽查③。

执照赋予商渔船作业的合法性,如康熙帝玄烨在浙江定海总兵吴郡陞辞时令其约束部下:"如将地方官已经给照之商船,捏称贼船,朕断不许也。"④康熙六十一年(1722),清朝礼部行文朝鲜国王,要求其对领有执照被风漂流至朝鲜的中国商渔船进行救援和遣返,对无执照、前往生事的中国船可以缉拿并按朝鲜法律审拟⑤。乾隆五年(1740),清统治者告诫沿海守口官弁察验挂号之处不许借端需索、故意留难。如有此等情弊,即行题参,将守口官弁降二级调用,督抚提镇失于觉察者,罚俸一年。若兵有需索、留难,将兵计赃治罪,守口官弁照失察衙役犯赃例议处⑥。

① (清)昆冈等修、刘启端等纂:《钦定大清会典事例》卷630《绿营处分例·海禁二》,第763—764页。
② (清)昆冈等修、刘启端等纂:《钦定大清会典事例》卷630《绿营处分例·海禁二》,第764—765页。
③ 《高宗实录》卷820,乾隆三十三年十月丙寅,《清实录》第18册,第1134页。
④ 《圣祖实录》卷236,康熙四十八年正月乙未,《清实录》第6册,第361页。
⑤ 清高宗敕撰:《钦定大清会典则例》卷114《兵部·海禁》,第397页。
⑥ 清高宗敕撰:《钦定大清会典则例》卷114《兵部·海禁》,第406页。

相反,船只若无执照,将不会得到政府保护,如康熙三十三年(1694)因内地商人在外国打造的船只无票照可查,概行禁止[①]。可见,执照是商渔船合法经营的护身符。

(二)限定船只规模、载人数和标识

康熙四十二年(1703),清廷议准出洋贸易商船许用双桅,梁头不得超过一丈八尺,如一丈八尺梁头加上两披水沟达到三丈者,许载舵水人员 80 人;一丈六七尺梁头加上两披水沟达到二丈七八尺者,许载舵水人员 70 人;一丈四五尺梁头加上两披水沟达到二丈五六尺者,许载舵水人员 60 人。浙省渔船只许用单桅,梁头不得超过一丈,舵水人员不得超过 20 人,出海捕鱼不得越过本省疆界。渔船出洋时,每十船编为一甲,一船为匪,余船并坐,连环保结。若船主在籍而船出洋生事者,罪坐船主[②]。乾隆三年(1738)规定,沿海樵采小船在船人数不得超过 10 人[③]。

雍正元年(1723),清政府规定,浙江省出海商渔船自船头起至鹿耳梁头止,大桅上截一半用白油漆粉刷,绿色勾字,船头两侧刊刻浙省某州县某字某号字样,以方便沿海汛口及巡哨官弁辨别,如无油饰、刊刻字号,即系匪船,予以拘留究讯。雍正九年(1731)规定:"商渔船篷上大书州县、船户姓名,每字大各径尺,蓝布篷用石灰细面,以桐油调书,篾篷、白布篷用浓墨书,黑油分抹字上,不许模糊缩小。"雍正十一年(1733),议准往贩外洋商船准用头巾、插花,添竖桅尖,其内洋商船及渔船不许用头巾、插花、桅尖。如违例私用,守口官弁不行察报者罚俸一年[④]。乾隆四年(1739)规定,沿海各省凡系内洋商渔船只,头巾、插花、桅尖一律禁止,如有私带出洋,查出照例治罪,守口官弁照失察夹带违禁货物例分别议处[⑤]。

道光三年(1823),清廷谕令沿海各县,将各澳商渔船只,于船头尾、两披印烙县分甲号、渔户姓名,并在风篷两面书写大字,以便于区分是良是盗[⑥]。

①　《圣祖实录》卷 163,康熙三十三年四月庚寅,《清实录》第 5 册,第 781 页。
②　清高宗敕撰:《钦定大清会典则例》卷 114《兵部·海禁》,第 395 页。
③　清高宗敕撰:《钦定大清会典则例》卷 114《兵部·海禁》,第 400 页。
④　清高宗敕撰:《钦定大清会典则例》卷 114《兵部·海禁》,第 396 页。
⑤　(清)昆冈等修、刘启端等纂:《钦定大清会典事例》卷 630《绿营处分例·海禁二》,第 761 页。
⑥　(清)昆冈等修、刘启端等纂:《钦定大清会典事例》卷 630《绿营处分例·海禁二》,第 772 页。

(三)禁止人员偷渡

雍正三年(1725)奉旨,无照民人不得夹带船内偷渡,如有发觉,将该管督、提一并议处①。雍正十二年(1734)议准,民人偷渡外洋,该汛官弁拿获10名以上者,专管官记录1次,兼辖官毋庸议叙,兵各赏银2两;拿获20名以上者,专管官记录2次,兼辖官记录1次,兵各赏银4两;拿获30名以上者,专管官加1级,兼辖官记录2次,兵各赏银6两;拿获40名以上者,专管官加2级,兼辖官记录3次,兵各赏银8两;拿获50名以上者,专管官以应升之官即用,兼辖官加1级,兵各赏银10两,赏银即于船户名下追给。倘不实力稽查,致疏纵10名以上者,专管官罚俸1年,兼辖官免议,兵各责20板;20名以上者,专管官降1级留任,兼辖官罚俸6个月,兵各责30板;30名以上者,专管官降2级留任,兼辖官罚俸1年,兵各责40板;40名以上者,专管官降3级留任,兼辖官降1级留任,兵各责40板,革粮;50名以上者,专管官降1级调用,兼辖官降2级留任,兵革粮,枷1月,责40板。其降级留任之人,如能拿获别案偷渡,按其所获名数抵销。若三年内稽查严密,汛内肃清,该督抚提镇题请开复②。

清政府不仅禁止内地人偷渡出洋,而且严禁外国人非法入境。康熙三十三年(1694),浙江巡抚张鹏翮疏请、九卿会议决定,对内地商人回国船只暗带外国人严加治罪③。乾隆四年(1739)议准,内地民人出洋贸易,违禁买回外番人口,守口官弁稽查不力者,照外国人私自进口不报例,降1级调用,该管上司罚俸1年。如知情故纵者革职,贿纵者革职治罪④。

乾隆六年(1741)规定,拿获偷渡民人,隐匿不报者,官革职,兵责40板,革粮。贿纵者,官革职,兵革粮,皆治罪。对拿获偷渡之人,讯明从何处开船,将该守口官弁照疏纵偷渡外洋例,按人数分别议处。拿获者照拿获偷渡外洋例,按人数分别议叙。若弁兵因公差委,所乘船将无照之人偷载,专管官知情者革职提问,不知情者革职⑤。乾隆十三年(1748)议

---

① (清)昆冈等修、刘启端等纂:《钦定大清会典事例》卷629《绿营处分例·海禁一》,第755页。
② (清)昆冈等修、刘启端等纂:《钦定大清会典事例》卷629《绿营处分例·海禁一》,第759页。
③ 《圣祖实录》卷163,康熙三十三年四月庚寅,《清实录》第5册,第781页。
④ (清)昆冈等修、刘启端等纂:《钦定大清会典事例》卷630《绿营处分例·海禁二》,第761页。
⑤ (清)昆冈等修、刘启端等纂:《钦定大清会典事例》卷630《绿营处分例·海禁二》,第761页。

准,民人偷渡,兵在外洋拿获者,仍照例分别给赏。如偷渡船尚在沿海口岸,兵于本管界内拿获,原系分内之事,毋庸给赏。若将别汛沿海口岸偷渡之人盘查擒获,照外洋拿获例,减半给赏,但不得因有赏银,将沿海口岸不应盘查之船,借端需索滋扰①。

乾隆二十五年(1760)核准,守口员弁拿获无照偷渡民人,查明本籍,解回1名至10名者,将本籍地方官罚俸一年;10名以上,降一级留任;20名以上,降一级调用②。

(四)对某些物品、商品进行禁运、限运

康熙二十三年(1684),清政府在宣布开海的同时,对一些物品、商品做出了禁运和限运的规定,如严禁将焰硝、硫磺、军器、樟板等物私载出洋接济奸匪,违者治罪③。康熙五十三年(1714)规定,渔船出洋不许装载米酒进口,亦不许装载货物,违者严加治罪。其守口各官不行盘察者,照失察奸船出入海口例罚俸一年④。雍正三年(1725),清政府鉴于外洋行走之船动辄数月,核准可适量携带铁钉、油灰、棕丝、黄麻等必需用品,于照内填注数目,以备查验。如有动用,同船之人出具甘结存案,倘有借端多带者,照例治罪⑤。雍正六年(1728),浙江总督管巡抚事李卫因有浙江商人赴日本贸易违禁携带弓箭、书籍、字画等物,命设立商总负责监督、盘查各商,由殷实、老练之人担任,对违反者进行举报⑥。概括而言,禁限运的物品、商品大致分为以下几类。

1. 米谷、杂粮、麦豆

康熙四十七年(1708)规定,出洋船所带食米不得超过五十石,如多带出洋贩卖者,照例治罪,将米入官。康熙五十六年(1717),核准出洋船按道里远近、人数多寡、停泊发货日期,每人每日准带食米一升,并带余

---

① (清)昆冈等修、刘启端等纂:《钦定大清会典事例》卷630《绿营处分例·海禁二》,第762页。
② (清)昆冈等修、刘启端等纂:《钦定大清会典事例》卷630《绿营处分例·海禁二》,第764页。
③ 清高宗敕撰:《钦定大清会典则例》卷114《兵部·海禁》,第402页。
④ 清高宗敕撰:《钦定大清会典则例》卷24《吏部·海防》,《景印文渊阁四库全书》第620册,第464页。
⑤ 清高宗敕撰:《钦定大清会典则例》卷114《兵部·海禁》,第403—404页。
⑥ (清)雍正十年敕编:《世宗宪皇帝朱批谕旨》卷174之九,《景印文渊阁四库全书》第423册,第233—234页。

米一升,以防风信阻滞,出口时由守口官弁逐一验明放行①。雍正七年(1729)规定,出洋船食米若于酌定数目之外多带售卖,或实系接济奸匪,或只为图利,察出后将米入官,卖米之人分别治罪,守口官弁隐讳不报者革职,受贿故纵者革职治罪。乾隆元年(1736)核准,文武官弁因失察致使偷运米百石以上、谷二百石以上者,降一级留任;米百石以下、谷二百石以下者,罚俸一年;米不及十石、谷不及二十石者,罚俸六个月②。乾隆十三年(1748),浙江巡抚方观承奏称,奸徒偷运米谷潜出外洋接济奸匪者,拟绞立决。对偷运杂粮、麦豆,例无明文,请照偷运米谷例办理。如审系只图渔利,并无接济奸匪情弊,计石数分别科断,为从及知情不首之船户,减等问拟,船货入官,其文武失察故纵处分,均照米石例办理③,获得朝廷批准。进一步明确为,杂粮、麦豆偷运出洋,除接济奸匪与米一例科断外,若只系图利,按所运数目照二谷一米之例减等问拟。官弁受贿故纵及失察,处分仍照米谷例④。乾隆十四年(1749)又规定,商船可赴奉天购运麦豆、杂粮,大船准带二百石,小船准带百石,由守口官验单加戳放行⑤。嘉庆四年(1799)奏准,从奉天回棹的浙江商船按海道远近、人数多寡,照各省商船出口之例,每人每日带食米一升外,准带余米一升,以防风信阻滞,其米石、杂粮一概严行禁止,毋许多带⑥。

2. 铁器、铜器、黄金、铜钱、鸦片、纹银等

按清律,铁器不许出洋。雍正八年(1730),清廷核准如有将黄金贩卖出洋者,照铁货、铜钱等物私出外境下海律治罪⑦。雍正九年(1731),严禁商船出洋售卖铁锅、废铁,商船每日煮食之锅仍照旧置用。如有将废铁潜出海洋偷卖,立即拿究照例治罪。乾隆二年(1737),清政府虑及洋船换买钱若数目过多,恐有贩销之弊,令守口官弁实力稽察,如有奸商

---

① 清高宗敕撰:《钦定大清会典则例》卷114《兵部·海禁》,第402—403页。
② 清高宗敕撰:《钦定大清会典则例》卷114《兵部·海禁》,第404页。
③ 《高宗实录》卷324,乾隆十三年九月癸丑,《清实录》第13册,第344页。
④ 清高宗敕撰:《钦定大清会典则例》卷114《兵部·海禁》,第404—405页。
⑤ 《高宗实录》卷338,乾隆十四年四月辛卯,《清实录》第13册,第669—670页。
⑥ (清)昆冈等修、刘启端等纂:《钦定大清会典事例》卷630《绿营处分例·海禁二》,第768页。
⑦ 清高宗敕撰:《钦定大清会典则例》卷24《吏部·海防》,第465页。

图利多载钱出洋者,即捉拿治罪①。乾隆三年(1738),清廷核准沿海樵采小船每船许带食锅一口,每人许带斧斤一把②。

乾隆十四年(1749),浙江巡抚方观承奏称南洋地方不产铜,浙海关每年有红、黄铜货出口,加上其他海关每年不下十余万斤,提请禁止一切铜器、铜斤出洋,得到户部批准。规定:

> 如图利私贩,为首者照奸民潜将铁货出洋货卖例,百斤以下者,杖一百,徒三年;百斤以上者,发边卫充军,为从及船户减等,货物、船只入官。其不行搜查之关汛文武官弁,均照出洋渔船夹带硝磺等物,将汛口官员革职例革职。若止失察者,照内地商人贸易外国偷带禁物,守口官不行查出例,降一级调用。③

乾隆十七年(1752),禁止浙江宁波、乍浦等地商船私带铸有日本宽永纪年的钱币入境,对零星散布者,"官为收买,解局充铸"④。

嘉庆十六年(1811),清廷认为外洋鸦片透入内地,流毒无穷,大为人心风俗之害,皆由滨海各关查禁不力、纵容偷越所致,责成浙江等沿海海关监督严加禁遏,"沿海各督抚认真查察,嗣后海船有夹带鸦片烟者,立行查拿,按律惩办"⑤。嘉庆十八年(1813),严饬浙江、江苏、福建、广东等省沿海各关,如查有奸民私贩鸦片烟冒禁过关,一经拿获,将鸦片烟立时抛弃入海,奸商按律治罪。如管关监督等阳奉阴违,并私收税课,着该省督抚实力查参,将该监督先行革职,必从重惩治⑥。道光十九年(1839),浙江巡抚乌尔恭额拟定章程禁绝运输鸦片烟,对拿获商渔船只成箱鸦片烟的守口兵弁,照米谷出洋例,将船及货一半赏给首获之人,余货分赏同查之人;海舶偷带烟土,无论舟人行户,有能首告者,将船货统给举发之人。如货主并不在船,系由水手中偷带者,将货给还原主,仍将

---

① 清高宗敕撰:《钦定大清会典则例》卷114《兵部·海禁》,第404页。
② 清高宗敕撰:《钦定大清会典则例》卷114《兵部·海禁》,第400页。
③ 《高宗实录》卷338,乾隆十四年四月辛卯,《清实录》第13册,第671页。
④ 《高宗实录》卷419,乾隆十七年七月甲申,《清实录》第14册,第492页。
⑤ 《仁宗实录》卷240,嘉庆十六年三月己酉,《清实录》第31册,第233页。
⑥ 《仁宗实录》卷271,嘉庆十八年七月甲戌,《清实录》第31册,第674页。

船只赏给首告①。

道光十三年（1833），江浙两省，钱贱银昂，商民交困。究其原因，系"鸦片烟由洋进口，潜易内地纹银"所致。给事中孙兰枝奏请将纹银出洋明定例禁，但刑部律例只有黄金、铜、铁、铜钱出洋治罪明文，对纹银未经议及，因此道光帝命令刑部悉心酌定具奏，纂入则例，颁发通行②。同一年，浙江巡抚富呢扬阿奉谕将刑部制定的纹银出洋治罪条例在宁波、乍浦一带遍示晓谕，规定浙省商人赴广东贸易只准以货易货，或以洋银易货，不准以纹银易货，违反者按刑部新定罪名惩治③。道光十五年（1835），浙江巡抚乌尔恭额提请，洋银一项不便禁止出洋，获得清廷同意，不对其适用白银出洋治罪条例④。道光十七年（1837），清廷令浙江等沿海督抚及海关监督，严饬所属文武员弁于沿海要隘处所，随时随地，认真稽查，遇有出洋快蟹等船，务当实力巡查，如敢装载纹银偷漏出洋，立即设法截拿，按律惩办⑤。此外，舆图、书籍等亦不得夹带出洋。

3. 军器携带

清政府起初在是否准许出洋商船携带军器这个问题上有所反复。康熙年间，经浙江巡抚张鹏翮疏请，出洋贸易船只，须由地方官印烙，给以票照，许带军器出洋⑥。但在康熙五十九年（1720），浙江等沿海督抚皆言各省出洋商船应概行禁止携带炮位军器，"其原有之炮位军器，令该地方官查明收贮"，经兵部议复同意⑦。雍正六年（1728）时调整为近洋商船、渔船仍不许携带枪炮器械，其往返东洋、南洋的大船准予携带适量的兵器：鸟枪不得过8只，腰刀不得过10把，弓箭不得过10副，火药不得过20斤。洋商投行买货时，即同牙人将应带军器数目呈明海关给票照数制造，鋈书姓名、号数，完日报官点验，填入照内。守口官弁验明放行，回日

---

① 《宣宗实录》卷323，道光十九年六月辛未，《清实录》第37册，第1066页。

② 《宣宗实录》卷235，道光十三年四月丙午，《清实录》第36册，第511页。

③ 《宣宗实录》卷238，道光十三年六月庚戌，《清实录》第36册，第566—567页。

④ 《宣宗实录》卷269，道光十五年七月癸丑，《清实录》第37册，第144页。

⑤ （清）昆冈等修、刘启端等纂：《钦定大清会典事例》卷630《绿营处分例·海禁二》，第773页。

⑥ 《圣祖实录》卷163，康熙三十三年四月庚寅，《清实录》第5册，第781页。

⑦ 《圣祖实录》卷288，康熙五十九年六月戊午，《清实录》第6册，第805页。

如有短少,即行讯究,果系遗失,取同船甘结存案①。

雍正八年(1730),清廷准许往贩东洋、南洋的大船携带火炮,每船不得超过 2 位,火药不得超过 30 斤。造炮时呈明地方官给与印票赴官局制造,完日地方官亲验,鏨凿某县某人姓名、某年月日制造字样,仍于照内注明所带火炮轻重大小,以备海关和守口官弁查验。回日缴官贮库,开船再行请领。如本船遭风致炮沉失,即于所在地方官报明,免其治罪。如其船无恙妄称沉失者,即行讯究。若商船内买有外番红铜炮,许其带回,交地方官给与时价以充鼓铸之用②。

乾隆五十八年(1793)规定,外洋商船如有在外国置买炮位防御盗贼者,进口时即开明铜铁炮位斤重数目,告知守口员弁,前赴有司衙门呈缴。地方官称验轻重,酌给价值,收存局库,由督抚咨部查核。其中有可备用者,拨给炮位较少之营以供操防。如商船不即呈缴,一经查出,即照私藏军器律治罪。如不携带进口,抛弃沙滩藏匿,查实亦照违令律治罪③。

嘉庆九年(1804),又有人提请禁止商船配带炮械出洋,皇帝在征询闽浙总督玉德的意见后发布上谕,令内洋船只不准配带炮位器械,外洋商船仍按旧例准许适量携带,以资御盗④。具体配置标准和要求如下:

> 往贩东洋、南洋大船,携带鸟枪不得过八杆,腰刀不得过十把,弓箭不得过十副,火药不得过二十斤。洋商投行买货,即同牙人将应带军器数目呈明海关给票照数制造,鏨书姓名、号数。完日报官点验,填入照内,守口官弁验明放行。回日如有短少,即行讯究。果系遗失,取通船甘结存案。
>
> 往贩东洋、南洋大船携带之炮,每船不得过二位,火药不得过三十斤。
>
> 造炮时呈明地方官,给与印票,赴官局制造。完日,地方官亲验,鏨凿某县某人姓名、某年月日制造字样,仍于照内注明所带之炮轻重大小,以备海关及守口官弁察验。回日缴官贮库,开船再行请领。傥本船遭风炮致沉失,即于所在地方官报明,免其治罪。如其

---

① 清高宗敕撰:《钦定大清会典则例》卷 114《兵部·海禁》,第 405 页。
② 清高宗敕撰:《钦定大清会典则例》卷 114《兵部·海禁》,第 405 页。
③ (清)昆冈等修、刘启端等纂:《钦定大清会典事例》卷 630《绿营处分例·海禁二》,第 767—768 页。
④ (清)昆冈等修、刘启端等纂:《钦定大清会典事例》卷 630《绿营处分例·海禁二》,第 770 页。

船无恙，妄称沉失者，即行讯究。若商船内买有外番红铜炮，许其带回，交地方官，给与时价，以充鼓铸之用。

出洋商船，如有在外国置买炮位防御盗贼者，进口之时即开明铜铁炮位斤重数目，告知守口员弁，前赴有司衙门，呈缴地方官秤验轻重，酌给价值，存贮局库。其中有可备用者，发给炮位较少之营分，以供操防。如不堪应用，即将铜铁斤重数目移知就近营汛，遇有制造军械之时，领取应用。仍由总督、巡抚于每年年底，将一年内商船进口有无呈缴炮位及呈缴若干、给价若干查明，汇报户部、兵部稽查。①

即仍然维持了雍正、乾隆二朝的相关规定。

4. 丝斤、大黄、茶叶

乾隆二十四年(1759)，浙江等地丝价日昂，清政府将其归结为丝斤私贩出洋所致，决定在沿海严禁丝斤出洋，令滨海地方文武各官严行查禁。如有违例出洋，每丝百斤，发边卫充军；不及百斤者，杖一百，徒三年；不及十斤者，枷号一月，杖一百；为从及船户知情不首告者，各减一等，船只货物俱入官。其失察汛口文武各官，照失察米石出洋例分别议处②。但行之数年，丝价并未降低，且浙江杭嘉湖三府产丝之地因不能出口导致损失，清廷遂于乾隆二十九年(1764)决定弛禁③，其中浙江商船赴外洋每船可配土丝千斤，二蚕糙丝千斤，其往闽、粤等内地者，每船准带糙丝三百斤，其头蚕湖丝、缎匹，仍照旧禁止④。

乾隆五十四年(1789)，清政府为了制裁俄罗斯，决定关闭恰克图互市，严禁大黄出口。除了西北和北部陆地边界的禁运，乾隆帝考虑到西洋诸国与俄罗斯毗邻，恐西洋商人从海上购得大黄卖与俄罗斯，传谕浙江等沿海省份，于沿海口岸实力稽查，毋许内地奸商私将大黄偷卖番船，

① （清）董诰、特通保等纂修：《钦定军器则例》卷2，《续修四库全书》编纂委员会编《续修四库全书》第857册，上海古籍出版社，1995年，第216—217页。
② （清）昆冈等修、刘启端等纂：《钦定大清会典事例》卷630《绿营处分例·海禁二》，第763页。
③ 《高宗实录》卷707，乾隆二十九年三月辛未，《清实录》第17册，第895页。
④ 《高宗实录》卷708，乾隆二十九年四月丙戌，《清实录》第17册，第909页；《高宗实录》卷740，乾隆三十年七月甲申，《清实录》第18册，第153页。

夹带出洋。至乾隆五十七年(1792)中俄妥善解决纠纷并签订《恰克图市约》后方予解除①。

嘉庆二十二年(1817),清廷严禁茶叶海运,令浙江巡抚严饬所属,广为出示晓谕,所有贩茶赴粤之商人,仍由内河过岭行走,其安徽等地所产茶叶不得经过浙江出海。"漏税事小,通夷事大",一经查获,将该商人治罪,茶叶入官。若不实力禁止,仍听私运出洋,定将该巡抚惩处不贷②。道光元年(1821),江苏省提出"江海关出口茶船,与闽、广、浙省之船可以利涉深洋者不同",要求准许出海北上山东、天津、奉天等地,获得批准③。道光二年(1822),浙江巡抚帅承瀛欲援引江苏例提请准许浙省茶叶海运:

> 浙省温州土产粗茶,向由平阳江口出海,进乍浦口,运赴苏州。定海县岁产春茶,亦由海运至乍浦,转售苏州。自饬禁海运以后,均从内河行走,盘费浩繁,未免生计维艰。

但道光帝认为浙江与闽粤毗连,洋面辽阔,稽察难周。茶船出海后,任意驶往南洋,又有偷漏违禁货物之弊,因此驳回浙省请求。规定温州、定海等地茶船,仍由内河行走,"以昭禁令而重海防"④。

(五)规定贸易区域和返航时限

清朝开海后,浙江商船外出各地贸易并无限制。康熙晚年发起"南洋之禁",于康熙五十六年(1717)规定,商船准许在中国沿海省份和东洋贸易,禁止前往南洋吕宋、噶喇巴等地贸易,违者治罪,并派水师在南澳等地稽查,截住前往南洋的商船。该禁令至雍正五年(1727)有所松弛,福建省提出户口殷繁,闾阎生计不得不"借贸易之盈余,佐耕耘之不足",清廷鉴于开洋有益于百姓民生且海上防范严密,决定准许福建商船前往南洋贸易⑤。雍正七年(1729),清廷同意浙江商民照福建例前往南洋贸易,由浙江督抚将浙省商船姓名、数目提前知会福建总督,转饬守口官弁

---

① 鲍海勇:《清乾隆、道光两朝贸易禁运述论——以丝斤、大黄、茶叶为中心》,《新疆大学学报(哲学·人文社会科学版)》2017年第2期。

② (清)昆冈等修、刘启端等纂:《钦定大清会典事例》卷630《绿营处分例·海禁二》,第771页。

③ 《宣宗实录》卷18,道光元年五月丁丑,《清实录》第33册,第343—344页。

④ 《宣宗实录》卷39,道光二年八月甲寅,《清实录》第33册,第706—707页。

⑤ 清高宗敕撰:《钦定大清会典则例》卷114《兵部·海禁》,第397页。

察验放行。商船返回时，再由福建总督知会浙江互相缉察①。

乾隆六年(1741)，南洋噶喇巴发生戕害汉人的事件。次年，清廷对中国商船出洋贸易的返航时限做出规定，在内地沿海省份贸易者，定以二年为限，超过二年始归者嗣后不许其再出海口；往贩外洋者，定以三年为限，若逾期不归，该商和舵工水手人员勒还原籍，永远不许出洋。外洋汛地如有停泊洋船，查验其船照，有经阅多年者，勒令入口交地方官讯究详查②。后来清政府对外洋中国商人回国时限持宽松和开明态度，乾隆十九年(1754)议准嗣后出洋贸易者，无论年分久近，概准回籍。若本身已故，遗留妻妾子女亦准回籍，责成带回之船户出具保结存案。仍令该督抚于沿海口岸地方出示明白晓谕，令海外之人不必迟回观望。其所携回赀财，有不肖官役借端扰累需索者，即严行参处③。

本章小结

本章考察了清前中期浙江海防体系的构建。历经康雍乾三世，浙江的海防体系趋于成熟，表现在海防指挥体制的稳定，八旗、绿营兵力分布趋于合理，水师巡洋会哨制度逐步完善，沿海炮台群初步奠定，浙海关对出海贸易的管理日臻完善等方面。从1646年清军入浙江后即着手调兵遣将、组建水师，主要是应对南明势力。平定台湾后，清政府开放海禁，其海防对象以海盗为主。在这个体系中，海上有绿营水师负责巡洋会哨、护商护渔、缉盗缉私、稽查岛屿，沿岸炮台、城寨、塘汛驻扎有绿营、八旗水师兵，内陆则有八旗、绿营陆兵驻守城池、关隘，由此形成了海上、海岸和内陆三条防线。清前中期大部分时间是承平时期，打击海盗以及对商船、渔船的管理是主要海防任务，相应的水师和海关承担了大部分的海防事务。

清政府在开海以后允许商渔船只出海贸易、捕鱼，但做出了诸多规

---

① 清高宗敕撰：《钦定大清会典则例》卷114《兵部·海禁》，第398页。
② (清)昆冈等修、刘启端等纂：《钦定大清会典事例》卷630《绿营处分例·海禁二》，第762页。
③ (清)昆冈等修、刘启端等纂：《钦定大清会典事例》卷630《绿营处分例·海禁二》，第763页。

定和限制,即一方面要顾及民生,另一方面又紧绷海防之弦。统治者特别警惕内地汉人和外国力量串通,对出海活动进行严格的管控,对船只规模、粮食、硝磺、军器、铁器等物品出口做了种种管制,颁布了众多法令、律条对违反者进行惩戒。由于商船携带军器有限,容易遭到海盗抢劫,如康熙帝从海盗陈尚义了解到:"伊等出洋行劫,遇西洋船只,惧其火器不敢逼近。惟遇东洋商船,则掠取其银米,亦不尽取,以此商船仍往来不绝也。"①浙江商船有很多往来东洋贸易,自然也成为海盗劫掠的对象。为了达到海防目的,当局者有时不惜以牺牲民生为代价,如嘉道之际禁止浙江茶叶海运②,无疑增加了运输成本,阻碍了茶产业的发展。因此王宏斌先生称清前期的海防政策"重防其出"是很有道理的。但他指出清政府贯彻"以禁为防"的思想,形成以岸防为主、辅以战船的陆基海防体系③,似不太准确。诚然清初20多年的禁海、迁界政策确实贯彻了"以禁为防"的思想,康熙晚年又有"南洋之禁",但浙江往东洋贸易并不在禁止之列,大部分时间是总体开放的贸易环境,因此不能简单用"以禁为防"概括整个清前期的政策取向,毕竟清前中期浙江的对外贸易非常繁荣,特别是乍浦港的对日贸易④,称之为"寓禁于通"似更准确,这接近学者所说的保卫式管理(Guarded Management)。说清前期海防"以岸防为主"也不太准确,就浙江来看,清前中期海岸并未发生严重的问题,乾嘉时期的海盗泛滥主要是在海上肆虐,虽然重防其出、断其接济也是岸防的重要举措,但清政府最终还是依靠水师历时多年在海上将蔡牵等大盗剿灭。因此清前中期浙江的海防策略至少是水陆并重的,水师担负着海岛和海岸两条防线的大部分任务,在体系中起着核心作用。由于这一时期承平时间比较长,浙海关承担着较多的海防管理任务,所以说水师与海关是这一时期浙江海防体系的两大支柱,而炮台等岸防工事并未发挥显著作用。

---

① 《圣祖实录》卷253,康熙五十二年二月甲寅,《清实录》第6册,第505页。
② 按,到了道光二十三年(1843),清政府才同意浙江宁波、乍浦二口可与台湾贸易,贩运茶叶、湖丝等。参见《清宣宗实录》卷400,道光二十三年十二月庚申,《清实录》第38册,第1162—1163页。
③ 王宏斌:《清代前期海防:思想与制度》,第72、105页。
④ 徐明德:《论清代中国的东方明珠——浙江乍浦港》,《清史研究》1997年第3期。

第四章　清后期浙江海防体系的嬗变

本章的清后期大致是指鸦片战争以后的阶段。该阶段浙江海防的对象增加了外国列强,也是最凶险的敌人,海盗依然猖獗,一直是重要的海防对象。鸦片战争中浙江成为主战场,浙江的海防体系基本被摧毁,传统的海防力量绿营、八旗已十分没落。第二次鸦片战争中,英法联军占领舟山,将其作为北上和南下的屯军地,此时国内政局糜烂,浙江海疆几乎处于无政府状态,绿营水师已失去控制海上秩序的能力。这一时期中外之间除了冲突,还有合作的一面。相对于太平天国这一心腹大患,清朝统治者一度将英、法外国列强视为肢体之患①。随着《南京条约》、《北京条约》的签订,道光后期、咸同年间中外曾在剿捕海盗方面有过合作。但在1870年以后中外之间冲突频率加剧,天津教案、日本侵台、中俄伊犁交涉、中法战争、中日甲午战争、意大利强索三门湾事件等,都给浙江的海防带来直接或间接的冲击,抵御列强侵略成为海防任务的主要方面,此外护商护渔、缉盗安民依然是重要的海防任务。与清前中期相比,浙江海防体系发生了某些嬗变,本章从海防力量、水师、炮台三个方面进行考察。

第一节　勇营和练军:海防的新主力

一、八旗、绿营的腐朽不堪

清前期平定蒙古准噶尔部、回疆和大小金川等皆系派调八旗劲旅和

---

① 陈旭麓主编:《近代中国八十年》,上海人民出版社,2019年,第154页。

绿营兵。但乾隆后期镇压林爽文起义时，派往台湾的杭州、乍浦满兵已不能打仗，"不过随众行走"，乾隆帝认为这是地方"晏安日久，沾染习气"所致①。嘉庆川楚白莲教起义时，绿营兵已不得力，多有用川勇取胜者。后来经历鸦片战争、太平天国事变的涤荡，八旗、绿营毫无战绩可言。

传统经制兵在浙江最后一次大规模作战应是鸦片战争时期。定海第一次被英军攻陷后，曾从全国各地紧急调兵救援。其原设额兵 3 万余名，外省调入援兵 1 万余名②，此外还有大量雇勇。其中定海在钦差大臣裕谦的部署下守兵达到 5600 余名，镇海水陆防兵达 3700 余名，在浙江巡抚刘韵珂看来，二地"皆聚全省之精华，殚年余之心力，方能成就，实非易易"③。浙西平湖县的乍浦自开战起也一直是清军的海防重地，部署有八旗兵、绿营兵、雇勇约 7000 人。然而在战争发起时，这些地方的清军在英军的攻击下无不迅速瓦解，节节败退，浙东定海、镇海、宁波三城和浙西乍浦相继沦陷。咸同年间在太平天国变乱的冲击下，浙江的八旗、绿营体系荡然无存。其后虽不同程度地恢复建制，但已成朽木难雕之势。

二、勇营为主、练军为辅的海防力量布置

清军对勇的使用由来已久，福康安赴台湾剿捕林爽文时就招募义勇与官兵并用。道光时，由于水师战船数量不敷使用，官府鼓励民间捐造船只、雇募乡勇随兵营缉捕，如宁波绅商冯宝山、陈尚等，捐雇乡勇船只，随同出洋巡缉，由官府发给器械药弹，共同御盗④。咸丰初年，浙江海面洋盗充斥，商旅往来皆苦之，宁波知府指使已投诚的广东海盗布兴有回乡招募广人来浙捕盗。越明年，布兴有兄弟自粤返浙，捐船 2 只、招勇 120 名。府同知段光清先垫费用支付广勇口粮，不旬月，布氏即获盗 17 名、盗船 2 只⑤。此后广勇多有服役浙江水师者。

①　席裕福、沈师徐辑：《皇朝政典类纂》卷 333《兵十一·驻防兵》，第 7158 页。
②　茅海建：《天朝的崩溃——鸦片战争再研究》，第 382 页。
③　炎明主编、宁波市社会科学界联合会、中国第一历史档案馆编：《浙江鸦片战争史料》上册，宁波出版社，1997 年，第 516 页。
④　《宣宗实录》卷 453，道光二十八年三月戊寅，《清实录》第 39 册，第 714—715 页。
⑤　（清）段光清撰：《镜湖自撰年谱》，中华书局，1960 年，第 72、78—79 页。

"近世号乡兵曰勇营,以别于绿营经制之兵。"①勇的大规模使用并形成勇营制度是在咸丰、同治时期,以湘军、淮军为代表,他们在镇压太平天国、捻军、回民起义中发挥了关键作用。浙江的勇营始于左宗棠率领入浙的湘、楚军。勇营的特点是兵为将有、兵随将转,实质是以募兵制替代以往八旗和绿营的世兵制。镇压捻军后,清政府为防止勇营尾大不掉,着手裁撤部分勇营,保留一部分驻扎京畿、海疆、险要地方,勇营遂又有防军之称。

清政府为改变军兴以来兵弱勇强局面,在镇压捻军之后,有意抑止勇营和扶持绿营。为整顿绿营,清廷采取减兵增饷、易勇为兵等办法,抽取绿营中的精壮者进行训练,编成练军。同治五年(1866),经闽浙总督左宗棠奏请,闽浙对绿营兵汰四存六,"以裁兵之饷加给存营之兵,并营抽练","浙省兵丁议复常制,止须少募新兵,精练汰存旧兵"②。练军的建制、练兵成法都仿效湘、淮勇营体制,由原来分散各汛变为集中驻防、训练,淘汰原先的弓箭、鸟枪、藤牌等绿营传统装备,改为配备洋枪洋炮,改习洋操,实际情况则是新旧武器混用。在营制上,实行马步单独立营、集中驻操,步队以 500 人为一营,马队以 250 人为一营。营为最高建制单位,营下设哨,哨下辖队。一般以副将、参将、游击、都司、守备等为营官,以都司、守备、千总、把总等为哨官,实际多是勇营出身。以总督或巡抚为正帅,提督为副帅。因此,练军本质上是绿营的一个变种,是当时绿营经制兵与非经制的勇之间既矛盾又合流的产物。抽调之后的绿营存营兵已不再从事征战,转而专门维持地方治安。

晚清政府寄希望于振兴绿营、八旗来达到练兵自强的目的,但效果并不理想,每逢海疆有事,还是需要借助勇营。如 1870 年因天津教案引发中西紧张局势,清廷命沿海加强防务以应对不测。署浙江巡抚杨昌濬坦承新练兵卒毫无把握:"自改章以来,叠经督臣与各前抚臣严饬认真训练,冀成劲旅。虽近来积习渐除,究竟新练之卒,未经战阵,且分防各汛,心力不一,可靠与否,殊无把握。"所谓"改章",即对原有绿营兵进行减兵

---

① 席裕福、沈师徐辑:《皇朝政典类纂》卷 338《兵十六·团练》,第 7304 页。

② 席裕福、沈师徐辑:《皇朝政典类纂》卷 325《兵三·兵制·练军一》,第 6899—6902 页。

增饷，浙江原有兵额 37200 名，经过裁汰，存有陆兵 19000 余名，内河外海水师兵 3300 余名，共计 22000 多名。从杨昌濬所奏看，这些绿营兵仍是分散各汛，因此他命令沿海各营先行挑选精兵各数百名，设立哨队，"庶操演可齐，而征调亦易"。也就是说，浙江刚开始着手对抽调的绿营兵进行集中操练。因此，他不得不借重勇营。此时浙江留防的楚、湘勇丁几经裁汰后尚存 5000 多人，含水勇 2000 多人，分布在内地河道；陆勇 3000 多人，分布于省城和各府，其比较精锐者，有驻扎宁波府城的提督黄少春旧部楚勇 600 名，台州楚勇 800 名。此外打算对驻扎常山的总兵黄有功所部新湘营和驻扎泗安的副将罗启勇所部楚军右营各添勇 200 名，凑足 500 人一营，以备调遣①。因此勇营有"因事而募，事毕即撤"的特点，海疆有事即增加招募，事毕则酌量裁减。浙江勇营数量多的时候有两万多人，少的时候有四五千人，全视海疆形势增加或裁减。如 1880 年中俄伊犁交涉面临破裂之时，俄海军来中国海面示威，浙江省为加强防务在过去只有 9 营防勇的基础上招募增加至 20 营，待 1881 年双方达成《中俄伊犁条约》后，浙江巡抚谭钟麟便遣散 4 营，另有 7 营用于弹压温州、台州匪乱，剩余每营裁勇丁 100 名以节省兵饷。这时练军已成 10 营，拟留温州、海门、定海各 1 营，提标 2 营，省城 1 营，其余各归汛地防守②。据皮明勇研究，至 1884 年浙江练军规模达到 5000 人，同期绿营人数有 22576 人③，这个数量与上述 10 营的练军规模以及改章后的绿营人数基本是一致的，这也是现有史料所见浙省练军的最大规模。

表 4-1 整理了晚清中法战争、中日甲午战争期间浙省的设防情况，可以发现不再有绿营的身影，代之而起的勇营、练军已成为海防的主力，而勇营（含淮军、楚军等）在其中又居于主要地位，其数量远超过练军，包揽了几乎所有要冲位置（如镇海、舟山、乍浦）的防务，练军只是担当协助的角色，或者只是布置在不甚险要的地方。

① 中华书局编辑部、李书源整理：《筹办夷务始末（同治朝）》卷 76，第 3062—3064 页。
② （清）朱寿朋编、张静庐等校点：《光绪朝东华录》，光绪七年十月乙亥，中华书局，1958 年，总第 1214 页。
③ 皮明勇：《晚清"练军"研究》，《近代史研究》1988 年第 1 期，第 30 页。

表 4-1 中法战争、中日甲午战争期间浙省勇营、练军设防分布情况

事件	设防地点	设防力量	驻扎地点	资料来源
中法战争	镇海	淮军 6 营,2500 余人	甬江北岸	镇海口海防历史遗迹领导小组编:《中法战争镇海之役 110 周年学术研讨会论文集》,第 6—7 页。
		楚军 8 营,3500 人	甬江南岸	
		衢处练军、淮勇 8 营,3500 人	甬江上游,梅墟	
	舟山	勇营,8 营,2 旗,1 哨	镇龟山,东港浦,西溪岭,东岳宫,长春岭,大校场,西管庙,小竹山,獭山,虹桥,乌石庙等处	
中日甲午战争	乍浦	勇营,9 营,1 哨	东面独山,3 营;城东南隅陆城桥,2 营;城内,1 营;东西两门外各 1 营;龙尾山麓,1 营;顾家桥,1 哨	(清)朱正元:《浙江沿海图说》,光绪己亥(1899)上海聚珍版。
	澉浦	勇营,3 营,3 旗	城外水师大校场,2 营,1 旗;长墙山西麓,1 旗;东门外青山麓真君堂,1 旗;西面小尖山麓天后宫,1 营	
	镇海	勇营、练军,共 10 余营	甬江北岸之蟹浦,石塘头西门外,招宝山麓之东岳宫;南岸之沙蟹岭,竺山庙,青墅岭,布阵岭,育王岭,玉泉岭,棘子山,长山桥,陈山,梅墟等处	
	宁波	练军,1 营	江东大校场	
	穿山	练军,1 旗	关帝庙	
	象山港	勇营,1 营	大嵩港内玉泉岭	
	石浦	练军,1 营	天后宫及西北两门外盐仓前等处	
	海门卫	练军,3 营	南北两岸(注:后以镇海防务较紧,遂移防镇海)	
	松门卫	练军,1 旗		
	温州(瓯江)	勇营,2 营,3 旗;练军,2 营	黄华关,磐石卫,龙湾,茅竹岭,状元桥等处	
	温州瑞安县飞云江(又称瑞安河)	练军,1 哨		

1885 年中法战争结束后,浙省勇营便进行裁减,存 14 营 10 旗,后又减到 7 营 18 旗。1894 年中日甲午战争期间为备防日军南下,陆续添募勇 35 营,次年防务解严,即将新募勇营次第遣撤[①]。至 1899 年意大利索租三门湾时,浙江尚有楚军、湘军云字、旅字、寅字、仁胜吉字等共 11 营 23 旗。但随着时间的推移,勇营也难逃绿营窠臼,担任诸多杂务且比较分散:"系零星驻扎,散布各府县隘口,仅以护送行旅、弹压匪类,分布既多,势难聚而操练。"[②]如光绪七年,为围捕水陆大盗黄金满,派记名提督熊有常率达字营军赴台州,会同管带楚军记名副将罗瑞山相机剿捕。日常的地方弹压工作渐成勇营分内之事,故渐有绿营化的趋势,1900 年浙江巡抚恽祖翼即指出:"自中兴以来,惩制兵之失,创用募勇,无事则练,有事则战,因时制宜,意甚善也。吏治不饬,有司视保甲为具文,不能实力编排,渐致寇攘充斥。于是发勇剿办,择要留防,转似所募防营专为州县弹压地方而设,直于制兵以外复增制兵,而数且倍之,殊非创用募勇之初意。不独浙营,而浙营为甚。"[③]意即勇营已脱离了当初专事操练和作战的设想。清末数年,浙省在以勇营为主体的基础上,逐步将其改编为新军,并裁撤绿营,把绿营、练军改编成水师巡防队、陆师巡防队,至此才真正开始解决以前绿营兵诸种身份(警察、军队、杂役等)混淆的弊端。而从经历的时间来看,勇营、练军实际上承担了晚清同光时期浙江近四十年间的海防任务。

第二节　"海中第一利器":绿营水师的没落 与轮船在巡缉中的应用

一、绿营水师的没落

至道光年间,绿营水师表现出明显的废弛状态。道光十三年

---

①　徐杨:《省域视野下的晚清"兵权下移"现象——以浙江为例的考察》,《浙江工商大学学报》2020 年第 3 期,第 141 页。

②　席裕福、沈师徐辑:《皇朝政典类纂》卷 327《兵五·兵制·新军》,第 6956 页。

③　席裕福、沈师徐辑:《皇朝政典类纂》卷 324《兵二·兵制·练勇》,第 6891 页。

(1833)，皇帝在上谕中指出："近来水师废弛，徒有出洋之名，而无出洋之实。盗劫之案，层见叠出，甚至夷船泊近内洋，毫无觉察。"①废弛的表现至少有两个方面。

一是战船修造不及时，缺损严重。"每将该营额设兵船，不妥为看守燂洗，任其朽坏，以致不堪配驾。及届配兵出洋之时，则封配商船，恣意婪索，最为商民之害。"②道光十八年(1838)有人参奏，乍浦营战船缺损尤多，"率皆以旧代新，不堪驾驶"。温州、宁波等处海口有盗船停泊，水师竟然不敢前往捕拿③。在战船缺额的情况下，水师经常雇觅商船顶替出洋。其实，水师战船的配备本就不多，以乾隆十三年(1748)为例，浙江大号战船水艍、赶缯等只有 56 只，其中定海镇洋面最大，额设 17 只，黄岩镇 8 只，温州镇 7 只，该三处所辖洋面皆洋艘要道；瑞安协 4 只，负责巡防南麂一带大洋；玉环营 3 只，负责三盘大洋；象协昌石汛 2 只，负责南韭大洋；镇海营 2 只，负责蛟门、七姊妹、东霍、西霍大洋；提标左营 2 只，负责统巡各洋；乍浦绿营 2 只，负责黄盘大洋；满营 9 只，系满洲甲兵操演水师之用④。分配到各营的大号战船算不上充足，到后来战船修造极为敷衍的时候，其配备情况可想而知了。

二是水师将领特别是总兵难得其人。水师将领，必须熟谙洋面、舟师方能胜任。因此，水师将领大多为题补之缺，目的是做到人地相宜、人缺相适，提高选人效率。乾隆时江、浙、闽、广四省的水师副将、参将共 23 缺，其中福建籍贯者十居七八。按例，水师总兵缺出，均由记名副将人员简放。由副将题补总兵，起初实行本省回避，但可题之人甚少，不得不稍作通融。即便如此，总兵的简放一时颇难得其人。嘉庆十年(1805)，黄岩镇总兵缺出，水师副将中无人可以保荐，只得越级保奏参将黄飞鹏、许松年二人。鉴于黄岩镇总兵员缺紧要，皇帝破例加恩将黄飞鹏先行升授副将，令其署理黄岩镇总兵，如果奋勉出力，缉捕有功，俟三年后实授总

---

① 席裕福、沈师徐辑：《皇朝政典类纂》卷 339《兵十七·水师》，第 7318 页。

② 《宣宗实录》卷 26，道光元年十一月丙寅，《清实录》第 33 册，第 468 页。

③ 《宣宗实录》卷 317，道光十八年十二月丙申，《清实录》第 37 册，第 962 页。

④ 《高宗实录》卷 329，乾隆十三年十一月是月，《清实录》第 13 册，第 473 页。

兵①。嘉庆十二年(1807)，黄岩镇总兵再次缺出，不得其人，只得打破本省回避惯例，将浙江人童镇升补授②。这种无人可用的情况到道光时更为严峻。道光十年(1830)，闽浙二省水师总兵出有四缺，其中金门、海坛、南澳三镇，俱系委员署理，温州镇总兵竟无员可委，"似此员缺久悬，实从来所未有"。道光皇帝命令两江、闽浙、两广总督各于副将内保奏，但各省总督所保之员仅有三人。在焦灼之余，皇帝提出了严厉批评：

> 各省设立水师，巡缉洋面，最为紧要，全在督率得人。各营副将以下，均额设有参将、游击、都司等官。如果该督等平日勤加训练，或于巡阅操演时，留心察看，或以获盗之多寡，考其勤惰，则该员等各知奋励，有志上进。遇有技艺精娴、才具出众者，以次递升，均可备专阃之选。若一味因循，视操练为具文，不惟人才无可造就，且捕务废弛，必致盗贼充斥，贻误洋面，关系甚重。嗣后该督等于所属水师，务当力加整顿，认真训练，总期营务日有起色，人才辈出，足资任使。倘仍前怠玩，漫不经心，遇有水师总兵缺出，仍至悬缺待人，惟该督等是问。③

不难发现，水师将领难产折射出了水师训练的怠惰和缉捕盗贼的不力，水师人才的缺乏和断层反过来也说明了水师营务的废弛。类似的要求东南各省督抚保举副将的谕旨在道光十八年、二十年以及咸丰年间屡有下发，但始终无法解决水师人才的短缺问题。

鸦片战争中，清朝水师不敢出海作战，浙江提标右营、定海镇标、镇海、乍浦等多处沿海营汛的战船俱被英军摧毁。战后，清廷为了对付日益猖獗的海盗，要求沿海各省恢复水师巡哨。浙省只有黄岩、温州二镇所余战船幸免于战火，另外雇佣一些钓船，勉强配兵巡洋。道光二十三年(1843)，浙江提督李廷钰为修造战船事上奏："海洋事务必借船只……黄岩、温州两镇战船闻皆单薄，不堪风浪。是徒有水师之名，并无水师之实。现与抚臣刘韵珂商酌，拟将应行补造额设各项战船一律改造，加料

---

① 《仁宗实录》卷141，嘉庆十年三月甲午，《清实录》第29册，第927页。
② 《仁宗实录》卷181，嘉庆十二年六月辛巳，《清实录》第30册，第385页。
③ 《宣宗实录》卷167，道光十年四月乙亥，《清实录》第35册，第589页。

二千余石，同安梭船四十余只。其船向为各省海洋所宜。又滨海人人之所习惯，即有损坏，到处工匠皆能修造，而驾驶亦不乏人，因地制宜，于此为便……他日，黄、温两镇战船届满拆造，并请一律酌改，以期实济。"①道光帝览奏后，谕令先造少量战船试用，果能得力，再批量建造，浙江遂委托福建省代造。由于经费筹措困难，福建船厂直到 1845 年 8 月才造好大、中、小型号的同安梭船 30 只，驾赴浙江②。闽浙总督刘韵珂在海防善后中，定下每年冬，由提督航海查阅各营伍，顺道查察海口情形；水师各标营于巡洋缉匪外，遴选精熟水务员弁带兵轮流出洋练习；各镇会哨时，将各营弁兵挑带前往，详加试验，咨提督分记功过，以示劝惩③。恢复了以往总兵统巡出洋会哨的定例，并以水师巡缉为操练内容，"以获犯之多寡，定巡哨之勤惰"④。福建烽火营每年三月初一、八月初一两天与浙江瑞安协兵船会哨于蒲门洋面，福建水师提标于八月初十与瑞安协兵船在虎头鼻洋面会哨一次，分别由福宁镇、温州镇取结缴报⑤。这样，水师巡哨作为海防善后的一个措施得以恢复。但就实际情况看，晚清的巡洋会哨已不像清前期那样拘于规定的时间和地点，更多的是被缉捕海盗的实务所替代。

尽管如此，水师积重难返，呈现出日益颓废之势。道光三十年（1850），御史王本梧参奏："浙省水师废弛已极，兵则怠惰偷安，官则因循推诿，间或搜捕零匪塞责，遇大帮洋盗不敢过问。"⑥因水师孱弱带来的海洋秩序失衡给外国力量介入护航提供了空间。

二、外国人、广勇加入护航缉盗

《南京条约》签订后，香港与宁波等港口的贸易逐步兴盛起来。定期出入香港的横帆船数目激增。鉴于外国船只在海上频频遭劫，而中国孱弱的水师无法提供有效的保护，英国等国开始介入海上护航。1848 年

---

① 中国第一历史档案馆编：《鸦片战争档案史料》第 7 册，天津古籍出版社，1992 年，第 18 页。
② 王宏斌：《论两次鸦片战争期间海患与水师巡洋制度之恢复》，《近代史研究》2018 年第 2 期。
③ 《宣宗实录》卷 412，道光二十四年十二月己酉，《清实录》第 39 册，第 172 页。
④ 中国第一历史档案馆编：《鸦片战争档案史料》第 7 册，第 309—310 页。
⑤ 《宣宗实录》卷 416，道光二十五年四月乙巳，《清实录》第 39 册，第 216 页。
⑥ 席裕福、沈师徐辑：《皇朝政典类纂》卷 339《兵十七·水师》，第 7323 页。

时,已有英国双桅船、荷兰三桅船和葡萄牙快艇为福州至宁波、厦门两口之间的商船进行护航。道光三十年(1850),何冠英奏福建南台常有外国火轮船五六只停泊,询因近日洋盗充斥,水师望风先逃,商旅往往失事。该外国人嗜利性成,向商船每只索洋银三百圆,将其护送至浙江宁波,以及由浙返闽,亦复如是①。官兵水师船只由于缺额严重,无力护航,也不得不默许这种情况的存在。

参与护航的外国船只一种属于官方行为,如英国海军展开的行动即属于这种情况。中英条约规定了对镇压海盗应采取一致的步骤,但实际上,由于英国人的航运规模大于其他国家,遭遇危险的可能性要大,加上中国水师的无能,因此英国人承担了镇压海盗的大部分任务。1855 年 9 月 18 日,英国二桅方帆的"比腾号"战船(H. M. Brig Bittern)与中国船只协同配合,在浙江沿岸的石浦击毁了一个包括 32 只船、载有 1200 人的海盗船队②。还有一种情况属于私人护航制度,即不是由国家船只组成,而是由欧洲商人组织起来的双桅方帆船、双桅纵帆船和快船组成,以及一种常见于宁波、舟山一带的俗称"白屁股"的白尾渔船。英国人的船只通常从香港获得通航证,然后订立保护中国渔船队和贸易船只的合同。例如,105 吨的斯派克号双桅纵帆船,长 70 英尺,宽 19 英尺,深 8 英尺,上有一层甲板和两根桅杆,配备有 9 门炮、23 支毛瑟枪、5 支手枪、10 把弯刀、4 支长矛和 5 根梭标,有 11 名水手。此船归宁波的威廉·戴维森所有,悬挂英国旗,持有由香港总督签发的有效期为一年的通航证。船长、大副和炮手是英国人,大多数水手是马尼拉人③。1850 年 8 月,双桅纵帆船"开始号"(Alpha)和 5 只快艇,在护送沙船时与一个海盗船队发生了激烈战斗,捕获了 5 只海盗船并把它们带到宁波。由于收取护航费的利润十分诱人,因此有更多的船只加入。来自澳门的葡萄牙人逐步垄断了整个宁波的海上贸易保护,对所有进出口岸的船只和在邻近海域航行的船只发放保护证和征收保护捐。他们一年之中从渔船征收来的护

① 中华书局编辑部整理:《筹办夷务始末(咸丰朝)》卷 3,中华书局,2014 年,第 95 页。
② [美]马士著、张汇文等译:《中华帝国对外关系史》第一卷,商务印书馆,1963 年,第 457 页。
③ [美]费正清编、中国社会科学院历史研究所编译室译:《剑桥中国晚清史(1800—1911 年)》上卷,中国社会科学出版社,1983 年,第 256 页。

航费多达 5 万元，从运木船只和其他与福州贸易的船只征收的数额高达 20 万元，从其他各种船只征收到的捐费数目也不下 50 万元。葡萄牙当时尚未与清政府缔结条约，但葡萄牙领事却漫无限制地行使了领事裁判权。宁波当地人一般都认为葡萄牙的司法判决，总是把绝大多数的钱送进葡萄牙人的口袋里，而对葡萄牙人犯罪并不严加追究。如 1852 年 9 月，葡萄牙的快艇捕获了一只装糖的船，把它带到宁波。当地政府在调查后，宣布这是一只正常的商船，只是为了保护自己携有一定的武器。但葡萄牙领事在单方面调查后，决定该船是海盗，并把船上商品作为战利品分给了那些捕获者①。这些外国人有很多表面做着"保户"的行当，背后又干起明目张胆的海盗勾当，公然实行敲诈、抢夺，甚至谋杀。葡萄牙护航船队一名叫马尔利尼的马尔他岛人，在香港受审时称，他们的快艇习惯性地攻击贸易沙船和英国沙船，屠杀船上的人，并袭击村落，对不设防的居民实施各种强暴和勒索。1859 年 5 月，有一名叫塞穆尔·奥斯汀（Samuel Austin）的人，因其护航船艇所犯的罪行在宁波受审，被英国领事责罚解散公司，撤出护航船艇，逾期则处以 5000 元的罚金②。因此，一些外国船只打着护航的名义，暗地里从事着海盗的勾当，已严重危害了当地的贸易和安全。

当时浙江洋面势力最大的海盗团伙来自广东，其船称"广东艇"，艇形如蚱蜢，故滨海称其"蚱蜢艇"，其舱面涂绿油，故又称"绿壳"。海盗首领叫布兴有，广东香山县人，率领部下分乘 20 多艘"绿壳"游弋于浙东海面，杀人越货，拦船抢劫，无恶不作。咸丰元年（1851）六月，进犯石浦，浙江巡抚常大醇檄知府罗铺赴象山剿办。时盗艇已退，罗铺妄以募勇却贼向省里邀功。但不久广艇复至，巡抚大怒，严责铺。铺惧怕，遂以重贿招降盗魁布兴有③。此前布兴有因在山东登州海口抢去水师船炮，山东守备黄富兴率部追至浙江海域，朝廷命江苏、浙江和福建水师对其围剿。迫于形势，布兴有于十二月率部投诚，共计缴出山东师船、勇船共 21 只，

---

① ［美］马士著、张汇文等译：《中华帝国对外关系史》第一卷，第 457—459 页。
② 聂保璋编：《中国近代航运史资料》第一辑，上册，上海人民出版社，1983 年，第 127—128 页。
③ （清）史致驯等编纂、柳和勇等校点：《定海厅志》，第 836 页。

水勇 200 余名,商船船户、水手共 180 余名,并被掳难民全数送出,大小铁炮共 300 余位,器械无数,艇盗 624 名。朝廷将布兴有及其弟布良带等 20 名分别发撵营伍效力,交由浙江提督善禄留在宁波报效①。布兴有部装备精良,他的坐船重吨位炮船"金宝昌"号,有"活炮台"之称,官员检阅后盛赞其船坚炮利,归降后划给定海镇水师。次年,鄞县知县段光清命令布兴有率部下出海护商,与葡萄牙人展开竞争。抗衡和冲突随之发生,至 1857 年 6 月,布兴有部打败了葡萄牙人,把葡萄牙船队逼进宁波内河,予以重创。一艘法国帆船巡洋舰搭救了幸存的葡萄牙船员,把他们送到澳门作为海盗加以审判。当时停泊在口岸的葡萄牙炮舰"孟德果号"(Mondego)曾被警告说,只要它一开火,它就会被毁灭,于是它一炮不发便离开了。三只葡萄牙的快艇(真正的商船),却并未受到任何的阻扰。葡萄牙人的护航垄断随之打破。此后,因护航引发的纠纷时而有之。如 1859 年,有法国船来往定海洋面,托名护送商船,借以索费,被当地人拿获,致相争殴②。鉴于私人护航的危害很多,英、法两国叫停了在宁波、舟山等地的私人护航③。

在布兴有之后,又有广艇盗首名九丁者率部来到浙江,故而称投降的布兴有部为旧帮,后至九丁部为新帮,而新帮尤其凶横。起初,广艇以护商舶为名,私结海寇,纵掠行旅。等到宁波官府雇募外国轮船护洋后,广艇已无用武之地,于是散处郡城,三五为队,挟手枪短刀,白昼行劫进行勒赎。有的啸聚定海岑港天妃宫,诈为郡城募兵,伺轮船收港,乃出劫。或是趁夜色袭扰乡村,入户执人而去,明码勒赎,如钓山夏某以番银三千圆赎,马瞾林某以番银一千六百圆赎,册子山贺某以番银五百圆赎,居民因此惴惴不得安宁。自咸丰九年(1859)开始,定海岑港成为盗薮,民商控于府县的盗劫案件堆积达盈尺之厚。巡道张景渠患之,要求旧帮首领布兴有等约束部下,编立名册,同时对其资助,令其设计诱杀九丁。布兴有伪装设宴招待九丁,待九丁坐定,出诉状示之,遂伏诛。又派鄞人

---

① 陈钰祥:《在洋之盗,十犯九广:清咸同年间广艇海盗布兴有事迹考》,《故宫学术季刊》第 24 卷,第 2 期。
② 中华书局编辑部整理:《筹办夷务始末(咸丰朝)》卷 48,第 1811 页。
③ [美]马士著、张汇文等译:《中华帝国对外关系史》第一卷,第 459—460 页。

江苏候补知县陈筹和布兴有之弟布良带督率旧部捕拿九丁余党，宁波郡城海盗悉除。同治元年(1862)闰八月二十六日，巡道史致谔联合英国人以轮船 3 艘分路进入定海岑港攻击海盗巢穴①，加入行动的还有花旗国(按，即美国)副将法尔师德率领的 4 艘轮船，以及护定海总兵印务镇海营参将袁君荣、署定海同知刘国观所率领的官兵民团，共毙盗匪 700 余名，兵勇阵亡 5 名，团勇阵亡 41 名②。一时间，洋面安静，商民称快。

同治三年(1864)正月，法国驻闽税务司美里登由宁波路经温州，兼署温处道温州府知府周开锡与其商雇记花儿火轮船 1 只，专巡温、台外洋，其内洋仍用广艇配以小船，令各标水师兵丁驾坐巡哨。在轮船到来之前，有盗船多只停泊平阳口外，周开锡派通判严金清、守备黄金玉驾坐艇船前往巡缉。二月初十日，行至南矶山，军功郑碧山用大炮击沉盗船 1 只，轰毙盗匪十多人，生擒 11 名。二月十九日，试用县丞陈宝诚驾坐轮船出洋至南田山洋面，见大白皮壳盗船 1 只，轮船开炮轰击，该盗逃入大沙吞。轮船俟潮涨进吞搜剿，该盗弃船逃逸，遂将船只焚毁，救出难民 5 名。二十日，据石浦乡民报称，大当头山吞内尚有盗船 2 只，轮船当即往捕，该盗弃船而遁，立将船只焚毁，救出难民 1 名。二十五日，有逸盗颜马开勾结匪党驾驶艇船在玉环所辖石子吞地方行劫。周开锡以石子吞为群盗窝藏之所，其近吞一带水浅，大船不能深入，当饬署永嘉县知县陈宝善、试用县丞陈宝诚乘坐轮船，并令守备黄金玉、马太和管驾广艇 2 只，署温州城守都司汤昭龙率舢板炮船 4 只同往剿捕。驶近南山地方，突遇盗船 1 只扬帆而上，勇首郑得忠连开大炮轰击，该盗弃船登岸逃逸，当即救出难民 3 名，商船 1 只，该处民人帮同获送盗犯 2 名。抵达石子吞后，汤昭龙、黄金玉、马太和带勇由正路上岭，将盗巢纵火焚烧。陈宝诚率同轮船船主记花儿和洋人 20 名绕到吞后，见有盗匪 6 人持械奔避，洋人开枪击毙 1 名，又生擒 1 名。二十七日行抵沙角吞，将窝藏海盗的房屋拆毁，起出五百斤大炮 2 尊，百斤洋炮 1 尊③。

---

① (清)史致驯等编纂、柳和勇等校点：《定海厅志》，第 837 页。
② (清)左宗棠著：《左宗棠全集》奏稿一，第 124—125 页。
③ (清)左宗棠著：《左宗棠全集》奏稿一，第 385—387 页。

以上反映了开埠以后浙江沿海水师式微导致的海洋权力混乱现象，外国力量介入商船护航，既包括了英国海军一类的官方力量，也包括了殖民当局授权或未授权的私人护航武装力量，其中葡萄牙的船队曾一度垄断了宁波的航运和渔业护航事务。中国地方当局一方面不得不借助外国人来剿捕海盗，另一方面对西方私人武装的海盗行径深恶痛绝，因此支持投诚海盗布兴有的广勇武装与葡萄牙武装相抗衡。在驱逐了葡萄牙人后，部分广勇反而重操海盗旧业，劫掠肆虐宁波，盘踞定海岑港，最终被中外联合剿灭。随着《北京条约》的签订，中外在打击海盗问题上也展开一定的合作，清朝水师时而雇用洋人的轮船打击海盗。对此间乱象，当事者之一的宁波知府段光清曾感叹：

> 从前水师巡洋，商贾往来平安，渔人出洋捕鱼亦蒙其惠……乃自夷祸中国以来，水师之势日衰，谁复讲求巡洋？渔人更苦洋面盗贼，不得不自雇西夷广艇，以巡渔汛……夫一巡洋也，始而水师，继而西夷，终而广勇……今自长发贼扰，广勇非遣散，即入营矣，渔汛亦不知谁巡。时事变迁，岂有极哉！[①]

清前期水师尚能独立行使巡洋职权，然而此时不得不借助外部力量，先是雇用外国人护航，后又雇用广勇，不能不说是一个极大的变化。这也是当时中国海防主权部分丧失的一个体现。随着太平军入浙，宁波官府把大部分广勇纳入营伍来进行抵御，以致段光清为下一步谁来巡洋而发愁。

同样，清前中期浙海关缉私都是自主行使权力，但在第二次鸦片战争后，随着洋人担任税务司控制海关，清朝的缉私队伍不得不与洋人进行合作。如同治二年（1863），宁波开设新关，征收洋税。各商船从镇海县的招宝山进口，距宁波港面还有60里水程，支港纷歧，商船每多偷漏。招宝山以外海口林立，如象山县的象山、石浦等口，镇海县的穿山、新碶、小港、蟹浦等口，嘉兴府的乍浦、澉浦，温州、台州二府所属的沿海口岸，均系不准通商之口，但经常有洋船私往贸易，不仅违背了条约规定，而且

---

① （清）段光清撰：《镜湖自撰年谱》，第96—97页。

于关税大有亏损。因此宁绍台道史致谔设立大号巡船 2 只，中号巡船 20 只，自镇海口门至宁波港，分段梭巡。又函商宁波关税务司，设立夹板大船 1 只，雇募外国巡丁，选派精壮水手，专巡浙江沿海不准通商的口岸①。洋人加入缉私也是清朝海防管理主权受损的重要表现。

三、宁波官商购买轮船护航缉盗

护航成本的高昂迫使商人们另谋办法。宁波商船由于承担着漕粮海运的重要任务，在海上经常遭遇艇匪抢劫，虽有兵船护行，但海盗毫不惧之。每劫一舟，索费尤甚，甚至遣其党入关，公然登上坐，争论价目。商人因此时常要租赁外国火轮船护航，付出高昂的费用。为此，慈溪人费纶鋕、盛植琯，镇海人李容倡于众，提议购买夷船以平海盗，但需费甚巨。知府段光清在请示省里后，决定由官商各垫其半，由船货税收按年偿还。咸丰四年（1854）冬，宁波官商凑足 7 万银饼，向粤东夷商购买大轮船一艘，名曰"宝顺"。其船身长 40 公尺，甲板宽 7 公尺，吃水 4 公尺，体积 1120 立方米，载重 300 吨。设庆成局管理该船，延请鄞县人卢以瑛主持，以慈溪人张斯桂督船勇，镇海人贝锦泉司炮舵，全船人员共 79 人。自此，对付海盗有了把握。咸丰五年（1855），粤盗 30 余艘肆掠闽浙，窜至北洋，运船皆被阻。张斯桂驾驶"宝顺"轮船于六月出洋，七月七日在复州洋轰击盗艇，沉 5 艘，毁 10 艘。十四日在黄县洋、蓬莱县洋复沉 4 艘，获 1 艘，焚 6 艘，毙 40 多人，俘获 30 多人。十八日，在石岛洋沉盗艇 1 艘，救出江浙回空运船 300 多艘。北洋肃清，轮船回上海。二十九日巡石浦洋，盗船 23 艘在港停泊，轮船率水勇船进扼洞下门，两相攻击，盗船无一存者，余盗窜黄婆岭，追斩 300 余级。九月十三日在岑港洋沉盗船 4 艘，十四日在烈港洋沉盗船 8 艘，十八日复在石浦洋沉盗船 2 艘。十月十八日复在烈港洋沉盗船 4 艘，南界亦肃清。在三四个月的时间里，沉获盗船 68 艘，生擒盗党及杀溺死者 2000 多人，"宝顺船之名，震于海

---

① （清）左宗棠著：《左宗棠全集》奏稿一，第 167 页。

外"①。当然,清人的记载未免有夸耀之词,因为这些战绩应该不是"宝顺"一船所为,而极有可能是与英国等船只协同作战的结果(按:前文第二段中提到1855年9月英船"比腾号"在中方船只配合下消灭了石浦港的大股海盗,中方船只可能包括"宝顺")。但一个事实是"宝顺"船为中国使用轮船之嚆矢②,开风气之先。此后不久,上海商人购买了"天平"轮船用于护航。两艘轮船通力合作,有效打击了嚣张的海盗。

清政府上层对外国船只护航和轮船的使用颇多疑惧。如闽浙总督裕泰认为,内地商船雇觅夷船护送,虽出于各商情愿,但各国夷人应到码头均有一定,而内地商船随处皆可收泊。若听任夷船护送,则此后外夷船只转得以护送为由,到处停泊③,即担心外国船只借口护送,进出条约规定的五口通商以外的地方。山东巡抚崇恩将宁波、上海轮船和外借夷船两只到北洋缉盗一事奏报朝廷,咸丰帝认为"英夷通商船只,止准在五口往来,山东、奉天洋面,皆非该夷应到之地",责令浙江巡抚何桂清查明系由何人擅自发给船照,对其严参④。何桂清奏称宁商迫于海盗滋扰购买火轮船护商护漕,势所不能禁,且已不准用夷人驾驶以杜影射,并事先咨会盛京、直隶、山东、奉天等地⑤。朝廷遂允许使用轮船,要求来年漕船北上时,"以一火轮船,带同勇船,驻泊江南佘山。以一火轮船,在南洋梭织巡护,以清洋面而利漕行","并着照江海师船式样,书写记号,不与夷船相混"⑥。在中西签订《天津条约》、《北京条约》后,北洋亦开放通商口岸,外国船只往来南北无阻,海盗有所敛迹。

宁波商人迫于形势自购轮船,一定程度上对挽回护航权、维护国家

① (清)董沛:《宝顺轮船始末》,载张永祥主编《江南望族小港李家百年风云》,宁波出版社,2011年,第241—243页。
② 龚缨晏:《中国第一艘轮船的由来》,《浙江大学学报(人文社会科学版)》2017年第2期。根据龚缨晏教授考证,宝顺轮是英国在华公司宝顺洋行委托美国John Gray公司于1851年在纽黑文建造,建成时根据该洋行的名字命名"宝顺"。这是一艘由螺旋桨推进的轮船,于1852年3月从英国驶抵香港,此后主要航行于香港与印度之间,为宝顺洋行贩运印度所产的鸦片。1854年冬,宝顺洋行决定将宝顺轮出售给宁波北号商人。
③ 聂宝璋编:《中国近代航运史资料》第一辑,上册,第128页。
④ 中华书局编辑部整理:《筹办夷务始末(咸丰朝)》卷11,第399—401页。
⑤ 中华书局编辑部整理:《筹办夷务始末(咸丰朝)》卷11,第405页。
⑥ 《文宗实录》卷178,咸丰五年九月甲申,《清实录》第42册,第994页。

领海主权有所裨益。这也是缘于当时水师的无能。咸丰五年(1855)二月,宁绍台道段光清针对镇海水师不敢出海护送漕船的现象,怒斥提督叶绍春等人:"平时捕盗既不敢前,此日护粮又不肯往,致朝廷虚糜饷项,水师真可废矣!"[1]鉴于轮船在剿灭海盗中显示的威力,同治二年(1863)八月,留办金陵军务、浙江巡抚曾国荃奏请裁撤沿海水师,改以轮船缉捕海盗。他认为,"沿海盗艘广艇、艚船、白鳖壳之流,往往畏之(指轮船,笔者注)如虎,洵海中第一利器也",应将浙省水师裁撤,节省之费用来置办轮船,如此一来,"则巨洋盗风可期弭戢"[2],此为地方大员首倡使用轮船。可见,在浙江宁波民间的率先使用和影响下,官方逐步认可了轮船的作用,由此也推动了水师的近代化历程。

四、国产轮船用于巡航缉盗

在此之前,镇压海盗的轮船都是购买或雇佣外国的,自 1866 年福州船政局创办后,中国开始生产自己的轮船。浙江与福建同属一总督,使用轮船时有着近水楼台先得月的优势,在国内较先使用国产轮船剿捕海盗。同治九年(1870),温台一带洋面时有盗船聚集,抗拒官兵,虽经水师各营出洋巡缉,屡有斩擒,但著名巨盗金泳里等尚未就获。后由福建省派"华福宝"、"长胜"、"万年清"三轮船开赴浙洋,周历搜捕,擒获大帮洋盗,解交温州道府讯办。这三艘轮船中,"华福宝"、"长胜"两轮系福建当局从洋商处购买,"万年清"轮系福州船政局建造的第一艘轮船,其大量配件、材料都是购自海外,在外国技师指导下由中国工人装配而成。事毕,这些轮船差遣别处。经温州镇总兵吴鸿源的请求,福建方面将船厂制造的第 2 艘轮船"湄云"舰派往浙江遣用,其动力为 80 匹马力,由管驾该船游击吴世忠督同原配舵工水手驶赴温州,归吴鸿源统带巡缉,同时挑选本镇官兵随船进行训练,所需经费由浙省按月支给[3]。本年十月,"湄云"轮船抵达浙江,在宁、台、温各洋面往来梭巡。同治十年(1871)四

---

[1]　(清)段光清撰:《镜湖自撰年谱》,第 100 页。

[2]　中华书局编辑部、李书源整理:《筹办夷务始末(同治朝)》卷 20,第 887—890 页。

[3]　闽浙总督英桂片奏湄云轮船挨赴浙省遣用由,同治九年九月二十七日(1870 年 10 月 21 日),台湾"中研院"近史所档案馆藏档案,总理各国事务衙门,船政,馆藏号:01-05-002-02-020。

月初七日,提督黄少春乘坐该船巡洋,驶近崇明洋面,轮机损坏,勉强回到镇海。五月十一日晚间,"湄云"轮船兵丁与定海张总兵所带红单船兵勇口角起衅,几成械斗。浙江巡抚杨昌浚以该轮船所用多闽人,与宁波广勇不和,恐滋事端,饬令仍回温州巡缉,一面函请闽省调回"湄云",另换"伏波"轮船来浙。"伏波"是福州船政局生产的第4艘轮船,系150匹马力,制造甚为坚固,行使迅疾,炮系后膛进子,大者重万五六千斤,小亦数千斤,机器坚致,无异外洋,且船身较大,中舱可装粮食六七千石。所配舵水人等均系籍隶宁波,于浙洋港道尤为熟悉。十月二十二日,"伏波"轮到达宁波。提督黄少春挑选两营水师兵丁40名赴船操练,并派守备布国炳管带,仍归管驾官都司贝珊泉统辖①。有了"伏波"轮巡缉,"洋面赖以静谧",但在同治十三年(1874)夏初,因日本侵台,"伏波"轮被调回。浙江巡抚杨昌浚深虑洋盗乘机窃发,又值台湾事发亦需办理海防,于是派员赴上海购买轮船,旋因价格过昂或是船老无用而作罢。杨昌浚遂函商闽省船政大臣沈葆桢等,嘱为代造大兵轮船两号移浙应用,所需经费由浙江筹还②。光绪元年(1875)八月十五日,由记名总兵福建水师提标中营参将贝锦泉管带驾驶的船政局生产的第16号"元凯"舰抵达宁波甬江,与已返回在港的"伏波"舰会合。当时因经费短绌,"元凯"仅配炮3尊,计划日后另向外洋购买6尊钢炮配足。额设管驾、舵水人等98员,另由游击陈文英管带提标兵丁20名随船练习,随时挑揆更换练习③。"元凯"轮是福建船政第一艘在完全没有外国技术人员参与情况下建造的军舰,与"伏波"舰一样,马力仍是150匹,木质舰体。蒸汽机为船政自造,舰长66.56米,宽10.24米,吃水4.16米,舱深5.28

---

① 浙江巡抚杨昌浚函肃闽省所派湄云轮船来浙损坏该船兵丁与张总兵所带兵勇起衅现另换一号仍归管驾官管辖并采办赈米赴津由,同治十一年二月二十九日(1872年3月27日),台湾"中研院"近史所档案馆馆藏档案,总理各国事务衙门,船政,馆藏号:01-05-004-01-002。

② 浙江巡抚杨昌浚咨报闽局代浙制造轮船以资巡缉等因由,同治十三年十一月二十三日(1874年12月31日),台湾"中研院"近史所档案馆馆藏档案,总理各国事务衙门,船政,馆藏号:01-05-005-04-023。

③ 浙江巡抚杨昌浚具奏闽厂代遣轮船到浙验收并解还垫款及月支薪粮数目循案办理由,光绪元年十月十七日(1875年11月14日),台湾"中研院"近史所档案馆馆藏档案,总理各国事务衙门,船政,馆藏号:01-05-006-02-004;陈悦:《近代国造舰船志》,山东画报出版社,2011年,第134页。

米,排水量为 1258 吨①。

随着温州开埠,浙江沿海口岸洋务繁忙,已有的"伏波"和"元凯"两艘轮船仍觉不敷使用,浙江巡抚杨昌浚与船政磋商继续调拨轮船。此前建成的轮船都属于木胁木壳船,船的龙骨、肋骨都是用从暹罗、仰光等地进口的天然弯木制成,这种木料少而昂贵。19 世纪六七十年代起,西方一种龙骨和胁骨为铁质,曲度变化较小的船壳板仍为木质的全新船型——铁木合构船出现,当时中国称之为铁胁木壳船。1879 年 1 月 16 日,福州船政建成的第二艘铁胁木壳轮船"超武"舰被调拨给浙江,担任海口的巡缉任务。"超武"所用的龙骨、铁胁都是中国技术人员自行仿造,选配的动力设备是从英国进口的原装康邦机器②。此后,"元凯"和"超武"在浙江的服役时间较长,在缉捕海盗中发挥了重要作用。清末的史料中时常看到二舰的身影,如光绪二年(1876)六月,在"元凯"轮的协助下,台州同知成邦干率水师兵勇将盘踞大衢山的海盗金启兰、黄阿四等剿灭③。光绪七年(1881),为捉拿台州府水陆大盗黄金满,提督张其光率海门、定海、温州三镇水师进行合击,出动"伏波"、"元凯"、"超武"三轮同时参与缉捕,并有陆上勇营参与④,几乎动用了浙江水师的全部力量。光绪十八年(1892)冬,福建派"伏波"、"琛航"、"靖远"三兵轮驶赴浙洋,会同浙省"元凯"、"超武"两轮船更番巡阅,与沿海各营水师炮船联合缉捕,以保护海上商道,特别是对贩运米粮、木植等大宗货物的商船予以保护,拿获击毙盗匪数起,"洋面渐为安谧"⑤。光绪二十三年(1897)浙江提督陈济清于三月二十八日渔汛来临之时乘坐"超武"兵轮先赴温台洋面周巡,并随带各路师船搜捕海盗,各船分头获盗数名,当即带回署中,分发审办。复于四月中汛盛时又至衢山、岱山等处驻洋巡护,五月初六渔汛已毕,"商贩各散,海洋亦安靖无事"⑥。光绪三十一年(1906)十二月十

---

① 陈悦:《近代国造舰船志》,第 131—133 页。
② 陈悦:《近代国造舰船志》,第 151—153、162 页。
③ (清)朱寿朋:《东华续录》光绪 23,《续修四库全书》编纂委员会编《续修四库全书》第 383 册,上海古籍出版社,1995 年,第 236 页。
④ 喻长霖等纂修:《台州府志》卷 136,第 1824—1825 页。
⑤ (清)朱寿朋:《东华续录》光绪 113,《续修四库全书》第 384 册,第 458 页。
⑥ 《光绪二十三年六月十九日京报全录》,《申报》1897 年 7 月 31 日,第 15 版。

七日,浙江提督吕道生乘坐"超武"兵轮出巡洋面①。轮船已成为洋面巡逻的重要依靠。

除了上述轮船,还有一艘"新宝顺"兵轮经常用于巡缉海盗,目前尚无法考证该船的来历。《申报》中多处提到了该轮,如 1906 年 6 月,浙江提督吕道生乘新宝顺兵轮出巡洋面②;1908 年 4 月 28 日,以现届渔汛,各洋海盗难免有抢劫商船情事,浙提吕道生军门乘坐新宝顺兵轮出巡洋面,以示镇慑③。

尽管轮船在缉盗护商方面发挥了重要作用,但由于浙江沿海地方大小口岸数十处,岛屿丛杂,汊港纷歧,有些浅狭之地无法发挥兵轮的作用,往往还得依赖传统师船。从同治年间起,浙省由于战船未修,不得不雇募广东红单艇船 10 只用于捕盗,每船配勇 30 名,共勇 300 名,每年支付粮饷 5.5 万两。后陆续购造红单广艇、钓船、铜底艇船、龙艚船、快蟹船各种,费银 18 万多两,至光绪三年(1877),有船 74 只配兵出洋,大者配兵 50 名,小者配兵 25 名④。红单船最初是广东民间用于对外贸易的大货船,为了对付海盗的侵袭,装备有火力强大的枪炮。太平天国时期,红单船对清政府镇压太平军发挥了重要作用⑤,成为同光年间浙江水师的主要船型。后来为了节省开支,对船只陆续裁撤,至光绪中期只剩下 50 余号。除了梭巡洋面还要兼防内港,特别在渔汛时期,所有师船都得出动梭巡,更是不敷使用,"商船连樯衔尾,日夜行驶,万不能逐起护送"。为此,光绪十九年(1893)浙江提督冯南斌在宁波口雇募红单船、扮高船 8 号,委派弁兵驾驶保护商船,所需经费从商船厘捐中开支,闽浙总督谭钟麟表示:"但使洋面肃清,则货船多而厘捐亦旺,是此项师船可以缉盗,可以护商,而于厘务亦不无小补。"⑥商船缴纳厘金可以壮大一省财源,地方当局保护商船的积极性因而大大提高。

轮船的应用确实提高了水师护商护渔缉盗的能力,发挥了重要作

---

① 宁波市档案馆编:《〈申报〉宁波史料集》第四册,宁波出版社,2013 年,第 1601 页。
② 宁波市档案馆编:《〈申报〉宁波史料集》第四册,第 1631 页。
③ 宁波市档案馆编:《〈申报〉宁波史料集》第四册,第 1758 页。
④ (清)朱寿朋编、张静庐等校点:《光绪朝东华录》,光绪七年十月乙亥,总第 458 页。
⑤ 贾熟村:《太平天国时期的"红单船"》,《广西师范大学(哲学社会科学版)》2005 年第 2 期。
⑥ (清)朱寿朋:《东华续录》光绪 113,《续修四库全书》第 384 册,第 458—459 页。

用,但应对列强入侵的作用有限。同时期的西方造船业发展迅速,已进入了铁甲舰时代,李鸿章曾说:"方今海战以铁甲御铁甲,则炮巨铁厚调度灵捷者胜。"①由于清政府自身无法造出铁甲舰,仅能造出木胁木壳或铁胁木壳兵轮,无法出洋迎战列强的铁甲舰。可以说其剿海盗有余,御外侮则不足。

第三节　"坚台利炮":岸上炮台成为
抗击列强入侵的主要依托

炮台在清前中期海防中未发挥显著的作用,虽然海盗在某些时期很是猖獗,但始终没有像明代那样发生倭寇大规模登岸肆劫的情景,因此对付海盗基本是依靠水师战船的力量。从鸦片战争开始直到清末,因水师战船大多时候不敢出海迎战列强兵舰,炮台遂成为清军进行防卫的主要依托。每次海疆危机往往成为兴建炮台的重要契机,海防很多时候其实变成清军的炮台与敌人兵舰之间的较量。

1874 年发生了日本侵台事件,清廷命沿海整修炮台工事。面对他国坚船利炮的入侵威胁,清廷改变了过去炮台布局星罗棋布的原则,改为重点布防,在敌人战舰容易攻击的处所建设炮台。光绪五年(1879),浙江乍浦、镇海、定海、海门、温州、玉环等海口要隘 25 处,建炮台 31 座。其中乍浦天后宫、保安城、陈山、澉浦、黄道关各海口改建大炮台 4 座,兵房、火药等房 36 间;镇海招宝山小港口、定海莫家山、獭山、五奎山、东港铺沿海一带要口,建大小炮台 6 座,兵房、炮房、药房、营房 98 间,望台 1 座,营门 1 座;海门南北两岸,牛头颈、小和山等处要隘口,建连珠炮台 2 座,营房 12 间,修改炮台 2 座;温州东门外状元桥、茅竹岭、龙湾,及瑞安东山下,并磐石、天后宫海口,建大小炮台 13 座,兵房、官厅等房 35 间;玉环、鹰捕嶴、平阳龙巾尾山、下洋埠、浦口等处,建炮台 4 座,营房 9

---

① (清)朱寿朋编、张静庐等校点:《光绪朝东华录》第二册,光绪十年八月乙酉,总第 1808 页。

间①。中法战争前后，经进一步整修、扩建后，镇海两岸分布炮台 9 座，南岸有拦江、绥远、平远、靖远、镇远和宏远 6 座炮台，北岸有安远、定远和威远 3 座炮台；温州海口，中有三浮岛和三焦头二炮台，西岸有龙湾东西二炮台、茅竹岭下炮台、状元桥炮台和官后炮台，东岸则有磐石老炮台和新炮台；嘉兴平湖乍浦，去城半里有西山嘴、天妃宫、观山、陈山嘴 4 座炮台，临海之西南又有澉浦营、头围口等暗炮台②。不同文献对炮台情况的记载稍有出入，笔者根据光绪后期出版的《浙江沿海图说》对晚清浙江沿海炮台情况进行整理，详见表 4-2：

表 4-2　清后期浙江沿海炮台一览表

府属	地点	炮台位置	名称	修建时间	配备火炮	配备兵勇
嘉兴府	乍浦	南门外天后宫	靖安炮台	道光二十二年（1842）建，同治十三年（1874）改修，光绪十一年（1885）再改修	180 磅弹阿姆斯脱郎前膛炮 1 尊，土炮 4 尊	兵 24 名
		东面	老炮台	系旧设	土炮 3 尊	兵 50 名
		观山麓	保安城炮台	道光二十二年（1842）建，同治十三年（1874）改修	土炮 12 尊	兵 50 名
		陈山嘴（在唐家湾之南正对彩旗门）	炮台	光绪元年（1875）建	土炮 5 尊	兵 50 名
		南湾	炮台	光绪二十一年（1895）建	180 磅弹阿姆斯脱郎后膛炮 1 尊，六生和七生的半克房卜车炮 8 尊	勇 100 名
嘉兴府	澉浦	长墙山南麓	头围口炮台	系旧设	土炮 3 尊	兵 50 名
		长墙山与其北面青山之间	小海塘	光绪十年（1884）建	将海塘增高，上面为雉堞形，空其下若桥，以备设伏，置土炮其上	/

① （清）昆冈等修、刘启端等纂：《钦定大清会典事例》卷 874《工部·营房》，《续修四库全书》第 810 册，第 593 页。

② 王宏斌：《晚清海防：思想与制度研究》，第 435—436 页。

续表

府属	地点	炮台位置	名称	修建时间	配备火炮	配备兵勇
宁波府	镇海	大浃江（甬江）北岸的招宝山	威远炮台	光绪元年(1875)建	21生克房卜后膛炮2尊,40磅弹瓦瓦司后膛炮3尊,80磅弹瓦瓦司前膛炮2尊,英国土炮2尊	勇100名
			定远炮台	光绪九年(1883)建	40磅弹阜物士后膛炮1尊,40磅弹阜物士前膛炮1尊,土炮3尊	勇40名
			安远炮台	光绪十年(1884)建	80磅弹阿姆司脱郎前膛炮3尊,21生克房卜后膛炮1尊	勇80名
		大浃江（甬江）南岸的笠山	宏远炮台	光绪十三年(1887)建	24生克房卜后膛炮2尊,21生克房卜后膛炮1尊,17生克房卜后膛炮1尊	勇100名
		小浃江口	镇远炮台	光绪六年(1880)建	17生克房卜后膛炮1尊,12生克房卜后膛炮2尊,80磅弹瓦瓦司前膛炮1尊,46磅弹瓦瓦司前膛炮2尊,英国土炮2尊	勇80名
		沙湾	靖远炮台	光绪三年(1877)建	80磅弹阿姆司脱郎前膛炮4尊,80磅弹瓦瓦司后膛炮1尊	勇60名
		大金鸡山	平远炮台	光绪十三年(1887)建	21生克房卜后膛炮1尊	勇40名
		小金鸡山	绥远炮台	光绪十三年(1887)建	21生克房卜后膛炮1尊	勇40名

续表

府属	地点	炮台位置	名称	修建时间	配备火炮	配备兵勇
宁波府	舟山	西面竹山	定远炮台	光绪十年(1884)建,光绪二十年(1894)添建	180磅弹阿姆斯脱郎后膛炮1尊,80磅弹瓦瓦司前膛炮1尊,40磅弹阜物士后膛炮2尊,英国土炮4尊	兵76名
		獭山	振武炮台	光绪十年(1884)建	120磅弹阿姆斯脱郎后膛炮1尊,英国土炮3尊	兵38名
			永清炮台	光绪六年(1880)建	80磅弹瓦瓦司前膛炮1尊,英国土炮5尊	兵62名
		东面青垒台	镇定炮台	光绪十年(1884)建	180磅弹瓦瓦司前膛炮1尊,英国土炮4尊	兵54名
		东岳宫和土城一带	旧炮台	系旧设	共安土炮24尊	平时不配兵
	爵溪所	城东南面山麓	石炮台	系旧设	土炮2尊	/
台州府	临海海门	南岸外沙	联珠炮台	同治十三年(1874)建,光绪二十年(1894)重修	20磅弹瓦瓦司前膛炮3尊,土炮2尊	兵35名
		牛头颈	炮台	系旧设	土炮3尊	兵15名
		北岸沙湾	联珠炮台	同治十三年(1874)建	土炮5尊	兵50名
		小圆山麓	炮台	同治十三年(1874)建	土炮3尊	兵15名
温州府	温州府城	东门外	东台	系旧设	土炮6尊	兵50名
			西台	系旧设	土炮11尊	
	瓯江	状元桥	炮台	同治十二年(1873)建	土炮5尊	兵20名
		茅竹岭	炮台	光绪六年(1880)建	英国土炮4尊	兵32名
		龙湾	炮台	光绪十年(1884)建	140磅弹阿姆斯脱郎后膛炮1尊,英国土炮6尊	兵44名

续表

府属	地点	炮台位置	名称	修建时间	配备火炮	配备兵勇
温州府	瓯江	北岸磐石卫	旧炮台	系旧设	土炮 16 尊	兵 50 名
		天妃汛	镇瓯台	光绪七年(1881)建	140 磅弹瓦瓦司前膛炮 1 尊,80 磅弹瓦瓦司前膛炮 1 尊,英国土炮 11 尊	兵 50 名
	飞云江(瑞安河)	北岸	东山埠炮台	系旧设	土炮 7 尊	兵 50 名
		南岸	炮台	光绪二十一年(1895)建	台成而事平,未安炮	/
	玉环	坎门	旧炮台	系旧设	/	/

资料来源:(清)朱正元:《浙江沿海图说》,光绪己亥(1899)上海聚珍版。

通过上表可知,这些炮台大多建于同治后期和光绪年间。主要分布在沿海的险要位置,如大浃江、小浃江、瓯江、飞云江入海口,还有海边重要据点乍浦、澉浦和舟山等岛屿,体现了"重防其入"的指导思想。一些炮台已配备了先进的克虏伯大炮、阿姆斯脱郎大炮等火炮,主要从德国、英国等国购买。如光绪十三年(1887),浙江由洋行订购克虏伯 21 厘米口径 30 倍口径身长新式钢炮 2 门,炮架、配件齐全,炮弹 1540 颗,克虏伯 17 厘米口径钢炮 2 门[①]。其中镇海口炮台群的装备最为先进和集中,且驻有战斗力相对较强的勇营把守。该时期浙江沿海炮台对加强岸防发挥了至关重要的作用,如中法战争镇海之役中,清军火炮击退了法舰的入侵,取得了镇海保卫战的胜利。

此时期炮台的建筑和形制已有较大改进。以前的炮台多以砖石铺面,但被敌人炮弹炸裂后导致乱石飞溅,更容易伤害士兵,现在改为内砌条石、外面使用三合土或润土覆盖,再护以毛竹、草皮或破棉絮,取其"以柔克刚"之效,提高了炮台抗轰炸的承受力。镇海口的威远、靖远等炮台,"举凡铁木材料,购自外洋,制度略仿西法"[②]。建于 1887 年的镇海安

---

① 任燕翔:《晚清武器外购研究(1840—1911)》,北京大学 2014 年博士论文,第 171 页。

② (清)杜冠英等著、朱晓凯、翁飞整理:《杜徵三友朋手札》,第 751 页。

远炮台,炮台呈圆形,直径16.5米,高6米,台壁厚2米,以蒸熟的糯米搅拌黄泥垒砌而成。以前多以露天式明炮台为主,现在改为隐蔽式暗炮台,注意加强对炮台士兵和火炮的保护。各炮台之间还挖有壕沟、隧道,以便往来联络。薛福成在谈到炮台时曾说:"台式究竟明不如暗,高耸不如低平,铁石不如三合土。"[1]晚清炮台建筑的演变即反映了这些特点。

中法战争镇海之役中,清军依托炮台击退了法舰的进犯,炮台的重要性获得当局者的高度认可:"唯筑台购炮最为切实经久,有一分工力,必有一分明效,可以垂诸久远,使后来受无穷之益。"[2]战后薛福成、杜冠英等人进一步总结镇海之战的经验与不足,在此基础上进一步完善沿海的防御工事。薛福成认为镇海目前的炮台体系虽然已是十分周密,但是缺点在于炮的射程较近,主要用于轰击靠近口岸的敌船,而不能攻击10里以外的目标。现存大炮中射程最远的是购自德国的后膛螺丝钢炮,射程为8里。法船为了封锁甬江口,在口外的游山、金塘之间停留近3个月,彼时小港口若有坚实的炮台和能够击穿铁甲的大炮数尊用来轰击,法舰必被驱赶于数十里外,既无地驻泊,其势自难持久。为此,薛福成与钱玉兴、杜冠英等人对招宝山、小金鸡山、安远炮台、小港口、笠山等处进行了实地踏勘。在杜冠英草拟意见的基础上,提出了一个较为详细的筑台购炮方案,按照轻重缓急和将来经费筹措情况分为首要、次要、又次要三项工程。

首要工程是购大炮7尊,安放在笠山、招宝山、小金鸡山、安远炮台。支应局从上海地亚士洋行订购21生的迈当八寸径口13.5吨重的克鹿卜新式后膛钢炮5尊,24生的迈当十寸径口20.75吨重的克鹿卜新式后膛钢炮2尊。

其中2尊大炮安放在小金鸡山和安远炮台。金鸡山前麓海中有石矶一座,名曰小金鸡山,与招宝山下安远炮台旁的石矶相对,江面最狭,也就是战时放置桩船、水雷的地方,决定在二石矶上各安置21生的克鹿

---

① (清)郑观应著、辛俊玲评注:《盛世危言》卷7《兵政·炮台》,华夏出版社,2002年,第466页。
② 中法镇海之役资料选辑编委会编:《中法战争镇海之役史料》,光明日报出版社,1988年,第365页。

卜钢炮 1 尊。其炮洞前后均开炮门,炮床、炮架可以旋转,前后皆可攻击,防止敌船于和战未定之先驶入口内,开战时反从内攻出,我炮外向,不能回击,这是从马江战役惨败汲取的深刻教训。2 尊大炮添置在招宝山威远炮台。此前该台仅有 240 磅子博洪炮 1 尊,其余都是光膛生铁炮,不能击远,决定在其下层靠北的山脚添置 21 生克鹿卜钢炮 2 尊,将下层小炮洞拆去一间,即可放下。上层炮门改小一半,加镶铁板。营房、炮台的三合土相应加高。3 尊大炮安放在笠山炮台。小港口为南岸最易登陆的地方,旧建镇远炮台,由于没有大炮,所以在法舰停泊游山时,距该台不及 4 里,却无法攻击敌舰。该台东北半里的笠山顶,有前明御倭小炮台旧址,拟将山顶凿平、拓宽,构筑一个坚实阔整的大炮台,安置 24 生克鹿卜钢炮 2 尊、21 生克鹿卜钢炮 1 尊。炮台前面挡以二尺厚的铁板和四尺厚的硬木,营房用三合土,如炮台式。首要工程的作用是构筑起三重门户,以笠山大炮台为第一重门户,招宝山为第二重,小金鸡、安远两炮台扼守口门为第三重,辅以桩船,助以水雷。

次要工程是购置一批中炮来辅助大炮。招宝山旧有生铁炮 4 尊,射程仅有 3 里,瓦瓦斯后膛 40 磅炮 2 尊,亦嫌过小,应换成 120 磅克鹿卜钢炮 6 尊。小港口虽建笠山大台,其镇远旧台应加镶木框和八寸厚铁板铁门,并添购 80 磅克鹿卜钢炮 5 尊分置台上。

又次要工程是指笠山大台再添置 30 生克鹿卜大炮 1 尊,以对付八寸厚铁甲舰;元凯、超武二轮购置 200 磅子克鹿卜炮 3 尊,哈乞克司五管格林炮 16 尊。

此外还修建了辅助工程。小港口至金鸡山由于地形散漫,决定在北面滨海一带堆筑一道宽六丈、高三丈的土堤;在南面临河一带,堆筑一道宽三丈、高一丈六尺的土堤,如此则南岸四周巩如磐石,可以防止敌人登岸偷袭,而且土堤可以保护炮台。对于招宝山、金鸡山腾换出来的旧炮则分别移到温州、乍浦使用。

以上经费预算为白银 45 万两①,经浙江巡抚刘秉璋奏请,从浙省加

---

① 中法镇海之役资料选辑编委会编:《中法战争镇海之役史料》,第 366—369 页。

抽洋药厘金项下开支①。光绪十四年（1888）冬，宏远、平远、绥远、安远四炮台次第建成。宏远炮台即笠山炮台，"东御蛟门之口，西扼虎蹲、游山之险，俾敌舰不敢肆泊内洋"。平远炮台位于金鸡山前，原计划安置威远炮台的 2 尊大炮，实际操作中移其中 1 尊至金鸡山。绥远炮台位于金鸡山前石矶（或曰小金鸡山），安远炮台位于招宝山后石矶上②。至此，浙东的炮台防御体系进一步加固。

本章小结

清后期，浙江海防体系已发生较大的嬗变。勇营和练军取代绿营、八旗，成为海防的新主力，部署的原则也由以前的星罗棋布变为重点扼守。传统水师已经没落，轮船开始用于水师巡逻和护商缉盗，有时不得不借助外国舰船镇压海盗和缉私，清朝的海防巡逻和海关管理主权也因此受到损害。炮台在清前中期浙江海防中基本没有发挥作用，在清后期成为抵御列强入侵的主要依托，已装备有先进的火炮，其建筑形态和材料都有较高的改进，由此大致形成"炮台与水师轮船相为表里"的体系，"勇＋兵轮＋炮台"的模式成为该体系的主要形态。然而，晚清浙江的轮船数量毕竟有限，水师往往还得依靠红单船等船型执行任务，且不能出海迎战列强的铁甲舰，仅能依靠炮台进行岸防。因此就海防的重点看，已从清前中期的"防之于水"演变为后期的"防之于陆"。

---

① 《德宗实录》卷 209，光绪十一年六月壬申，《清实录》第 54 册，第 955 页。

② 中法镇海之役资料选辑编委会编：《中法战争镇海之役史料》，第 370—371、425 页。

第五章　清代浙江海防体系的协同问题：
基于海防实践的考察

如前所述,海防作为一个体系,它是由多支以及多地海洋防御力量构成的,只有各支与各地的互相配合,才能有效地表达海防力量。因此,各部分与各地海防力量的协同问题,就应是海防体系研究必需关注的重要问题。而且,危害海洋安全的势力在海上具有快速的流动性,更需要协同防御才有效果。鉴于以往的研究对此关注不足,本书特列专章予以考察,着重探讨浙江海防体系与邻省以及其自身内部的协同配合问题,并揭示居于海疆腰腹的浙江与其他区域的海防联动关系。

第一节　"分定界址"与"无分畛域":浙江与
邻省在剿捕海盗中的协作

清政府在海防事务上以各省为单位划分海域范围进行任务分配,其制度设计的原则是"分定界址,责有攸归"①,也就是明确各省的海防区域和职责,以便于追究责任。这在海疆太平之时自然无事,但遇到流动性大的海盗势力,其活动范围往往遍布数省,飘忽不定,各省以管辖自家洋面为能事,不愿越境追剿,或相互推诿,或捏报情节,遂产生诸多弊端。雍正年间闽浙总督高其倬就说:"本处巡哨之兵,只在本处洋面巡哨,即总巡、分巡之员,亦只福建者巡福建,浙江者巡浙江。如此行走操练,止熟本处,不知他处;止熟本省,不知外省。"②也就是说水师缺乏跨省巡缉的能力。不过,在实际的海防实践中,各海防体系要素的协作以及跨省

---

① 《宣宗实录》卷172,道光十年八月己亥,《清实录》第35册,第674页。
② 中国第一历史档案馆编:《雍正朝汉文朱批奏折汇编》第8册,江苏古籍出版社,1989年,第386页。

协作时有发生，原有的海防制度也因之得到一定程度的微调。

一、浙江海盗的猖獗及其成因

海盗在文献中有时也用海贼、海匪、洋盗、洋匪等称呼。至康熙后期、乾隆后期，浙江的海盗开始猖獗。笔者根据《孙文成奏折》①、《清实录》等文献资料搜集了康熙后期和乾隆后期的海盗案件共 42 起，整理为表 5-1。

表 5-1　康熙后期和乾隆后期浙江海盗案件汇总表

案件编号	案发（或奏报）时间	案发海域	作案者	受害对象	案情简述	资料来源
1	康熙四十七年（1708）闰三月初四、初五日	台州府大陈山	何得胜、蔡元亮等		黄岩总兵韩祖藓在大陈山遭遇贼船，贼船包围总兵乘坐之船。驻守大陈山口二千总领兵两面一起与贼交战，掳获贼船 1 只，拿获何得胜、蔡元亮等贼 75 名。	庄吉发译注：《孙文成奏折》，文史哲出版社，1978 年，第 9 页。
2	康熙四十七年（1708）闰三月初六日	温州府	海贼林子昂等		温州镇总兵崔相国领兵出海，拿获海贼林子昂等 3 名。	庄吉发译注：《孙文成奏折》，第 9 页。
3	康熙四十七年（1708）闰三月十五日	温州府所属大洋		前往东洋的商人陈木盛	陈木盛之船与贼船相遇，所载物品俱被夺取，水手被掳 14 人，余下商人乘坐空船，漂流至温州府所属地方，船上所雇宁波府人张光备由陆路返回家中。	庄吉发译注：《孙文成奏折》，第 9—10 页。
4	康熙四十七年（1708）闰三月十七日	温州所属南麂山		前往福建的商船，内有福建提督蓝理家人田富，黑鬼子 1 人，定海镇总兵官施世骠所属中军官王天贵弟王四及商人、水手，共 80 人	遭遇海贼船 3 只，商船内 73 人被贼掳掠，仅黑鬼子、水手共 7 人乘小舢板逃出。	庄吉发译注：《孙文成奏折》，第 7—8 页。

---

① 孙文成，满洲正黄旗人，康熙四十五年（1706）至雍正六年（1728）担任浙江杭州织造。织造官不仅负责向宫廷供应优质丝绸，而且要探访地方信息，定期向皇帝报告。《孙文成奏折》里即包含许多康熙皇帝所关心的海贼信息。

续表

案件编号	案发（或奏报）时间	案发海域	作案者	受害对象	案情简述	资料来源
5	康熙四十七年（1708）闰三月二十六日	定海镇青门洋	蔡英吉等		定海镇百总陈兴邦、郭应龙领兵出海巡逻，遇贼船1只，随即进攻，掳获贼船，内有蔡英吉等贼4人，百姓13人。	庄吉发译注：《孙文成奏折》，第10页。
6	康熙四十七年（1708）五月初四日			商人苏世观	商人苏世观欲往东洋，自宁波府关出海，航行二日，于初六日遭遇贼船，所载全部物品和人员1名被夺去。	庄吉发译注：《孙文成奏折》，第10页。
7	康熙四十七年（1708）七月十九日	距定海县四百余里外洋海中	多为福建、广东地方之人	宁波府商人鲍则陈等船4只	鲍则陈等商人乘船4只自东洋返回时，遭遇贼船，所装载物品俱被夺去。贼船将抢夺人参、绸缎运至乍浦出售，被驻守乍浦口宁波关官员、守口兵丁查获。	庄吉发译注：《孙文成奏折》，第13—14页。
8	康熙四十八年（1709）三月二十日	宁波府定海关		江南商人3人	3名江南商人坐船欲将所购物品携往宁波府出售，至定海关，有3只渔船紧追，抢去船上所载物品，未杀害人。	庄吉发译注：《孙文成奏折》，第21页。
9	康熙四十八年（1709）四月二十八日	台州府老鼠山		福建商人郑泰等	郑泰等装载白糖，自福建来浙江，行抵台州府所属老鼠山口，有外洋贼船5只追来。内洋巡逻兵丁赶来将贼船包围，贼徒跳水淹死30余名，14名被生擒。	庄吉发译注：《孙文成奏折》，第24页。
10	康熙四十八年（1709）七月初二日	宁波府七姊妹山	9名福建人	袁姓商人等13人、浙海关衙役于雨生、唐国英2人	袁姓商人等13人乘坐宁波府民戴君裘的帆漕船前往江南省购买零星杂货，浙海关衙役于雨生、唐国英2人欲往乍浦口而搭乘同船。行至七姊妹山，被9名福建人抢劫。袁姓商人和二衙役俱受伤，其余商人因惧怕而将本钱银两俱行拿出送贼。	庄吉发译注：《孙文成奏折》，第26页。

案件编号	案发(或奏报)时间	案发海域	作案者	受害对象	案情简述	资料来源
11	康熙五十年(1711)十一月二十五日	台州府松门	萧郁文等人	把总许文韶、杨载文等	黄岩游击郭果率领把总许文韶、杨载文于松门地方看守,有3只贼船自外洋应风而来,看守官兵拉篷迎战。把总许文韶、杨载文各领1船,船上各有兵丁22人,与贼交战时,二船和兵丁俱为贼所获,仅把总杨载文及兵丁20人登上小船逃出。游击郭果之船并未与贼交战,而是向后退却。攻击官兵之贼萧郁文等4人在次年被福建提督中营副将叶国鼎拿获。	庄吉发译注:《孙文成奏折》,第47—48、50—52页。
12	康熙五十年(1711)十二月初四、初五日	温州府		千总1员,把总1员	温州右营游击蓝施领兵与贼交战时,千总1员、把总1员受伤。	庄吉发译注:《孙文成奏折》,第47页。
13	康熙五十一年(1712)五月十八日	温州府		兵丁24人	温州总兵胡泮属下把总万一安领兵巡海时,遇贼船7只前来,即欲退却,被贼船赶上,把总万一安带领兵丁8人登上小舢板子逃出,兵丁24人被杀。其中1船上所有炮、鸟枪、兵械俱为贼所获。	庄吉发译注:《孙文成奏折》,第53页。
14	康熙五十一年(1712)五月二十三日、二十八日	台州府牛头门外岛石洋		游击阎福玉兵丁百余名,把总1员	黄岩总兵李近属下左营游击阎福玉、把总张士正领兵巡海,遇贼船2只,彼此交战,把总张士正带领兵丁13名登上小舢板子逃出,游击阎福玉兵丁百余名皆被贼所杀,兵丁所乘二只船及船上所有炮、鸟枪、兵贼俱为贼所获。黄岩总兵李近亲自领兵前往巡缉海贼,交战时,把总1员被贼所杀。	庄吉发译注:《孙文成奏折》,第53页。

续表

案件编号	案发(或奏报)时间	案发海域	作案者	受害对象	案情简述	资料来源
15	康熙五十一年(1712)	温州府		温州总兵胡泮属下千总、把总及兵丁	温州总兵胡泮属下千总、把总领兵看守海口时，被贼船扮作巡海上司之船前来，兵丁上前迎接时，遭炮攻击，官兵皆登上小舢板逃走，兵丁所乘之船、炮、鸟枪、兵械皆为贼所获。	庄吉发译注：《孙文成奏折》，第53页。
16	康熙五十二年(1713)四月二十六日	浙江省台山海			海贼头目张相凤差贼邓昌时至总督范时崇处呈书称，海贼张相凤等180余贼皆乘赶缯船3只，哨船2只，于浙江省台山海中栖息，请派出官员前往招降。	庄吉发译注：《孙文成奏折》，第55—56页。
17	康熙五十二年(1713)五月十一日	温州府乐清县三盘洋凤凰山			温州府总兵官胡泮之左营千总蔡中有、右营把总黄吉、右营游击萧、中营游击蓝廷珍领兵巡逻时，遇见2只商船求救，称外有贼船4只，恳请护送。兵船在护送出境时，遇上贼船。彼此施炮放枪，兵丁登上贼船，杀贼30余名，生擒贼7名，获船4只，余贼皆乘舢板子败窜。	庄吉发译注：《孙文成奏折》，第58页。
18	康熙五十三年(1714)五月十五日	温州府看门洋			温州镇总兵胡泮领兵巡海，遇贼船5只，彼此施炮放枪攻打，贼数百名跳水淹死。兵丁跃上贼船，杀贼60余名，生擒贼17名，得船1只，其余贼船4只败窜。	庄吉发译注：《孙文成奏折》，第64页。
19	康熙五十三年(1714)五月二十四日	台州府黑水洋			黄岩镇总兵李近领兵巡海时遇贼船4只，彼此施炮放枪交战，得贼船1只，贼百余名跳水淹死，杀贼10余名，生擒贼39名，1只船中炮沉没，其余贼船2只败窜。	庄吉发译注：《孙文成奏折》，第64—65页。

续表

案件编号	案发（或奏报）时间	案发海域	作案者	受害对象	案情简述	资料来源
20	康熙五十六年（1717）四月十六日	台州府石塘山			黄岩镇右营守备李有、千总、把总领兵乘船4只，巡海时获贼船2只，人31名。	庄吉发译注：《孙文成奏折》，第88页。
21	康熙五十六年（1717）四月十七、十八日	温州府北麂外洋			温州镇中营游击蓝廷珍、千总、把总领兵乘船6只，巡海时发现贼船1只，急忙追去。追至福建台山外黑水洋，彼此放炮，兵丁王第、杨知庆持火药罐子跃上贼船，兵丁数名相继登船，贼众大乱，有被火药烧死者，有在水淹死者，亦有为兵丁所杀者。获赶缯船1只，拿获孙森等贼77名。	庄吉发译注：《孙文成奏折》，第88—89页。
22	乾隆四十二年（1777）二月至六月	温州府平阳县、台州府临海县、宁波府定海县		闽省船户张丁星、易奇发，浙省船户汤重庆、萧永祥、沈长寿等	洋面被劫，据称盗犯口音均非本省之人。	《清高宗实录》卷1038，乾隆四十二年八月丁未。
23	乾隆四十四年（1779）六月	台州府一江山洋面	宁波乌艚船	福建船	发生角殴，闽船多人致毙。	
24	乾隆四十四年（1779）六月	台州府临海县	宁波乌艚船	蔡普良，渔民	渔船被宁波船斧劈棍殴，致毙16命。	《清高宗实录》卷1085，乾隆四十四年六月丙子。
25	乾隆四十四年（1779）六月		福建人	把总颜得珑	颜得珑巡查洋面，盘问船只时，被闽民多人殴辱，把总被割发辫，兵丁受伤。	
26	乾隆四十六年（1781）五月			兵丁袁永全	浙江提标右营游击李云彪巡洋时私带钓船2只贩货贸易，兵丁袁永全看护货物，遇盗，被推落入海淹毙。	《清高宗实录》卷1130，乾隆四十六年五月癸未。
27	乾隆五十二年（1787）七月	温州玉环洋面	王马成等盗犯27人	运米到闽搭船回浙官兵，船主系福建人黄昆山，商船	盗匪戳翻3人下水，戳死2人，将搭船的15名兵丁杀伤抛海，劫去鸟枪、腰刀、火药、铅弹、衣物等件。	《清高宗实录》卷1290，乾隆五十二年十月丙午。

续表

案件编号	案发(或奏报)时间	案发海域	作案者	受害对象	案情简述	资料来源
28	乾隆五十二年(1787)十二月	温州一带洋面		江苏运米船只附搭官钱	解闽官钱被劫。	《清高宗实录》卷1301,乾隆五十三年三月庚辰。
29	乾隆五十三年(1788)二月初七日	温州玉环三盘洋面		解往福建的官钱	海盗几十人上船劫去钱2930串,负责押解的委员通判李龙湛、游击童升当即报明玉环营汛和玉环厅。厅同知张心镜有意匿报,表示照数赔补。浙江巡抚琅玕向正在黄岩一带洋面查拿匪犯的都司刘大勋询问,得知地方官讳匿不报,于是参奏揭发。	《高宗实录》卷1301,乾隆五十三年三月庚辰;卷1301,乾隆五十三年三月乙酉。
30	乾隆五十四年(1789)四月初二日	台州府健跳关口海面	福建泉州府晋江县林飞、王五等人	叶加玉等渔船3只	盗船7只围劫,用刀斧器械上船将渔民拒伤,并捆绑掷水,杀毙多命。	《清高宗实录》卷1329,乾隆五十四年五月癸未;卷1334,乾隆五十四年七月戊子。
31	乾隆五十四年(1789)闰五月二十九日	温州大门洋	陈礼礼、柯兴奇、陈四舵、吴进、林明灼、林灼灼、陈三三等人	黄岩镇标游击、署宁海营参将张殿魁	张殿魁追捕盗船6只,每船三四十人、二三十人不等,盗犯拒捕,将张殿魁戳伤,落水身死,弁兵数名被杀受伤。	《清高宗实录》卷1333,乾隆五十四年六月癸酉、戊寅;卷1335,乾隆五十四年七月辛丑、癸卯、丙午;卷1337,乾隆五十四年八月癸未。
32	乾隆五十五年(1790)九月二十日、二十一日	温州府瑞安洋面	陈胜、陈潮、邱阿田、陈阿助、蔡市等,多系福建籍	瑞安营巡船,千总袁凤鸣、郑宁	千总袁凤鸣一船于九月二十日,遇盗劫取军器。二十一日,千总袁凤鸣,复被盗船围住,搬取军器衣物而去。二船并未出洋。	《清高宗实录》卷1365,乾隆五十五年十月丙寅;卷1366,乾隆五十五年十一月庚辰、乙酉;卷1369,乾隆五十五年十二月癸亥;卷1371,乾隆五十六年正月戊戌、己亥。

案件编号	案发（或奏报）时间	案发海域	作案者	受害对象	案情简述	资料来源
33	乾隆五十五年（1790）十月十八日	宁波象山昌石营淡水门洋面		游击钱梦虎	在洋巡缉时遇盗拒敌，官兵受伤，搬去枪炮牌刀。	《清高宗实录》卷1366，乾隆五十五年十一月丁亥。
34	乾隆五十六年（1791）二月	草屿洋	林水、陈胜、吴机、林首、陈赏等	哨船	纠伙40多人，分坐盗船4只，抢劫哨船。	《清高宗实录》卷1372，乾隆五十六年二月乙卯。
35	乾隆五十六年（1791）二月			黄岩镇右营守备叶起发、兵丁方洪选等	守备叶起发带兵在洋缉匪，令兵丁方洪选等回黄岩支领口粮，载米出洋，被盗匪抢去米袋军械。	《清高宗实录》卷1372，乾隆五十六年二月乙卯。
36	乾隆五十六年（1791）十月	台州府太平县沙镬洋面	蔡瑞明、许荣、陈从、洪栽	外委陈学明	陈学明驾巡船1只，被盗拒伤，抢失器械。	《清高宗实录》卷1388，乾隆五十六年十月甲辰；卷1397，乾隆五十七年二月甲子。
37	乾隆五十八年（1793）四月	温州府玉环厅石板殿山岛		岛民	先有匪徒上岛，拉夺幼孩，被居民拾石掷退。次日约有匪徒50余人来岛报复，放火烧毁草房40余间，并将殴毙二尸抢去。	《清高宗实录》卷1426，乾隆五十八年四月甲戌。
38	乾隆五十八年（1793）五月	台州洋面			盗匪登岸肆劫，放火烧毁民寨。	《清高宗实录》卷1429，乾隆五十八年五月己未。
39	乾隆六十年（1795）六月	台州府洋面	闽匪绿头船	兵船	闽匪绿头船27只拒伤兵船。	《清高宗实录》卷1480，乾隆六十年六月辛卯；卷1483，乾隆六十年七月己巳；卷1485，乾隆六十年八月甲辰；卷1486，乾隆六十年九月甲寅。
40	乾隆六十年（1795）六月	调帮一带洋面	福建福鼎等县人林发枝、陈益、陈合等	运闽官米船	匪船20余只拢船行劫，因官米装放舱内，用板钉盖，一时不能搬抢，随劫去银物等件。委员等间有受伤。	

续表

案件编号	案发(或奏报)时间	案发海域	作案者	受害对象	案情简述	资料来源
41	乾隆六十年(1795)六月	宁波石浦地方		运闽米石船	盗船30余只驶来抢夺,经石浦巡检朱麟带同渔船出口迎捕,都司张世熊等赶至协拿,砍死盗匪2名,打伤落水多人,并夺贼船1只,鸟枪、藤牌各1件,腰刀1把,上有闽右十号字样。	《清高宗实录》卷1480,乾隆六十年六月辛卯;卷1483,乾隆六十年七月己巳;卷1485,乾隆六十年八月甲辰;卷1486,乾隆六十年九月甲寅。
42	乾隆六十年(1795)七月	温州洋面	福建人林发枝、蔡大等	琉球国货船	琉球国货船,在浙江温州洋面被劫。	《清高宗实录》卷1483,乾隆六十年七月癸酉。

从上表可以看出,康熙后期和乾隆后期浙江海盗案件已十分猖獗,案发区域多集中在温州、台州洋面(表中明确注明该二府的有29例,占比高达近70%;另,案件34的草屿洋、案件40的调帮洋属于哪里洋面,待考)。为什么盗案多发生在温州、台州洋面?与其地理位置有很大关系。两府岛屿众多,便于海盗休整和藏身。温州南与福建相邻,每年许多福建渔船来到玉环、洞头、南麂山、北麂山等岛聚集,从事捕鱼。由此北上可达的舟山渔场最为有名,"江南、浙江、福建沿海诸省渔船,四五月间,毕集于此,名为渔汛。大小船至数千,人至数十万,停泊晒誊,殆无虚地"①。浙江巡抚吉庆奏称:"每当南风顺利,闽省渔船,多赴浙江采捕。鱼汛旺盛,则获利益。偶然乏食,辄肆抢劫。本地渔船,亦有被诱入伙者,然时聚时散,并无定所。"②浙江本身处于南北贸易航线的中间位置,是中国内地南北洋贸易航线和赴东洋贸易航线的交集区域,无论是北上奉天、山东、江南等地贸易的本省和福建、广东商人,还是南下浙江、福

---

① 中国人民政治协商会议浙江省岱山县委员会文史资料委员会编:《岱山文史资料》第3辑,第61—65页。

② 《高宗实录》卷1445,乾隆五十九年正月是月,《清实录》第27册,第283页。

建、广东等地贸易的北方商人，以及赴日本贸易的商人，他们的去程和归程一般要经过浙东温州、台州、宁波海域，形成了当时最为繁忙的贸易航线，滋生了频发的海盗，乾隆帝也曾指出，"浙江温州一带，盗匪出没洋面，最为商船之害"①。浙东航线又是运米官船常走路线，在浙江、福建发生饥馑灾情或米价昂贵时，清政府会允许暂弛米石出洋之禁，派官船（或租用商船，由官府发放照票）运粮经海道前往受灾地赈济。林爽文起义时及被镇压后，因台湾用兵和善后需要大量粮食、饷钱，闽省开支不敷，清政府令江、浙、两广、四川、湖广、江西各督抚办运米石解闽②，其路线多是东出长江后再沿浙东洋面南下福建，又命浙江、江苏各借钱十余万串解闽③，频繁的海上运输为海盗抢劫提供了许多机会。

从作案者情况来看，康熙后期案件很多未提供信息，从案件 7、10 提供的作案者信息可知，福建、广东二省流窜至浙江作案的甚多。乾隆后期有 12 起案件提供了作案者信息，其中 6 起明确是福建人作案，可推知在浙福建籍海盗最多，这从乾隆帝说的"浙江、粤东洋盗，多系籍隶福建"④可以印证。海盗抢劫的对象中，既有渔船（案件 24、30）、商船（案件 3、4、6、7、8、9、10、27），又有兵船（案件 11、12、13、14、15、25、26、31、32、33、34、35、36、39）、官船（案件 28、29、40、41）、外国商船（案件 42），以兵船和商船最多。盗徒抗拒官兵，抢夺兵器、货物、钱粮，已是非常嚣张。

至乾隆末年，匪徒团伙的船只数量明显增多，由以前的数只船达到几十只船（如案件 39、40、41），乾隆帝惊呼："浙江盗匪，胆敢抢劫官运米船，情殊可恶！""向来洋盗，不过偶遇一二行劫商旅船只，今乃于官运米船，公然抢劫。且盗船前后共有五六十只之多，似此肆行无忌，日聚日多，且恃有岛屿藏身，岂不又至酿成前明倭寇！"⑤到嘉庆年间，已从小打小闹的小股海盗，发展到大规模海盗武装集团，出现了众多的海盗帮派和职业海盗。笔者根据阮元之弟阮亨所著《瀛舟笔谈》对这一时期出没

---

① 《高宗实录》卷 1365，乾隆五十五年十月丙寅，《清实录》第 26 册，第 312 页。
② 《高宗实录》卷 1285，乾隆五十二年七月甲午，《清实录》第 25 册，第 235 页。
③ 《高宗实录》卷 1291，乾隆五十二年十月壬戌，《清实录》第 25 册，第 325—326 页。
④ 《高宗实录》卷 1371，乾隆五十六年正月己亥，《清实录》第 26 册，第 396 页。
⑤ 《高宗实录》卷 1482，乾隆六十年七月庚戌，《清实录》第 27 册，第 799 页。

浙江的海盗情况搜集整理如下表(表5-2):

表5-2　嘉庆年间活动于浙江海域的海盗帮派一览

类别	帮派名称	盗首	船队规模	主要活动区域	结局
浙江土盗	箬黄帮	江文五	船20余艘	浙江	嘉庆五年二月在太平县属之狗洞门被黄岩镇总兵岳玺、副将胡振声剿灭,获盗船12只,擒获盗首江文五等176人。
浙江土盗	凤尾帮	庄有美	船六七十艘	闽浙	嘉庆五年六月在台州松门遭遇飓风,与安南夷盗(艇盗)一同覆灭。
浙江土盗	小猫帮	张阿恺		浙江	嘉庆六年五月,小猫帮土盗张阿恺等90人到玉环、太平、黄岩各厅县投诚,缴出大小船7只,枪炮刀矛400余件。另有徐亚六等24人被生擒。
浙江土盗	补网帮	丁亚杯		浙江	嘉庆六年六月被温州镇胡振声追捕,于东臼外洋擒获盗船3只,丁亚杯等48人被擒。
浙江土盗	卖油帮	杨课		浙江	嘉庆七年八月,杨课带领伙盗115人赴玉环投诚,缴出铁炮62门,枪刀等械160余件。
浙江土盗	小差帮		船十余只	浙江	嘉庆十二年,巡抚阮元至宁波督剿,土盗之势大衰。
浙江土盗	鸟蛋帮		船八九只	浙江	
浙江土盗	窍嘴帮	张阿治	船30余只	浙江	嘉庆十三年十一月,张阿治赴闽投诚,缴出船10只,盗伙476名,炮86门。
浙江土盗	亚卢		船十余只	浙江	嘉庆十四年七月,温州飓风大作,亚卢盗首等船覆海溺毙,伙盗二船漂至平阳,盗徒44名被擒。
安南夷盗		伦贵利等四总兵	安南大艇30余艘,五六千人	闽浙	嘉庆五年六月,在台州松门遭遇飓风,大部分覆溺,登岸者被官兵擒斩。生擒安南伪侯伦贵利。安南夷盗不复来浙。
福建海盗	水澳帮	林亚孙	船六七十艘	闽浙	嘉庆五年九月,被黄岩镇岳玺、温州镇胡振声在北麂洋剿灭,盗首林亚孙淹毙,获盗船2只,生擒盗匪32人。

类别	帮派名称	盗首	船队规模	主要活动区域	结局
福建海盗	侯齐添帮	侯齐添		闽浙	嘉庆六年十月,蔡牵与其妻诱杀侯齐添于台州石塘洋,将余船合为一帮,共60余只。
福建海盗	黄葵帮			闽浙	嘉庆十年三月,盗船10只、盗伙500余人在浙江温州玉环投诚,缴出炮械。
福建海盗	朱渍帮	朱渍		闽浙粤	嘉庆十三年朱渍由浙窜闽,被闽总兵许松年炮毙。
福建海盗	蔡牵帮	蔡牵	船六七十艘	闽浙粤	嘉庆十四年八月,被浙江提督邱良功、福建提督王得禄追击于温州外洋,蔡牵及其妻皆沉入海。

一般称在某省洋面活动的海盗为土盗,活动范围多达数省的为洋盗。浙江本地既有土盗,又有来自福建等地的洋盗。嘉庆初年来自安南的夷盗(又称艇盗)对浙江海盗的大规模泛滥起了推波助澜的作用。魏源《圣武记》有如下记载:

> 及嘉庆初年而有艇盗之扰。艇盗者,始于安南,阮光平父子窃国后,师劳财匮,乃招濒海亡命,资以兵船,诱以官爵,令劫内洋商舶以济兵饷,夏至秋归,踪迹飘忽,大为患粤地。继而内地土盗凤尾帮、水澳帮亦附之,遂深入闽、浙。土盗倚夷艇为声势,而夷艇恃土盗为乡导①。

一时间浙江土盗、福建洋盗、安南夷盗聚在浙省洋面。这确实给清军水师造成了极大麻烦:"我当艇则土盗肆其劫,我当土盗则艇为之援;且夷艇高大多炮,即遇亦未必能胜;土盗狡又有内应,每暂遁而旋聚"②。

造成浙江海盗猖獗的原因是多方面的。大致说来,一是生计所迫,驱民为盗。就海盗出身来看,多系内地出海捕鱼之人。康熙五十年(1711),浙江黄岩镇总兵李近在陛辞时,康熙帝对他说:"海贼俱系内地

---

① (清)魏源:《圣武记》卷8《嘉庆东南靖海记》,岳麓书社,2010年,第350—351页。

② (清)魏源:《圣武记》卷8《嘉庆东南靖海记》,第351页。

之人，须留心严察。"①康熙五十二年(1713)，浙江提督吴郡在陛见时，皇帝对他说："闻浙江海中，渔船甚多。其船进海口时，防汛官兵横索钱财，方令入口。中有不聊生之穷人，不得入海口，遂为海贼。观此，则海贼即内地渔人，乃官兵迫而驱之海中为贼者也。"②孙文成在奏折里说："出海捕鱼之人，因捕鱼毫无所获，不能返回家中，贫民之船四十余只，往来于浙江、福建交界周围普陀山、乍浦、温州府外洋海面妄行抢劫。间或凭恃其力，遇船即抢，不杀人，夺取物品。"③还有一些渔民栖息于无官兵驻守的海岛，如在长沙澳、北麂山、皮山、大陆山等处捕捉黄鱼，自夏至起进入无鱼期，于是至各处行劫④。可见，官兵的勒索、生计的艰难是渔民为盗的重要原因。

浙、闽沿海耕地本就无多，尤其是福建省，据福建总督郝玉麟所称，"闽省环山濒海，田少人多，所产米粮，不敷民食"⑤。受灾年份往往依靠外省赈济，一些贫民因生活所迫，下海为盗。正如福建巡抚汪志伊所言："夫民非生而盗者也，食不继则民流为盗。"⑥1757年广州一口通商体制确立，基本垄断了中国与南洋和欧洲国家的海上贸易，福建的海外航运地位大为削弱，生计无着落导致福建海盗数量的激增⑦。所以，清前中期浙江沿海的海盗多是福建人。

二是水师废弛。地方官遇有商船被劫之事，"每以事涉海洋，畏难不肯访缉，又或因水面所辖，地界毗连，可以互相推诿，彼此捺搁，遂致纵盗养奸，酿成积案"⑧。乾隆四十二年(1777)，据闽浙总督三宝奏报，半年之间洋面盗劫即有5案，呈明显增多趋势，乾隆帝指出"似系近时巡缉海洋之武职各员，不及从前之认真"⑨。甚至有浙江提标右营游击李云彪，在

---

① 《圣祖实录》卷248，康熙五十年十一月丙戌，《清实录》第6册，第459页。
② 《圣祖实录》卷256，康熙五十二年十月丙子，《清实录》第6册，第534页。
③ 庄吉发译注：《孙文成奏折》，第13—14页。
④ 庄吉发译注：《孙文成奏折》，第19页。
⑤ 《高宗实录》卷69，乾隆三年五月壬申，《清实录》第10册，第109页。
⑥ (清)贺长龄、魏源等编：《清经世文编》卷85《兵政十六·海防下》，中华书局，1992年，第2115页。
⑦ Ronald C. Po. *The Blue Frontier: Maritime Vision and Power in the Qing Empire*, Cambridge University Press, 2018, p126-127.
⑧ 《高宗实录》卷752，乾隆三十一年正月戊寅，《清实录》第18册，第276页。
⑨ 《高宗实录》卷1038，乾隆四十二年八月丁未，《清实录》第21册，第915页。

执行巡洋任务时，私带钓船2只贩货贸易，遭遇海盗，兵丁袁永全被推跌落海淹毙。李云彪捏饰情节具报，诬指在山种地之良民为持刀行劫正犯，后闽浙总督陈祖辉委员审讯时发现冤情，于是参奏了李云彪。李云彪因此被革职拿问，从重拟罪，提督刘鉴照溺职例革职①。可见水师怠玩已极，将巡海视为具文。

三是乾隆末年为镇压台湾林爽文起义，从沿海调兵入台，造成浙江海防空虚。据统计，闽省及各省调赴台湾之兵达4万多人②，其中福建调兵近万人，浙、粤两省调赴台湾官兵有1.3万多人③，兵丁的抽调使海盗乘虚而入，"不法奸民等，辄敢乘机在洋面行劫"④。《瀛舟笔谈》记载："初，平阳县海滨老龙头、石上，横亘于海，为烽火门，其东大嵛、小嵛，兵守严密。乾隆五十一年，调征台湾，代者不娴于防，闽贼始识径路而窥浙。"⑤

四是吏治腐败。这一时期浙江、福建的督抚大员几乎都因贪渎腐败被革职拿问，如闽浙总督富勒浑、雅德、陈祖辉、李侍尧、伍拉纳、浙江巡抚王亶望、福崧等⑥，浙江亏空案是这一时期的典型案件。上自督抚大员，下到州县官员，涉案人员众多，贪腐程度惊人，无视民间疾苦。所以乾隆帝认为海盗的猖獗，"皆由沿海各处，民风剽悍，地方官不能留心化导，遂致相习为匪，轻生犯法"，"闽浙等省，盗风如此之炽，总因富勒浑、雅德，从前在督抚任内，姑息养奸，因循贻误所致"⑦。吏治腐败侵蚀了官府对沿海的控制力，成为海疆失序的重要诱因。

二、浙江与邻省协同剿捕海盗

由于此时期海盗具有较大的跨省流动性，以省为单位的海防制度设

① 《高宗实录》卷1132，乾隆四十六年闰五月丙辰，《清实录》第23册，第137—138页。
② 《高宗实录》卷1297，乾隆五十三年正月是月，《清实录》第25册，第440页。
③ 许毓良：《清代台湾的海防》，社会科学文献出版社，2003年，第147—148页；《高宗实录》卷1299，乾隆五十三年二月是月，《清实录》第25册，第473页。
④ 《高宗实录》卷1301，乾隆五十三年三月己卯，《清实录》第25册，第492页。
⑤ （清）阮亨：《瀛舟笔谈》卷1，浙江图书馆藏，清嘉庆二十五年（1820）刻本，第6页。
⑥ 郭成康：《18世纪后期中国贪污问题研究》，《清史研究》1995年第1期。
⑦ 《高宗实录》卷1374，乾隆五十六年三月乙酉，《清实录》第26册，第449页。

计只能应付本省盗情,不能对海盗进行整体上的致命性打击,因此必须加强各省之间的协同才能有效剿灭海盗。从协同内容看,主要体现在水陆协同、跨省域协同和文武协同三个维度上。

(一)水陆协同:"防海之策,惟陆路守御,为最要也","非徒恃水战,所能扑灭也"

洋盗出海作案需要借助季风,其规律是每年春夏乘东南风势来至浙江和江苏、山东、奉天各省,邀劫商船,秋冬则乘西北风势,携带赃物还归本籍。为此,清廷要求水师在外洋搜捕的同时,各沿海管辖大吏和文武各官应于沿海口隘、内地所属稽查访缉,期于"贼在外洋,可以俘获。贼归内地,可尽根株"①。

康熙后期剿捕海盗的策略以陆上搜缉为主,如康熙五十一年(1712),浙江等处海贼沿途劫夺客商船只,杀伤官兵,向北窜至盛京。本年十月正当北风之时,朝廷料海贼多潜回本籍,遂派兵部、刑部满汉司官各一员前往浙江、福建等地会同该省督抚逐户搜查,在当朝者看来,此举虽使民户扰累,如能捕获盗贼实于民大有裨益②。康熙帝认为,海贼出没狡狯,素习海性,"非徒恃水战,所能扑灭也"。沿海地方督抚提镇贵在用心防御,使贼无所掠夺,则不剿自灭,故"防海之道,惟在陆路兵弁守御严紧,乃为扼要……沿海防汛,果能严肃,贼一登陆,便成擒矣。此防海之策,惟陆路守御,为最要也"③。守卫好陆地实际上也就断绝了海盗的补给,"若地方官实心防御,使洋贼不得行劫,则船中无粮,必自饥饿而死矣"④,因此他一再强调地方官要守御好陆地,不给海贼抢劫的机会。

在陆路的严密防御和水师的进剿下,当时的一些著名海盗陆续投诚或被拿获。如洋盗陈尚义,在广东遭到官兵阻击,大败而遁,因"沿海官兵防守甚严"⑤,不能得到有效补给。在山东刘公岛又遭到水师官兵的截击,此后势力穷蹙的陈尚义抵达浙江尽山(今嵊泗列岛的嵊山)洋面,决

① 《圣祖实录》卷251,康熙五十一年九月丙午,《清实录》第6册,第485页。
② 《圣祖实录》卷251,康熙五十一年十月丁巳,《清实录》第6册,第490页。
③ 《圣祖实录》卷253,康熙五十二年正月辛丑,《清实录》第6册,第502—503页。
④ 《圣祖实录》卷243,康熙四十九年九月辛亥,《清实录》第6册,第417页。
⑤ 《圣祖实录》卷254,康熙五十二年三月戊寅,《清实录》第6册,第509页。

定接受黄岩县候选知县阮蔡文等人的招抚①。活跃于福建洋面的浙江宁波籍海盗郑尽心、浙江海盗蔡元良、山东海盗张景龙等也先后被拿获。

乾隆帝亦强调陆路在缉拿海盗中的重要性。他指出，海盗虽在洋面行凶抢劫，"而所窃赃物，不能不向城市变卖。其妻孥家属，亦必于陆地寄居"②。乾隆五十四年(1789)闰五月二十九日，署参将、游击张殿魁在温州大门洋追捕盗船 6 只，有贼匪数十人拒捕，戮伤张殿魁，落水身死，外委兵丁数名被杀伤。此案震惊了乾隆帝，他认为参将大员受伤身死实属不成事体。事发时，游击董步云、千总戴得胜、郑殿魁、把总张献麟、王良贵、赵大勇、外委陈学明、何启高、池以忠、王得龙等人因救援不力，被责令照旧供职，交部严加议处，温州镇总兵陈庄对盗船逃至境内漫无觉察，一并交部严加议处。闽浙总督伍拉纳派参将海亮等驰赴浙江温州一带搜捕，又派水师总兵丁朝雄前赴福宁巡哨堵缉。伍拉纳本人亲赴温州，会同浙江巡抚琅玕、提督陈杰督率两省官弁分头截捕。乾隆帝指示，督抚大员不可冒昧涉险，"无庸轻于洋面赴险查缉，或致稍有疏虞，更不成事体"。鉴于盗犯多来自福建晋江、惠安等县，往往在浙江作案后，携带赃物回内地销赃，再带钱物各回原籍养赡家口，乾隆帝命伍拉纳另派官兵在泉州一带海口以及盗匪的籍贯地秘密探访、跟踪缉捕③。

当年七月，玉环同知拿获盗犯陈三三等 15 名，解交浙江巡抚琅玕审问。福建漳浦县抓获盗犯黄烈等 20 名，解交福建巡抚徐嗣曾审办④。经审讯，陈三三等 7 人系伤官案正犯，被正法枭示。十月，总兵丁朝雄、参将海亮于福建长乐县下目洋将该案首犯陈礼礼擒获。捕获另一名首犯林明灼者应是福建海坛镇革职留用将领李长庚，《清经世文编》载："闽盗林明灼及陈礼礼等阑入浙江，戕参将张殿魁，吏莫能捕。以属公(按，指李长庚)，不三月获之。"⑤龚自珍《龚定盦全集》记载了当时的情形：

---

① 丁晨楠：《18 世纪初朝鲜燕行使对陈尚义海盗集团的情报搜集》，《海洋史研究》第 12 辑，社会科学文献出版社，2018 年，第 272 页。

② 《高宗实录》卷 752，乾隆三十一年正月戊寅，《清实录》第 18 册，第 276 页。

③ 《高宗实录》卷 1334，乾隆五十四年七月戊子，《清实录》第 25 册，第 1069—1070 页。

④ 《高宗实录》卷 1335，乾隆五十四年七月辛丑，《清实录》第 25 册，第 1089 页。

⑤ (清)贺长龄、魏源等编：《清经世文编》卷 85《兵政十六·海防下》，第 2127 页。

林明灼者,海之菌魁也……明灼适以戕参将张殿魁。事闻,高宗纯皇帝震怒,严责总督伍拉纳。伍惧,以责公,公请身任。一日晨出,飓雾四塞。公喜谓诸将曰:今日得报张公矣!遂令众船齐进。果遇明灼于大麦洋。俟其近,力踞上游,纵大炮,连毙贼头目。明灼知不免,跃入海。叶把总钩得之。①

由于陈礼礼与林明灼均是在福建就获,乾隆帝因此认为,此等盗犯虽在洋面抢劫,仍需上岸销赃,遂要求各督抚"嗣后于缉捕盗犯,务须严饬岸上地方官,于各海口及盗犯原籍地方,一体实力躅缉,毋得因匪徒在洋面行劫之案,概诿之水师营伍"②。即要求陆上地方官与水师通力协作缉捕海盗,把捕盗的主要方向放在各海口和陆上籍贯地。

乾隆五十五年(1790)九月,温州镇瑞安营发生水师哨船被劫案件,千总袁凤鸣、郑宁被海盗抢去军器、衣物。后查出实情,哨船并未出洋,署都司李春櫚亦未追捕海盗,且与护副将王愈安商同捏报哨船系巡洋时遭遇海盗。乾隆帝对此极为愤怒,痛陈绿营恶习:"绿营懦怯性成,而水师弁兵尤为尤甚。每遇缉捕贼匪,率多畏葸不前,禀报时又复假捏情节,希图避罪。"将王愈安、李春櫚、袁凤鸣、郑宁等人革职拿问③,袁凤鸣后依临阵脱逃律被立即处斩,其他人依领兵官失误军机之例处以斩监候④。十月,又发生游击钱梦虎在象山昌石营淡水门洋面被抢军器的劫案,官兵枪炮牌刀被抢⑤。清廷命浙江巡抚福崧驰往温州,与提督陈杰督率文武各官缉拿海盗。

福崧、陈杰除派水师出洋外,认为"陆路亦属紧要"⑥,后捕捉到周友卿一犯,审系在沿海地方屡次购买赃布。乾隆帝据此认为:"浙江、粤东洋盗,多系籍隶福建。该犯等劫得货物,审至闽省洋面,势须登岸卖赃。海口地方,亦必有接赃私买之人。现在浙省拿获屡买盗赃之周友卿,可

---

① (清)龚自珍著、王文濡编校:《龚定盦全集》续集卷4,世界书局,1935年,第9页。
② 《高宗实录》卷1340,乾隆五十四年十月辛酉,《清实录》第25册,第1174页。
③ 《高宗实录》卷1366,乾隆五十五年十一月庚辰,《清实录》第26册,第326页。
④ 《高宗实录》卷1371,乾隆五十六年正月戊戌,《清实录》第26册,第392—393页。
⑤ 《高宗实录》卷1366,乾隆五十五年十一月丁亥,《清实录》第26册,第328—329页。
⑥ 《高宗实录》卷1367,乾隆五十五年十一月是月,《清实录》第26册,第345页。

为明证。"①因此他一再要求福建方面在盗犯原籍地和出入必经海口、洋面进行堵拿。后经闽浙总督伍拉纳奏报，前后拿获浙省行劫哨船案犯28名。

　　乾隆六十年(1795)六月，台州洋面有闽匪绿头船27只，拒伤兵船。运闽米石船只经过调帮一带洋面，有匪船20余只围拢行劫。因官米装放舱内用板钉盖，一时不能搬抢，于是将银物劫去，委员等间有受伤。行驶到石浦地方，猝见盗船30余只驶来抢夺，幸有石浦巡检朱麟带同渔船出口迎捕，都司张世熊等赶至协拿，砍死盗匪2名，打伤落水多人，并夺贼船1只、鸟枪、藤牌各1件，腰刀1把，上有"闽右十号"字样，可知系从闽省兵船劫取②。浙江巡抚吉庆命令温州兵船由南向北、定海兵船由北向南进行夹击堵截，在吉祥门洋面追获盗匪12名，定海、太平等洋面获盗40余名。八月，福建方面拿获行劫浙省米船盗犯陈益等46名，均予以正法。乾隆帝指示："此等匪犯在洋行劫，其分赃销售，必须登岸。该督抚提督等，亦不必冒险出洋追捕，但当严饬所属文武，于各海口严密稽查，留心躧缉。如有携带赃物、形迹可疑之人，立即严拿究办，无难讯出首伙，按数缉获。"③依然重申岸上和海口结合起来的捕盗思路。

　　由于海盗有着在浙洋作案、得手后逃回原籍的规律可循，因此陆路协缉一直是清政府的重要策略，这在嘉庆年间也有所体现。如浙洋凤尾帮的两名盗首郭鸟潭、纪江就是在福建原籍地方被拿获。凤尾帮的另一名盗首张阿治后来成为窍嘴帮的盗首，他带领伙众在浙江温台、宁波各洋面往来伺劫长达十年之久，浙省沿海一带商渔船被其扰害。虽经官兵屡次捕获伙盗，但首犯在逃，未能根株净绝。浙江巡抚阮元探闻张阿治系福建惠安县人，原籍尚有母亲和弟弟在家，遂行文福建方面将其母弟拿获监禁。此举诱迫盗首张阿治率部投诚④。可以说，在水师不济的情况下，陆路协拿成为对付海盗的重要补充，这也是以陆制海防御思想的反映。

---

① 《高宗实录》卷1371，乾隆五十六年正月戊戌，《清实录》第26册，第394页。
② 《高宗实录》卷1480，乾隆六十年六月辛卯，《清实录》第27册，第776—777页。
③ 《高宗实录》卷1488，乾隆六十年十月辛巳，《清实录》第27册，第904页。
④ (清)阮亨：《瀛舟笔谈》卷3，第5页。

(二)跨省域协同:"无分畛域","合力兜擒"

从制度设计上看,清朝规定各省负责各自洋面的防务工作。但就浙、闽、粤追剿海盗的情况来看,"三省洋面各数千里,我北则彼南,我南则彼北"①,往往是此拿彼审。各省水师追击海盗时,经常追至洋面分界处,因不是自家疆域,便停止追击,给海盗以脱逃、休整之机。乾隆六十年(1795),抢夺运闽官米的盗匪在浙江水师的追击下审往北洋洋面。浙江巡抚吉庆指出:"向来官兵在洋追捕匪船,多至本省交界洋面而止。匪船审逸邻境,即不复追拿,最为恶习。"要求福建、江苏各省巡船策应堵截,即出本省分界洋面,也要出境穷追②。乾隆帝随即命令江苏、山东、奉天等处留心防范,严加堵缉。但乾隆帝其实主要还是强调各省在盗犯必经的海口进行协拿。嘉庆帝即位后也痛批各省捉拿洋盗往往拘定疆界、彼此推诿的陋习,要求沿海各省"无分畛域,协力缉拿","遇有盗匪,合力兜擒"③。

嘉庆初年安南夷盗的加入改变了海盗与水师的力量对比。艇匪往往过粤、闽而不留,到达浙江则逗留伺劫动辄半年,闽盗、土盗也依附于夷艇,愈聚愈多。嘉庆四年(1799)冬,浙江沿海有安南大艇帮四总兵30余艘,凤尾、水澳、蔡牵三帮各六七十艘,箸横(又作箸黄)小帮浙盗20余艘④,合计200多艘,匪众约万人,规模远远超过了康熙后期和乾隆后期。而浙省水师三镇兵船不过百号,兵丁合计不过三四千人。

面对危急形势,浙江巡抚阮元主张"分而御之,不如合而擒之"⑤,奏请饬调广东、福建水师前来浙江会剿。嘉庆五年(1800)六月二十一日,海盗大军进据台州松门山下,准备次日抢滩登陆,大肆劫掠。六月二十二日夜,一场不曾预料的飓风降临,夷艇及凤尾帮盗船沉没甚多,夷匪实力大为受挫,自此不再为患浙江,凤尾帮头目庄有美此后不久带领残众向官府投诚。闽盗蔡牵帮相机兼并凤尾、水澳余党,逐步崛起为闽浙海

---

① (清)魏源:《圣武记》卷8《嘉庆东南靖海记》,第350—351页。
② 《高宗实录》卷1481,乾隆六十年六月戊申,《清实录》第27册,第789页。
③ 《仁宗实录》卷17,嘉庆二年五月丙辰,《清实录》第28册,第230页。
④ (清)阮亨:《瀛舟笔谈》卷1,第4页。
⑤ (清)阮亨:《瀛舟笔谈》卷2,第5页。

域最大的帮派。《圣武记》载："（蔡牵）既得夷艇夷炮，凡水澳、凤尾余党皆附之，复大猖獗。"①

以往水师存在"出洋巡缉，多系零星分股，自顾汛地，不能得力"②的弊端，阮元为了纠正水师执行任务过于分散这一点，奏请浙江三镇水师由定海镇总兵李长庚统其号令，温州、黄岩两镇听其关会，以便于对大帮盗匪进行会剿，获得皇帝同意③，从而提高了水师兵力集中的优势。又从三镇中挑出大小兵船30只，配足兵丁、炮械、口粮，由李长庚带领。李长庚作战勇敢，南来北往，无分畛域，向北最远追擒海盗苏柳于山东黑水洋，向南追击蔡牵于广东南澳。由于洋面盗匪窜越不定，嘉庆帝指示浙江三镇舟师必须专注于合力会剿，对原来的日常巡洋公事准许委员代巡④。

三镇水师的协同行动给海盗以有效打击。嘉庆六年（1801）五月，小猫帮张阿恺等90人先后投降，余盗徐亚六等24人，被象山乡勇陈元章在玉环冲担屿抓获，小猫帮灭。六月，温州镇兵擒丁亚杯等48人于东臼洋，补网帮灭。嘉庆七年（1802）八月，卖油帮盗首杨课率其党115人赴玉环投降，卖油帮灭。但海洋大盗蔡牵屡次逃脱，多因福建水师协助不力。嘉庆九年（1804）六月，温州镇总兵胡振声到福建护运船料，闽人惧怕蔡牵，留其抵御海盗。胡振声率军果断出击蔡牵船队，但福建水师未能跟进，导致胡振声战死于竿塘洋。嘉庆帝震怒，对救援不及时的海坛镇总兵孙大刚、署副将蔡安国等予以革职，指出蔡牵"罪在不赦，断无招抚之理"⑤。

鉴于福建方面对于浙师配合不力，嘉庆九年（1804）六月经阮元奏请，以浙江提督李长庚总统闽、浙水师，配带浙省兵船20只，浙江温州镇、福建海坛镇为左、右两翼，各配船20只，共船60只，听总统调遣，不分闽浙畛域，专门负责追擒海盗；其他福建金门、福宁、浙江黄岩、定海等

---

① （清）魏源：《圣武记》卷8《嘉庆东南靖海记》，第351页。
② 《高宗实录》卷1375，乾隆五十六年三月是月，《清实录》第26册，第470页。
③ （清）阮亨：《瀛舟笔谈》卷2，第4页；《仁宗实录》卷68，嘉庆五年五月庚戌，《清实录》第28册，第914页。
④ 《仁宗实录》卷79，嘉庆六年二月己巳，《清实录》第29册，第25页。
⑤ 《仁宗实录》卷130，嘉庆九年六月甲申，《清实录》第29册，第768页。

镇兵船仍在本汛巡缉,如遇总统追贼至境,一体策应①。

水师总统的设置赋予李长庚统一指挥水师的权力,整合了浙、闽两省的水师机动力量,有力地打击了海盗势力。嘉庆九年(1804)七月,蔡牵、朱渍90只船分三帮进入浙江黄龙洋面,李总统率海坛镇孙大刚、温州镇李景曾、黄岩镇张成、定海镇罗江泰出普陀东,在定海北洋大破海盗。蔡牵责怪朱渍不用命,朱渍愤而南下,海盗势力因分裂而稍衰。嘉庆十年(1805)三月,黄葵帮(又称新兴帮、再兴帮)率其党500人至玉环投降,缴出炮械。但李长庚在嘉庆十二年(1807)追击蔡牵至黑水洋时功败垂成。当时蔡牵船仅剩3只,穷蹙已甚。李长庚已将蔡牵本船击坏,准备上前擒获,忽暴风陡作,兵船上下颠簸。李长庚奋勇攻捕,被贼船炮子击中咽喉额角,于次日身故②。福建水师提督张见升远见总统船乱,竟不上前协助。蔡牵侥幸逃脱,遁入越南海中。

李长庚战殁后,浙闽水师继续联合追剿蔡牵。嘉庆十四年(1809)八月初四日,浙江提督邱良功、福建提督王得禄、海坛总兵孙大刚、黄岩总兵童镇升探知蔡牵在宁波洋面,各兵船连夜向北追击,蔡牵由衢港窜往外洋。针对蔡牵坐船高大难攻的特点,阮元向邱良功密授机宜:"蔡逆坐船高大,浙师向攻,往往不能得力。然贼船虽大而少,兵船虽小而多。若令某镇隔断贼党,不令救援,以隔断为功,不以攻获为功,别使某镇高大坚好船若干只专伺蔡逆本船,连环施放枪炮,破其蓬胎、柁牙,使彼不能行驶,然后更番攻击,多用火箭、火瓶,贼行与行,贼止与止,久久相持,贼之就擒可必矣。"③十一日,蔡牵由象山潭头外洋向南逃遁,提督邱良功等在北洋搜寻无获。十五日,邱良功由普陀挑带兵船穷追南下。十七日,浙闽水师在台州鱼山外洋追上蔡牵船队,联合展开进攻,毙盗无数,蔡牵见势不支,连夜逃窜。十八日,浙闽水师追至温州外洋将蔡牵包围,先使部分兵船将蔡牵别子小仁和其党矮牛等阻隔在外,邱良功、王得禄自带船只猛攻蔡牵所乘绿头大船:

---

① (清)阮亨:《瀛舟笔谈》卷2,第29页。
② 《仁宗实录》卷191,嘉庆十三年正月戊午,《清实录》第30册,第527页。
③ (清)李桓辑:《国朝耆献类征初编》卷39《宰辅三十九补录·神风荡寇后记》,明文书局,1984年,第14—15页。

邱良功被贼枪戳伤，其时王得禄紧拢盗船奋击。该匪（按，指蔡牵）因不得铅丸接济，用番银作为炮子点放。王得禄身被炮伤，仍喝令千总吴兴邦等连抛火斗火礶，烧坏逆船舵边尾楼。王得禄复用本身坐船，将该逆船后舵冲断，该逆同伊妻并船内伙众，登时落海沉没。[①]

以上可以发现，大海盗蔡牵之所以最终被剿灭，很重要的一点在于浙闽水师联合作战，无分畛域，克服以往各自为战的弊端。在水师指挥体制上，特地设立闽浙水师总统一职，提高了两省水师机动作战和协同作战能力。提督、总兵大员亲自带兵驰骋海上，转战浙、闽、粤等数省，合力会剿，耗时多年，为康熙年间平定台湾以来所仅见。

（三）文武协同："绥靖海疆，惟在文武和衷"

整治海盗是一项系统工程，不仅需要水师、武职参与，还需要文官通力协作。一般来说，水师将士冲锋在海疆第一线，与盗匪短兵相接，而文官提供后勤保障（如造船、造炮等）和负责断绝陆上对海盗的接济。文武之间的协作关系如何直接影响打击海盗的效果。就嘉庆年间来看，浙江巡抚阮元给予李长庚以积极的支持，而闽浙总督玉德、阿林保则对李长庚多有掣肘。李长庚曾说："蔡逆未能擒获者，实缘兵船不能得力、接济未能禁绝所致。"[②]以下即从战船配备和断绝海盗接济两方面来管窥文武官员在海防中的协作关系。

艇盗初到浙江时，其船高炮大，船周边围裹牛皮网纱甚厚，使炮弹不能入，船的体积比兵船大至三四倍，兵船炮弹仅有 1 斤重左右，匪船炮弹重达十三四斤。浙江巡抚阮元与诸官弁及士庶商讨后认为，先前官兵剿贼失利多因水师船炮卑小之故，由此形成共识，应以造巨船、铸巨炮为首务。阮元率官商捐金十余万两，交于定海镇总兵李长庚，派守备黄飞鹏及族人赍银入闽建造艇船。又于杭州、温州设冶局，铸锻大炮 400 余门。至嘉庆六年（1801）四月，30 只艇船造成，名曰"霆船"，"最坚壮，加以大炮，兵威大震"，配给定海、黄岩、温州每镇各 10 只，每艇统兵 80 人。加

---

① 《仁宗实录》卷 218，嘉庆十四年九月己巳，《清实录》第 30 册，第 932 页。
② 《仁宗实录》卷 161，嘉庆十一年五月癸酉，《清实录》第 30 册，第 88 页。

上三镇原有兵船 100 只，大大提高了水师海上作战能力，"是时水澳等贼以次殄灭，海盗畏霆船，势颇戢"①。

然而蔡牵通过贿赂福建商人获得比霆船更大的船，"贼畏霆船甚，厚赂闽商更造大于霆船之船，先后载货出洋，伪报被劫。牵连得大海舶，遂能渡横洋，渡台湾"②。水师霆船相比之下又处于劣势，李长庚与三镇总兵商量，愿自行捐造大船 15 只，海坛、金门二镇亦愿捐造大船 15 只，札会闽浙总督玉德请借养廉银办理。但玉德答以"窒碍难行"：造成 15 船须数月之久，且工价需银四五万两，应配炮位亦需工料银八九千两；捐廉办理，扣足此数有需时日，借动库项必须具奏。非但如此，玉德不咨询李长庚及水师将领意见就自作主张，拟制造米艇用于剿盗，而米艇于福建洋面并不得力③。

闽浙总督玉德不仅在战船配备上不予配合，在断绝接济海盗方面也存在严重失职。虽然嘉庆帝一再强调禁止接济海盗，但海盗所必需的粮食、火药、船械等始终未能有效地禁绝。为了获得补给，海盗会以高价买其所需，如蔡牵等"不惜重价，向内地民人私买米石，是以奸民趋之若鹜"④，"接济之弊，不尽在商船之透漏。窃闻贼船所在，必诱附近村落，负米运水，倍偿其值，愚民趋之若鹜"⑤。沿海有众多接济海盗的据点："南洋泉州府之崇武、篷尾、沙格、五堡、斧头厝与兴化府属之湄洲、赤岐、岐尾，漳州府属之白沙、杜浔，北洋福州属之古镇、水澳、下浒、闾峡、延亭等十余处，或居口岸，或避在穷岛，皆多通盗之人。更有三沙为蔡牵生长之区，几于人人通盗。"⑥嘉庆十一年（1806）台湾一战，蔡牵从鹿耳门逃出时，损失惨重，篷索破烂，火药缺乏，但"一回内地，在水澳、大金装篷燂洗，现在盗船无一非系新篷，火药无不充足"⑦。也就是说蔡牵船队能够

---

① 陈衍辑：《福建通志列传选》卷 4《李长庚》，台湾宗青图书出版有限公司，1995 年，第 233 页。

② （清）魏源：《圣武记》卷 8《嘉庆东南靖海记》，第 352 页。

③ 《仁宗实录》卷 161，嘉庆十一年五月癸酉，《清实录》第 30 册，第 88—89 页。

④ 《仁宗实录》卷 160，嘉庆十一年五月己未，《清实录》第 30 册，第 72 页。

⑤ （清）陈庚焕：《答温抚军延海防事书》，（清）贺长龄、魏源等编：《清经世文编》卷 85《兵政十六·海防下》，第 2114 页。

⑥ 张雅娟：《清代嘉庆年间的海盗与水师》，杨国桢主编：《中国海洋文明专题研究》第 8 卷，人民出版社，2016 年，第 120 页。

⑦ 《仁宗实录》卷 161，嘉庆十一年五月癸酉，《清实录》第 30 册，第 88 页。

很快得到修理和补给，反而是水师官兵的船械修理不能及时跟进，如许松年所带师船"在粤洋日久，兼屡次遭风，篷索桅桁多损坏，一切物料粤省无从购觅"①。蔡牵窜扰台湾时，玉德因局存火药不足，不得不咨照江西协济，而蔡牵"原有帮船八九十只，每船给发火药一二百斤，统计已不下一万数千斤"，"是官贮火药较少，而盗匪转多有积存"②。其中必有内地民众暗中接济，甚至有营汛弁兵牟利营私、暗中售卖。

此外，玉德还乱发命令，贻误军机，如嘉庆八年（1803）二月，蔡牵窜至渔山，浙江提督李长庚、温州镇总兵胡振声以舟师掩至，牵仅以身免。追至福建洋面，海盗粮尽，篷索、战具俱朽坏，贼船不能遁，水师占据上风。蔡牵乃派人向兴泉永道诈降。闽浙总督玉德派道员庆徕赴三沙招抚，蔡牵提出条件，如果准降，勿令浙兵追逼。玉德果信之，以令箭调浙兵收泊福州，蔡牵得空修理船只远遁。鉴于玉德废弛军务，刚愎自用，不能给予李长庚足够的支持，嘉庆帝决定将其革职。玉德去职后，福建巡抚温承惠署理闽浙总督，经与李长庚商议，决定建造大同安梭船60只。并规定此后商船拆造，梁头不得超过一丈八尺，不许制造大船，以防海盗劫取③。又派总兵徐锟驻扎蔡牵老巢三沙，断其接济。

但不久新任闽浙总督阿林保一上任，就参劾李长庚不用心剿贼，"时闽文武吏以不协剿、不断岸奸惧获罪，交潜长庚于新督阿林保，阿林保即三疏密劾之"④。显然阿林保是受到福建地方官员的蛊惑，幸而嘉庆帝没有轻信阿林保的参劾，并从浙抚清安泰、闽抚温承惠那里证明李长庚的清白，因此对阿林保予以严厉训斥：

> 兵船在洋捕盗全在地方官协力帮助，文武和衷，方克有济。今兵船正当剿捕吃紧之际，若阿林保尚不知以国事为重，屏除私见，犹复轻听人言罔恤公论，甚至因此次参奏李长庚不能遂意因而心存嫉忌，遇

---

① 张雅娟：《19世纪初东南海商与海盗、水师的关系》，《中国社会经济史研究》2011年第2期，第36页。

② 《仁宗实录》卷161，嘉庆十一年五月丙寅，《清实录》第30册，第84页。

③ 《仁宗实录》卷161，嘉庆十一年五月庚午，《清实录》第30册，第87页。

④ （清）魏源：《圣武记》卷8《嘉庆东南靖海记》，第353页。

事掣肘使其不能成功，以致蔡逆逋诛，海疆贻误，则阿林保之罪甚大！①

前因李长庚提到兵船较贼船低至五六尺，剿捕不能得力，因此嘉庆帝谕令阿林保、温承惠、清安泰在大同安梭船造成之前，由闽浙分别设法雇募大船用于剿捕。其后浙省无此大船，嘉庆帝即命令阿林保速在福建雇募，并及时给兵船补给口粮、火药等。尽管福建方面在战船配备上做了一定的努力，但水师战船并未取得明显的优势，这从次年两广总督吴熊光的探访可知："蔡逆船只高大坚固，不特粤省米艇势成仰攻，即李长庚师船，亦未能赶拢直上。"②也就是说文官在战船的后勤保障上始终不尽如人意。

类似的文武官员之间的龃龉在广东省亦有发生："近日文武往往互诿卸，未能各尽其责。在文员则以为造有船只，足供缉捕。而舟师出洋，海湾泊港汉，借守候风信为词，实则心存畏避，退缩不前。在武员则以为终朝在洋冲风冒险，而岸上接济不能断绝，以致剿捕难于得手。"嘉庆帝因此指示，"绥靖海疆，惟在文武和衷"，地方文武官员只有同心合力方能奏效③。

因此，在以文统武、以文制武的海防体制下，文官对武官的支持和信任尤为重要。浙江巡抚阮元积极支持李长庚总统浙闽水师，但却受到闽浙总督玉德、阿林保的掣肘，其二人的消极配合态度也为福建水师所效尤，导致数次捉拿蔡牵的绝佳机遇丧失，置浙省水师于孤军奋战的地步，主将临战遭遇不测，胡振声、李长庚二人先后阵亡即是明证。

三、原有海防制度在实践中的微调

乾隆后期海盗的猖獗是对浙江海防体系的一次检验，暴露了原有制度的弊端。原先浙江的海防营汛听命于浙江提督和闽浙总督，浙江巡抚不直接参与海防事务。面对海盗抢劫案件频发的现状，乾隆帝认为浙江各营将弁不能迅速缉拿，"总缘总督驻扎福建，相隔较远，鞭长莫及，而巡

---

① 《仁宗实录》卷 166，嘉庆十一年九月庚戌，《清实录》第 30 册，第 165 页。
② 《仁宗实录》卷 180，嘉庆十二年五月是月，《清实录》第 30 册，第 376 页。
③ 《仁宗实录》卷 174，嘉庆十二年二月己卯，《清实录》第 30 册，第 281 页。

抚又复呼应不灵,以致营员观望因循,日见懈弛"①。因此降旨将浙江营伍事宜交巡抚兼管,以解决闽浙两省海岸线漫长、闽浙总督难以兼顾的问题。实际上,原有体制的另一弊端还在于浙江提督只能指挥营伍,不能指使沿海州县,这样就存在文武各自为政、互不协调的问题。乾隆五十五年(1790),浙江提督陈杰派兵船在洋面追缉盗匪,盗匪有弃船登陆、窜匿岛岙者。彼时乾隆帝即指出:"陈杰系属提督,地方非其所属,恐呼应不灵,缉捕不能得力。"也就是提督对地方州县指挥不灵,因此命令浙江巡抚福崧驰往温州,会同陈杰督率文武各官缉拿海盗②。现在赋予浙江巡抚海防事务领导权,显然有利于协调营伍和地方州县之间的关系,领导地方文武共同应对海防问题。

　　由于乾嘉时期海盗的流窜性往往超越一省范围,因此浙江必须与邻省互相协作才能加以应对。福建洋盗和浙江土盗主要在闽浙洋面活动,加上浙江与福建同属于一个总督管辖,因此其协作也主要是与福建进行。这些协作涵盖了水陆之间、文武之间和跨省域的长途追剿。特别是在两省水师联合作战体制上进行了有益的探索,设立闽浙水师总统,跨越数省追剿海盗,极大地锻炼了跨省域作战能力。

　　然而在平定这一波海盗之后,这种联合作战的体制便被解散,水师跨省巡缉和作战的能力也消失殆尽,并未在制度上留下改变的痕迹。针对这个问题,有人在道光十年(1830)提出隔省巡哨之法,但军机大臣会同兵部认为跨省巡哨,"不惟人地未宜,路径不熟,道途弯远,风波阻隔,必不能约期相会。且恐兵船远出,该统辖大臣等,鞭长莫及,势难遥制。该弁兵在外滋事,无从稽察,倘洋面失事,本汛弁兵,游巡出境,不能责以专汛之疏防。而客汛游兵,亦不能责令缉捕,转恐互相推卸,以滋规避之弊"③,遂否此议。

　　各省自管自家的巡洋制度设计依然延续,只是在原来统巡、总巡、分巡的基础上,增加了协巡和专巡,使水师巡哨网络进一步细化,对巡洋官

---

① 《高宗实录》卷1434,乾隆五十八年八月壬申,《清实录》第27册,第174页。
② 《高宗实录》卷1366,乾隆五十五年十一月丁亥,《清实录》第26册,第328—329页。
③ 《宣宗实录》卷172,道光十年八月己亥,《清实录》第35册,第674—675页。

弁处分规定更加细化，并以章程形式予以颁行：

一、洋面巡弁。以千把为专巡，外委为协巡，都守为分巡，副参游击为总巡，总兵为统巡。遇有失事，初参限满不获，将专巡协巡分巡各官，均降一级留任，贼犯限一年缉拿。二参不获，各降一级调用，贼犯交接巡官照案缉拿。

一、内河内洋附近汛口地方失事，即照陆路例，将专汛兼辖统辖官，分别开参，亦以二参完结。初参不获，专汛官降一级留任。二参不获，降一级调用。兼辖官初参罚俸一年，二参降一级留任。统辖官初参罚俸六个月，二参罚俸一年。如专汛兼辖各官，限内有轮派出洋事故，均照陆路例，扣除公出日期。遇有调台之差，仍准照离任官罚俸一年完结。

一、总巡系周巡一营洋面，统巡系按期分路会哨。情势不同，旧例一律议处，未免无所区别。嗣后初参限满不获，将总巡官罚俸一年，统巡官罚俸六个月，俱限一年缉拿。二参不获，总巡官降一级留任，统巡官罚俸一年。

一、随巡官按各省开报册内，有随统巡者，有随总巡者，有随分巡者。倘遇失事，各按所随之人处分，一律议处。

一、委巡今改为协巡，应将委巡一项名目删除。

一、海洋失事，该督抚查明失事地方界址，据实开参。如有统巡而无总巡，或有分巡而无随巡者，准其疏内声明，以免驳查。①

道光十七年（1837），清廷又规定，倘有洋匪在岸潜藏不能破获，陆路员弁与水师员弁一样承担处分，以改变"向来外洋失事，陆路文武，恃无处分，往往妄分畛域，意存观望"②的局面。这种依靠加强处分来剿捕海盗的作用并不明显。官员对处分视为家常便饭，并不在乎，如降级处分可以用其他考成记录来抵消。就算革职处分，只要不是"永不叙用"，依然可用金钱恢复原职③，显然并未达到足够的惩戒作用。

---

① 《宣宗实录》卷289，道光十六年九月辛丑，《清实录》第37册，第456—457页。
② 《宣宗实录》卷297，道光十七年五月乙酉，《清实录》第37册，第607—608页。
③ 王宏斌：《清代前期海防：思想与制度》，第86页。

综上可知，海防制度只是在原有框架下做了一些微调，实践中卓有成效的方面并未制度化，水师跨省巡缉和长途作战的能力并没有提高。清统治者为了方便对失职将弁追责，不愿变革成法，显然不利于提高水师的远程机动作战能力。这种弊端在后来面临西方列强的侵略时更加暴露无遗。

第二节　清朝对鸦片战争的反思与构建　海防协同体系的尝试

鸦片战争是对清朝海防体系的一次全面检验。这期间沿海水师不敢出海迎战，很多炮台被英舰炮火摧毁，定海、镇海、宁波、余姚、慈溪、奉化、乍浦多地被攻占，清军一直溃退至绍兴曹娥江西岸。可以说，原有的海上（海岛）—海岸—内陆三层海防线完全被攻破，原有体系过于散漫、孤立无援的缺点暴露无遗。

在战争初期清朝上层错误地以为英军只擅长水战、不擅长陆战，因此只守卫陆上海口。到定海第二次陷落后，杭州将军奇明保、浙江巡抚刘韵珂颠覆了这种认识，指出英军"陆路凶悍情形，与在洋面横行无异，向来所谓该逆登陆即无能为者，殊非笃论"①。至英军攻占镇海，刘韵珂对英军一贯使用的军舰正面炮击掩护、陆军侧面迂回包抄的战术才有所醒悟：

> 该逆专以掩袭取胜，其前此由晓峰岭攻陷定海，已有明证。此次该逆先在四面开炮，旋即由金鸡山后夺占山梁，又由招宝山后绕出山前，以致我兵均各溃散，县城亦随而失陷，其诡计奸谋，与定海之事如出一辙……②

1842 年 7 月，在整个战争接近尾声之时，道光皇帝对清军屡战屡败做出深刻反思，他总结道：

> 逆夷犯顺以来，恃其船坚炮利，横行海上，荼毒生灵，总因内地

① 齐思和等整理：《筹办夷务始末（道光朝）》卷 34，第 1250 页。
② 齐思和等整理：《筹办夷务始末（道光朝）》卷 36，第 1367 页。

师船大小悬殊，不能相敌。是以朕屡降谕旨，饬令将军督抚但为陆守之计，勿与海上交锋。两年以来，迄无成效，推其原故，由于无巨舰水师与之接战，其来不可拒，而其去不能追，故一切夹攻埋伏、抄前袭后之法，皆不能用……因思逆夷所恃者，中国战船不能远涉外洋与之交战，是以肆行无忌。若福建、浙江、广东等省各能制造大号战船，多安炮位，度其力量堪与逆船海洋接仗，上之足歼丑类，次亦不失为尾追牵制之计。设有如定海、镇海、厦门之事，我陆军战于前，水师战于后，该逆将无所逃命，沿海州县庶可安堵无虞……①

道光帝把战败的原因归结为清军无巨舰水师作战，只能在陆上被动防御，听凭英国海军肆行无忌却毫无办法；如果清军水师有大号战船，与陆军相互协作，有望收前后夹击之效。应该说道光帝对战败的反思还是到位的，已认识到水师不能在海上作战是清军最大的短板，有一支强大的水师是开展与陆军协同作战的重要条件。这之后江南司郎中汤鹏也提出类似的观点："海洋逆夷必与之战胜于海洋之中，然后能驱逐于海洋之外。"②因此战后"海战"思想一度盛行。基于这些认识，清政府在善后事务中，一是建造大号水师战船，使之能够海上作战，一是构筑有纵深、可相互策应的、以炮台为中心的岸上防御体系，防止敌人直捣内地而无法阻挡。

在打造巨舰水师方面，几经探询，道光帝采纳了广东方面的意见，即靖逆将军奕山、两广总督祁贡等人提出的按照中等规模的英国船来建造：

> 此时如讲求最为得力之船，必须仿照夷船式样作法，庶堪与该夷对敌。惟最大夷船，炮位三层，可安大炮七十余位，船身长十七八丈，亦觉制造维艰，兹拟就其中等兵船式样如法制造。③

随后以行商潘仕成仿照夷船捐造的战船为范本，提供给沿海各省仿造，但后来大多没有采纳。浙江提督李廷钰认为："潘仕成捐造之船，于海防虽堪制胜，似不若闽省之同安梭船，冲风破浪，可以操纵自如。"④在

---

① 中国第一历史档案馆编：《鸦片战争档案史料》第5册，第684页。
② 中国第一历史档案馆编：《鸦片战争档案史料》第6册，第383页。
③ 齐思和等整理：《筹办夷务始末（道光朝）》卷61，第2396页。
④ 齐思和等整理：《筹办夷务始末（道光朝）》卷64，第2522—2523页。

他的主张下，浙江只是恢复了原有的同安梭船等旧时战船。因循守旧、敷衍搪塞似乎成为当时的普遍选择。当然，潘仕成所造夷式战船未必就适合沿海各省，但问题是，在此后的近 20 年里都未再朝着仿造夷船这一路径建造师船。由于指导思想模糊、组织实施力量薄弱、技术瓶颈短期内无法逾越、统治者缺乏长久谋划、军费短绌等原因，战船和相关装备的升级无果而终①。随着时间的推移，"海战"思路完全让步于"陆防"思路，如署漕运总督李湘棻认为，"夷人船坚炮利，人与船习运掉灵敏，内地现在水师固难与之角胜；即赶造大船大炮，尚须督兵演驾，非一二年不能精熟。以我所短，当彼所长，虽有制胜之具，难操必胜之权"，因此得出结论"拒之于水不如拒之于陆"，道光帝为此朱批称"所见甚是"②。杭州将军特依顺认为，"此时惟当以训练兵丁为第一要务，使其技艺日精，胆气日壮，则设遇强寇凭陵，不能胜之于水者，或可胜之于陆"③，其言外之意，是以提高陆战能力来弥补海战能力之不足。然而这些言辞更像是水师无法振作情况下官员们空放的豪言。

在构筑岸上炮台体系方面，道光帝要求改变以前单纯海口防御的布置，使之具备一定的纵深。在具体做法上，加强各海口后路的力量，以便策应前路。1843 年三月，他告诫沿海督抚：

> 惟用兵之法，固宜层层设伏，而后路尤关紧要。倘仅于海口较近地方，安置兵炮，全力抵拒，而后路不能策应，断非制胜之道。三年以来，专顾海口海岸而偾事者，谁不知之！必须相度地势，将兵炮移置要隘处所，以为前路应援，临时更当得力。④

这里道光帝深刻反思鸦片战争中清军专顾海口海岸的做法，被英军一攻即破，而缺乏后路纵深的应援，因此他特别强调善后防务中要加强后路力量的建设。为此，浙江先是修复了镇海招宝、金鸡二山和乍浦等地的炮台。鸦片战争期间，浙江巡抚刘韵珂曾在招宝山、金鸡山下，以及

---

① 鲍海勇、王静然：《鸦片战争后海军装备改进滞后原因新探》，《兰台世界》2021 年第 11 期。
② 中国第一历史档案馆编：《鸦片战争档案史料》第 7 册，第 14—15 页。
③ 中国第一历史档案馆编：《鸦片战争档案史料》第 7 册，第 40 页。
④ 《宣宗实录》卷 390，道光二十三年三月戊辰，《清实录》第 38 册，第 1015 页。

该二山之内的拦江埠两岸添筑炮台、炮墩数座;在乍浦的观山下添筑炮台一座,其天后宫、西行汛一带分别修筑炮墩。战后除了修复这些炮台外,又添建了一些新炮台,主要是为了保护和策应原先的这些炮台,防止敌人从侧后方包抄突入:在金鸡山后的小港添建炮台两座,以控制由定海赴郡城之间道,又可杜绝敌军潜袭金鸡山的背部;在镇海县城北城外海塘上添建炮台一座,三面可以轰击,以防止敌船驶近登岸;在乍浦的军工厂添设炮台一座,唐家湾添设炮台二座,金家湾添设炮台一座,以达到与原建炮台炮墩互相联络之目的[1]。浙江定海原先只在南面隔海相望的五奎山、东头的沈家门、西边的岑港建有炮台三座。1841 年,裕谦在南门外土城内东山上修筑震远炮城一座,东山下建炮一座,小竹山建炮台一座。鸦片战争中,定海两度失陷,均系英军从定海南面发起进攻,因此1846 年定海厅善后防务着重加强对南面水上孔道吉祥门、螺头门的控制,修复了小竹山嘴炮台,又于小竹山相并之莫家山以及迤东之青垒头各添建炮台一座[2],以达到拱卫海上交通孔道之目的。除了恢复、添建炮台,浙江还在沿海构建一系列海防工事。如在海宁、海盐交界的谈仙岭建筑石寨,内修炮台,以加强省城杭州东路的防守。又在沿海除府州县城池以外的紧要村镇如澉浦、穿山、昌国、大嵩等地,择要酌量修复明代为备御倭寇而设的城寨,藏伏兵船,屯贮粮饷军火,"庶或攻其前,或袭其后,或抄其旁,可期制胜"[3]。简言之,就是使原先单薄的岸防线具备一定的防御纵深,各个炮台、据点之间能够连为相互策应和支援的有机体。

以上是鸦片战争后清统治者立足战争反思、为建立彼此协同的海防体系所做的有限尝试。可以说,清廷已认识到水师和陆军之间协同作战、缺一不可的必要性,其间曾计划打造巨舰水师以便于海战,这也体现出朦胧的制海权思想,但无果而终,大多恢复了旧时战船,后来的实践表明其着眼点已从长远之虑的"御侮"降为眼前之忧的"缉盗"。仅有的成

---

[1]　中国第一历史档案馆编:《鸦片战争档案史料》第 7 册,第 313—314 页。

[2]　中国第一历史档案馆编:《鸦片战争档案史料》第 7 册,第 706—707、844 页。

[3]　中国第一历史档案馆编:《鸦片战争档案史料》第 7 册,第 315 页。

果可能是大致构筑了岸上的纵深防御体系[①]，这是对战时单纯海口防御的改进，有其针对性，但其配备的火炮未有大的改进，因此其效果可想而知。

第三节　炮台、陆营、堵口、兵轮的联动：镇海保卫战的个案

镇海保卫战在整个中法战争中的规模算不上大，真正的战斗也只有几天时间，单从战果来看，仅击伤击退法舰，也称不上辉煌，大多数时间是法舰游弋海口与清军相对峙。但如果换一个角度，镇海之役持续 103 天时间，清军拖住法国远东舰队的有限力量，使法军无法全力北上执行封锁长江口阻止漕粮海运和威胁渤海湾的任务，而且缓解了台湾、越南战场上清军的压力，这本身就是一个了不起的胜利。镇海之战的爆发有其偶然性："镇海一口，本非敌所必犯，以追南洋援台兵轮船至此。又因浙防声势弱，有轻我心。"[②]也就是说法舰想消灭躲避在甬江口的南洋三舰，加上轻视浙省海防，幻想再次取得像马江海战般的战绩，从而给清政府带来极大压力以迫其屈服。但结果是法军无论是明攻还是暗袭都没有达到目的，反而消耗、分散了自身的兵力布置，说明清军在镇海的防御体系是成功的，论者称其为晚清仅有的一次港口保卫战的胜利是符合事实的。反观福建马江战役、台湾基隆之战以及越南陆地战场，清军要么惨败，要么有胜有败，而镇海保卫战自始至终未给法军得逞机会，法舰

---

① 按，浙江制定了善后章程 24 条，除了明确上述炮台、城寨之间加强彼此协同外，其他大多与此无关。主要包括改提标左营为外海水师，镇海营改隶提督管辖；移昌石营都司驻石浦，改乍浦营参将为副将；海盐县澉浦添设外海水师，海宁州添设内河水师；通省陆路兵丁选十分之三专习火器；乍浦驻防旗兵专习陆战；水师以巡缉为操练，水师各镇照例出洋统巡，按期会哨；提督每年亲往沿海各营校阅兵技，巡抚每年亲赴乍浦等处校阅兵技；水师额设战船俟同安梭船造成试验后按营分设；钱塘江内添设船只练习水战；水师营招募善于泅水之人教习兵技，酌裁马兵；演习枪炮，添制火药铅丸；添铸炮位，补制器械；修建各工分别动款，并劝谕捐输。这些措施基本是对原有海防体系的修补，没有实质性变革。参见《宣宗实录》卷 397，道光二十三年九月壬申，《清实录》第 38 册，第 1110—1111 页。

② （清）薛福成：《浙东筹防录》序，沈云龙主编《近代中国史料丛刊》第 96 辑，第 6 页。

"欲蹈瑕伺间以图一逞,卒不可得"①,是仅有的一次完全胜利。胜利的原因在于做了精心的战前准备,从1883年起浙江地方就开始布置防务,而从马江战役惨败开始,"即已日夜戒备,数月未敢少懈"②。等到战争打响时,各海防要素诸如炮台、堵口、兵轮、陆军等紧密配合、有效协作,挫败法军的进攻。笔者认为,其在军事史上的意义在于诠释了局部地区协同作战、抗击外敌入侵并取得胜利的可操作性。

镇海之战之所以称得上是一次有效的协同作战,其中宁防营务处发挥了至为重要的作用,成为联结协调各海防要素的枢纽。地方武装设立营务处始于咸同军兴之际,其后随着勇营留防各地得以沿用,成为勇营(亦称防营)制度下的常设军事机关,意在协助统领处理军政事务。中法战争时,浙江设立宁防营务处,驻扎镇海,协助巡抚处理海防事务,由宁绍台道薛福成担任综理,宁波知府宗源瀚、试用同知杜冠英担任佐理。宁防营务处发挥着传达军令、参谋决策、上下协调、后勤保障、外交联络等多方面职能,在指挥系统和后勤保障系统中处于枢纽环节:"两统领之军及炮台、兵轮仍总统于提督,而皆遥受节度于中丞(按,指浙江巡抚)。中丞传宣号令、筹议大计,悉下营务处。凡战守机宜,无巨细,一埤遗之。"③为了便于传达军情,营务处将杭州至宁波的电报线延长至镇海,因此情报自省城至镇海瞬息可达,"虽相距数百里,而号令迅捷,如在一室"④。指挥系统的畅通与各海防要素的联动相辅相成,取得了显著效果。

一、镇海、定海孰为防守重点?

浙江的备防是在"筹饷维艰,招募不易"的背景下展开的,即财政紧张,无力雇募足够的勇营。虽号称财赋之区,"但浙省连年批解南北洋经费总在一二百万之多"⑤,用于协饷,加之"浙省本年蚕丝歉收,风灾伤稼,

---

① (清)薛福成:《浙东筹防录》序,第5页。
② (清)杜冠英等著、朱晓凯、翁飞整理:《杜微三友朋手札》,第109页。
③ (清)薛福成:《浙东筹防录》序,第2页。
④ 中法镇海之役资料选辑编委会编:《中法战争镇海之役史料》,第129页。
⑤ (清)欧阳利见著:《金鸡谈荟》首卷,沈云龙主编:《近代中国史料丛刊》第18辑,文海出版社,1973年,第94—95页。

款项益形支绌"①。浙江巡抚刘秉璋在财力窘迫的情况下，每招募一勇营都要再三掂量。在兵力不敷的情况下，只能选择最要数处厚集兵力设防，但在镇海、定海孰为优先设防这个问题上，开始是有分歧的。浙江提督欧阳利见主张必须先守卫定海："不言防海则已，言防海必先防定；不防宁镇则已，防宁镇亦必先防定。定海不守，宁镇大门已失，岂能安枕？"②但巡抚刘秉璋认为，"军事贵扼其要，若枝枝节节，实有防不胜防之势"，"定海原是牵制之师，自以镇海为最要。今镇海兵力尚单，则定海更难为完全之计。总之库款支绌万状，不敢多募营勇"③。后来传闻法军在其他战场不得志，欲派海军占领东南海岛为质，清廷命沿海省份加强防范，刘秉璋才同意定海多招募营勇。原先舟山仅有署定海镇总兵贝锦泉定标练军 2 营、台州知府成邦干所募贞字楚勇 2 营，后陆续招募增加到 8 个营约 5000 人，并修筑土城炮台，另有惠济小兵轮常驻定海以运输军火粮饷。提督欧阳利见经过实地察看后认为，舟山"非陆路万人、水路兵轮七八号不足以言兵力之厚"④。营务处综理薛福成指出两次鸦片战争中英、法都以舟山为基地或屯兵地，因此定海为必守之地。此时布防，"宜有得力兵轮五六号，多筑新式炮台，辅以水雷，镇以劲旅，广储煤米子药，亦或可以固守"⑤。在营务处建议下，浙江巡抚刘秉璋请求南洋、福建船政各调拨兵轮或蚊子船 4 号前赴定海协守，虽经朝廷允准，但"迄无一船至者"⑥。

在定海防守依然单薄的情况下，早年担任过曾国藩、李鸿章幕僚的薛福成运用其积累的外交才能，尝试利用英国来牵制法国。当年鸦片战争后，英国鉴于舟山的战略地位，在 1846 年退出舟山时曾与清政府签订《英军退还舟山条约》，其中第三、四条规定："英军退还舟山后，大清大皇帝永不以舟山等岛给他国；舟山等岛若受他国侵伐，大英主上应为保护

---

① （清）欧阳利见著：《金鸡谈荟》首卷，第 27 页。
② （清）欧阳利见著：《金鸡谈荟》首卷，第 34 页。
③ （清）欧阳利见著：《金鸡谈荟》首卷，第 38、42 页。
④ （清）欧阳利见著：《金鸡谈荟》首卷，第 77 页。
⑤ （清）薛福成：《浙东筹防录》卷 1 上，第 48—49 页。
⑥ 中法镇海之役资料选辑编委会编：《中法战争镇海之役史料》，第 373 页。

无虞，仍归中国据守；此系两国友睦之谊，无庸中国给与兵费。"①实际上舟山成为近代中国第一块划归外国保护的势力范围。当时办理外交的耆英认为签订此约可以"借英夷以牵制诸夷，俾各有所顾忌而不敢轻动。虽不必实资其力，而以夷驭夷，于中国实未尝无益"②。至中法战争，时间已过去将近 40 年，薛福成依然记得此约，可见他平时留心外交。他援引条约规定，让幕友撰写《英宜遵约保护舟山说》一文，由宁波关税务司葛显礼（又作墨贤理）翻译成洋文，寄往英国伦敦报馆刊印发行。此文陈说了若舟山有失对英国关系重大：

> 盖以舟山当南北洋适中之地，又居上海、香港之间，贴近长江口外，关系通商全局。苟为他国所有，华洋各货就近囤积必成大埠，足以全夺香港之利，而香港将成废地……英如不守保护舟山之约，日后如有他国与中国以利益相让，中国以舟山许之立埠，英必缄口无言矣。坐见商务之日坏，利权之日削，香港之遂成废地，岂不大可惜哉？！……英宜亟加保护，非为中国，实自为也。③

该文一经刊发，在英国朝野引起不小的反响，舆论要求英政府不能坐视舟山沦于法国之手，此后英领事时常前来与薛福成晤谈定海之事。根据薛的推测，英国驻沪总领事必然已与法使巴德诺脱私下里达成一致，即英国不明言保护舟山以妨碍法国的军事行动，法国也不会进攻舟山以损害英国的利益。

1885 年正月，报纸上皆称法国舰队司令孤拔欲前往占领舟山的普陀岛作为屯兵之地。薛福成致电英领事，请其驱逐。英国驻沪总领事回电声称，英国有保护舟山之约，普陀属于舟山，如法舰果真前往占领，英国愿助中国驱逐④。至此，英国已明确公开表达了不会坐视舟山被法人入侵的立场。法军进攻镇海受挫时，退泊金塘山，薛福成照样致电英领事，云金塘亦系舟山属，望英设法驱逐法船⑤。所以在整个战争期间，法国始

---

① 王铁崖编：《中外旧约章汇编》第 1 册，第 70—71 页。
② 齐思和等整理：《筹办夷务始末（道光朝）》卷 75，第 2977 页。
③ 中法镇海之役资料选辑编委会编：《中法战争镇海之役史料》，第 184—186 页。
④ 中法镇海之役资料选辑编委会编：《中法战争镇海之役史料》，第 186—187 页。
⑤ 中法镇海之役资料选辑编委会编：《中法战争镇海之役史料》，第 188—189 页。

终没有进犯舟山本岛及附属岛屿，只是在补给缺乏时登陆过金塘岛抢掠牛羊，不敢有大的造次。事后薛福成总结道："盖浙省筹防之全力，什八在镇海，而什二在定海，两处相较，则镇海坚而定海瑕。当时孤拔若以全军直趋定海，则定海事未可知。定海稍有疏虞，镇防将士亦为夺气，实以一隅而关全局。乃法舰泊镇海口外数月，与定海相距咫尺，绝无睥睨之意。其往来兵船经过定海口门者，日夜有之，定防将士遥与相望，而绝不来相犯。"①凭借娴熟的外交手段达到了"意在激英而疑法"的目的，有效地利用英法矛盾和条约对法国进行了牵制，既保住了定海，又能够集中兵力和物力保卫镇海。

二、炮台、陆营、堵口、兵轮的联动

镇海防务的主要措施围绕着炮台建设、陆营布置、堵塞江口三个方面，诚如宁绍台道、综理海防营务处薛福成所言：

> 大抵中国既无得力水师，则防务唯以炮台与堵口及陆营三者相辅并行。堵口如沉船、沉石、钉桩等事，非谓竟能堵住，不过敌船遇有拦阻，则炮台可开炮尽击。然彼若以铁舰大炮轮击炮台，则船活台呆，往往毁坏。彼既毁台，然后驶近口门，拔桩去船登岸，则唯陆营力战足以御之。窃谓战守之把握，陆营当得四成，炮台当得四成，堵口当得二成，此防务之大略也。②

首先来看炮台工事建设情况。在宁镇海防营务处杜冠英、浙江提督欧阳利见的主持下，陆续建造了威远、靖远、镇远、定远、安远、自然、天然、乌龙冈等十余处炮台。其中北岸招宝山建有威远、定远、安远 3 座。威远炮台位于招宝山北麓，建于光绪二年（1876），置炮 8 座，营房 5 座，官厅 1 座；定远炮台位于招宝山南面山腰石厂，建于光绪十年（1884），置炮 5 座；安远炮台位于招宝山南麓，建于光绪十年（1884）。

镇远炮台位于小浃江口（亦称小港口），建于光绪六年（1880），置炮 5

---

① （清）薛福成：《浙东筹防录》卷 1 上，第 65—66 页。
② 中法镇海之役资料选辑编委会编：《中法战争镇海之役史料》，第 75 页。

座,营房 11 间;靖远炮台位于金鸡山东麓沙湾头,建于光绪六年(1880),置炮 5 座,营房 5 间。北岸威远、南岸镇远、靖远三炮台由守备吴杰专管。

天然炮台位于金鸡山东北岸,建于光绪九年(1883),置炮 3 座;自然炮台位于金鸡山西北岸,建于光绪九年(1883),置炮 4 座。该两炮台系浙江提督欧阳利见修建,为暗炮台,"凿山以为基,砌石以为台,架木以为梁,上覆以土,台之外亦以土壅之,台之后凿山以为间道。两台一高一下,守台之兵可以往来策应,其大致规模皆意取藏而不露"①。这也是汲取基隆之战、闽江之战我军石炮台由于太显眼俱被法舰开花弹击为齑粉的教训。故镇海一带的炮台或通过覆盖湿毛竹、棕荐、土袋、棉絮、土草皮等加以伪装保护,或建为暗炮台,提高了隐蔽性和抗轰击耐受力,较之以往炮台暴露在外、孤立无援、互不联络的设计大有改观,且注意对士兵的保护和炮台间的相互策应。

欧阳利见又在乌龙冈建暗炮台数座,该冈横亘海边,离港口二三里之遥,东连梯子、青峙两岭,西接金鸡山、沙湾等处,与达字后、右两营,练副中营连为一气。

旧有的南拦江炮台,在泥湾道头,建于道光二十年(1840),光绪七年(1881)增建营房 2 重,各 13 间,安炮 6 座;北拦江炮台,在税关东首,建于道光二十年(1840),由于深藏内地,已废弃。在镇海县城的东北、西北两隅有旧炮台各一,其西北一台,可扼蟹浦一路的敌人。

所有炮台中的洋、土炮总数达 70 余尊,形成了多层次的火力交叉射击体系。其中最大的一尊是购自德国博洪厂的后膛螺丝钢炮,弹重 240 磅,射程 8 里,可以洞穿铁甲;其次是购自英国的瓦瓦斯前膛钢炮,弹重 80 磅。②

镇海海口散漫,南岸育王岭、布阵岭、孔墅岭、青峙岭、沙蟹岭,北岸蟹浦、湾塘、沙头堰等处,均系登岸要区。招宝山至梅墟,关系尤重。欧阳利见、记名提督杨岐珍、记名总兵钱玉兴各率所部修筑堤卡,绵亘四五

---

① (清)欧阳利见著:《金鸡谈荟》首卷,第 26 页。
② 中法镇海之役资料选辑编委会编:《中法战争镇海之役史料》,第 77—87、364—365 页。

十里，声势连接，脉络贯通。在小港口滨海最要之处埋设地雷 60 枚，在布阵岭、孔墅岭、青峙岭、沙蟹岭、蚌于岭等处长墙卡门之外，各埋地雷三四十枚①。为了保证军械弹药充足，除自制部分外，巡抚命防军支应局委员赴上海购办。

其次，做了比较周密的陆营部署。刘秉璋本来向朝廷请求派广东水师提督吴长庆率淮军 4 营来镇海驻防，让提督欧阳利见率楚军达字 4 营驻守定海，但吴长庆部被派往朝鲜平乱，只得另募防勇。刘秉璋决定让记名提督杨岐珍率淮军 6 营 2500 余人扼守甬江北岸，主要兵力在招宝山构成环形防御体系，少数兵力部署在塘湾、蟹浦，杨岐珍坐镇山上威远城调度指挥。提督欧阳利见率楚军 8 营 3500 人驻扎在甬江南岸，以金鸡山为中心，布置了三道防线。第一道为馒头山、笠山、港口、钳口门一线沿岸，以部分兵力扼守，主要任务是监视敌人和阻敌登陆；第二道为金鸡山、青峙岭、孔墅岭一线，以主要兵力扼守，主要任务是歼灭登陆之敌，欧阳利见本人坐镇金鸡山指挥调度；第三道为衙前岭、布阵岭一线，留有部分兵力，主要任务是阻止敌人向后方发展。记名总兵钱玉兴率衢、处练军和淮勇 8 营 3500 人主要屯于甬江上游之梅墟，作为总预备队，将根据南北岸敌人登陆情况进行策应②。相较于鸦片战争，这次部署已注意后路、间道的策应和补防，但起初只有钱玉兴所率领的两个营驻宁波郡城作为后备力量，提督欧阳利见认为郡城为粮饷子药根本重地，又是五方杂处之地，江北岸为洋商聚集地，加之台州与宁地接壤，若台匪乘机蠢动，仅有的两营只能"策应于前，必不能兼顾于后"，因此他提请由处州、衢州二镇各抽选练兵 1 营添补③，后又陆续募勇，凑足 8 营兵力，作为预备队。欧阳利见仍觉勇不敷用，选择地势高的地方筑就假垒十余座，日插旌旗，虚张声势，以为疑兵④。营务处杜冠英经常奔波于南北两岸，与诸将查看地形，讲求战法，"以求上下血脉一气贯通，南北各营互相联络。

---

① 中法镇海之役资料选辑编委会编：《中法战争镇海之役史料》，第 4—5 页。
② 镇海口海防历史遗迹领导小组编：《中法战争镇海之役 110 周年学术研讨会论文集》，人民出版社，1996 年，第 6—7 页。
③ 中法镇海之役资料选辑编委会编：《中法战争镇海之役史料》，第 90—91 页。
④ 中法镇海之役资料选辑编委会编：《中法战争镇海之役史料》，第 94—95 页。

设有缓急,庶几可恃"①。

第三,堵塞江口。由薛福成督同杜冠英和宗源瀚购买桩木 3000 余支,或七、八、十支,或四五支,或二三支为一丛,上用铁链箍扎,自招宝山石厂台脚起,至对面小金鸡山,用机器排钉水中。自南至北,横列 22 丛,自内至外,直列 10 丛。购大船 36 艘,装满石块排沉桩缝之内。派红单师船两只靠桩抛碇,中留船路,以便中外商船往来。另备大船 5 艘,并向宁波绅商借来宝顺轮,预行载石,敌至就凿沉,用于阻截口门。如此虽然大战来临,"商旅仍通,饷源不匮,而宁镇居民,安堵如常,盖恃桩船之力也"。此后 5 船沉底,宝顺轮得以保留下来。

刘秉璋从北洋调来水雷匠目 4 名,并购置水旱电线,到杭州设局制造水雷。欧阳利见、杨岐珍选择兵勇练习沉埋演放之法。杜冠英督同守备吴杰于海口沉船排桩之处,沉放水雷 6 排,每排 8 雷,纵横相距 10 丈,共沉 48 雷②。

第四,兵轮泊于甬江口门内,与炮台协同作战。法国舰队封锁台湾海峡,使台湾守军的补给成了大问题,在清政府命令下,南洋开济、南瑞、南琛、澄庆、驭远 5 舰在吴安康统领下南下援台。结果在浙江海域遭遇法国军舰,澄庆、驭远 2 舰遁入石浦港躲避,后畏战放水自沉③,开济、南瑞、南琛 3 舰则躲入镇海口。浙江本地对 3 舰的到来并无好感,深恐其招致法舰前来。如薛福成认为,三船滞留在此,一旦诱使法舰前来,战事爆发,将影响宁波的商业和军队的饷源,且战舰在外,导致长江空虚,于江省防务也不利④。上自南洋大臣、浙江巡抚、下至道府、税务司都劝 3舰趁法船南下之际速回长江,但 3 舰胆破如鼠,不敢驶出甬江。无奈之下,只好令其同心御敌。在薛福成建议下,浙江巡抚电饬三管驾严守口门,不许后退,否则就地正法,统领吴安康表示:"吾三轮誓与此口为存亡,决不内移一步。"⑤自始至终南洋 3 舰与浙省元凯、超武两轮泊于桩

① (清)欧阳利见著:《金鸡谈荟》首卷,第 96 页。
② 中法镇海之役资料选辑编委会编:《中法战争镇海之役史料》,第 5 页。
③ (清)杜冠英等著、朱晓凯、翁飞整理:《杜微三友朋手札》,第 131 页。
④ 中法镇海之役资料选辑编委会编:《中法战争镇海之役史料》,第 233—234 页。
⑤ 中法镇海之役资料选辑编委会编:《中法战争镇海之役史料》,第 254—255 页。

内,炮击法舰,有力配合了炮台。

为了使各部分能有效应对敌情,及时做出反应,提督欧阳利见制定了传递军情的旗号、灯号,对发现的敌船数量、停泊位置、敌人登岸地方和进攻方向该如何使用旗号、灯号做了详细规定①。薛福成为防止法船混入口内,制定了相应的指示信号,规定白天如发现法船,用绿地黄斜十字旗表示,夜间遇有法船用绿色灯表示,便于及时让招宝山、金鸡山的炮台做好炮击准备②。

此外,营务处在外交方面还做了大量辅助性工作来配合军事行动。为防止内应,薛福成把宁波城里的法国传教士迁移到江北岸,拨兵代守教堂,"亦隐以稽察奸宄";派卫安勇 50 人驻江北岸,"名为保护教士,实拘守之"。规定凡法国商民、教士,但准出口,不准进口,以清间谍。设法暗阻法舰雇觅引水员,将在镇海口受雇领港的两位洋人引水员必得生、师密士给以厚费收为己用,不为法船引水。薛福成侦知孤拔在上海以重资雇英人赫尔、德人贝伦为入浙向导,他亟电南洋大臣饬江海关道邵友濂派员禁阻,并函告各国领事禁约洋人受雇法方。薛福成还函会税务司葛显礼,派洋人随同杜冠英拆去新关设在七里屿、虎蹲山等地的塔灯、标杆、浮筒,以迷敌轮之路③。战前的这些精心准备为赢得战争打下了坚实的基础。

1885 年 3 月 1 日,镇海之战打响。这天早晨 7 时半,4 艘法国军舰从前一天晚上到达时的停泊地移向镇海航道附近,以便观察港口内的防御工事和水中障碍。法军从舰上看到几艘军舰正停泊在障碍物后面,孤拔决定亲自率"尼埃利"号前往侦察。中午时分,法军对一艘悬挂英国国旗的过往船只进行了检查。孤拔乘坐"尼埃利"号在离镇海港约 1.5 海里的小岛处,清楚地看到了甬江里的障碍坝和坝后的 5 艘军舰(南洋 3 舰,另有浙省元凯、超武 2 舰)。下午 2 时 15 分,守备吴杰在招宝山威远炮台指挥向"尼埃利"号发起炮击,炮弹落在距"尼埃利"号 40 米处,弹片打断

---

① 中法镇海之役资料选辑编委会编:《中法战争镇海之役史料》,第 117 页。
② (清)薛福成:《浙东筹防录》卷 1 上,第 77—78 页。
③ 中法镇海之役资料选辑编委会编:《中法战争镇海之役史料》,第 6 页。

了舰上的一根后支索和左舷大桅杆的最后一根支索。"尼埃利"号在距炮台 2400—2700 米处还击。清军炮台上的大炮和停泊在江中的战舰同时向法舰开火，"尼埃利"号集中射击威远炮台，清军发射的炮弹落在了"尼埃利"号附近。待侦察结束后，"尼埃利"号返回停泊地。此役法舰"尼埃利"号受创，无人伤亡，清军招宝山炮台中弹数十枚，炮目周茂训右胫受伤，山后明炮台被弹击中，毙炮兵 2 名、勇丁 1 名。

孤拔本来很想像石浦之战那样将躲避在甬江的中国军舰一举击毁，但经过侦察后发现这一任务无法完成。因为清军布置的大炮防守严密，而且夜里有电灯照明，极难逾越障碍物。加上镇海口水流湍急，法军的鱼雷小艇无法安全通过，法军本应于战前调来甬江的鱼雷艇因恶劣的天气被它的牵引船"雷诺堡"号撞沉入海了。因此，孤拔决定由法舰监视和封锁甬江里的中国军舰，以保证法国驶往东京湾的运输舰的安全和封锁台湾海峡①。

3 月 2 日，法军发射自行推进的鱼雷，进入镇海港内撞上礁石爆炸，未致任何损害。清军每晚派出武装小船巡逻，炮台和军舰也时不时炮击敌舰。口岸已对外国航运封闭，栅栏留有的窄口仍准民船和帆船通行。法国人并不干预贸易船只，两艘或三五艘法舰留守在甬江口外，双方时有开炮互轰，但俱无大损②。根据战后欧阳利见《金鸡谈荟》、薛福成《浙东筹防录》的记载，清军击退了数次法军小艇的偷袭。清军不仅仅是固守阵地，而且不失时机地主动袭击。3 月 20 日夜，由总兵钱玉兴率领敢死队员，潜运后膛车轮炮 8 尊，前往南岸青崎岭下，四更后炮击了泊于游山洋面的法舰，击中 5 炮，伤人颇多。法船开炮回击，炮弹落于水田，清军旋即收队③。3 月下旬以后双方再无战事，法舰只是封锁了甬江口，防止中国军舰外出，这种状态一直持续到 6 月 28 日最后一艘法舰离开为止。

总体来看，镇海之战是一场港口保卫战。尽管清军没有给敌人以有

---

① 黄振南：《中法战争诸役考》，广西师范大学出版社，1998 年，第 250—261 页。
② 中华人民共和国杭州海关译编：《近代浙江通商口岸经济社会概况——浙海关、瓯海关、杭州关贸易报告集成》，第 5 页。
③ 中法镇海之役资料选辑编委会编：《中法战争镇海之役史料》，第 300 页。

效杀伤，但他们顶住了法舰进攻的压力，挫败了法舰消灭中国军舰的企图，力保港口不失，而且牵制了法军有限的兵力，使其不能尽全力封锁长江的漕粮运输和台湾海峡，有力配合了其他地方的反法斗争，因此，镇海之战是浙江海防取得的一次重大胜利，是中国近代史上少有的保卫港口、反击入侵取胜的成功范例。薛福成对此役有一客观的评价：

> 窃思中法开衅以来，马江一战受害最巨，其余若台、若粤，互有胜负，惟浙省经钧座督饬文武，斟酌机宜，循序布置，将吏隐情无不上达，上下远迩联为一家，正不必如他省之星使联翩，会办络绎，而防守完固，毫无损伤，实数十年洋人入华以来所仅见。①

已道出镇海之战是中法战争中仅有的一次完胜，而且是浙省独立自主筹办防务所取得的。"将吏隐情无不上达，上下远迩联为一家"或许揭示了取胜的秘钥所在，即海防的各个要素——炮台、堵口、陆营、兵轮有效地衔接为一体，各司其职，同心抗敌。这期间将领之间也发生过龃龉，如参将郑鸿章和守备吴杰之间，"平时积不相能"，"几欲列队开枪决斗"②，幸有薛福成、宗源瀚、杜冠英多方规劝，最终都能够顾全大局、一致对外。湘系出身的欧阳利见对以淮系将领刘秉璋主导下的海防布置虽有微词，但也能顾全大局，薛福成称赞他"有雅量"，刘秉璋也说："淮楚两军，幸能联络一气，皆由麾下朴诚和易，感动将士，故能畛域不分，同心敌忾。"③另外，外交手段的运用很好地配合了军事行动，在宁波开埠后外国力量五方杂处的环境下，薛福成巧妙地处理了各种复杂的关系，尽力维护本国和他国的商业利益，最大程度上牵制和孤立了法军，为战争取胜贡献了重要力量。他的这些积极作为也赢得了宁波全体洋人社团的承认，于当年8月全体联名向他致谢④。他对营务处的角色有一恰当的定位："窃尝自念所居之地，尤以联上下、化异同为职。"⑤正是他们的居中协

---

① 中法镇海之役资料选辑编委会编：《中法战争镇海之役史料》，第362页。
② 中法镇海之役资料选辑编委会编：《中法战争镇海之役史料》，第306页。
③ 中法镇海之役资料选辑编委会编：《中法战争镇海之役史料》，第118页。
④ 中华人民共和国杭州海关译编：《近代浙江通商口岸经济社会概况——浙海关、瓯海关、杭州关贸易报告集成》，第6页。
⑤ （清）薛福成：《浙东筹防录》序，第3页。

调和沟通的努力,才使各海防主体最大化地发挥了联动效应。

本章小结

清政府在海防制度上实行"分定界址"的原则,以便于属地管理和追究涉事海域官员的责任,其弊端是画地为牢、各管各地,而且相邻两地之间经常推诿,致使海盗逃逸,因此在实践中往往要求各省"不分畛域"联合缉捕海盗,加强水陆之间、邻省之间、文武官员之间的协作,这在康熙后期和乾嘉年间缉捕海盗的实践中表现尤为突出。浙江由于地处海疆中段的位置,更便于与邻省展开合作,著名海盗陈尚义、蔡牵都是在浙洋投诚或被剿灭,一定程度上说明浙江众多的岛屿为水师居中拦截、策应南北提供了地理便利。浙江与福建属于同一总督管辖,它们之间的合作更为密切,设立闽浙水师总统提高了联合水师的跨省长途机动作战能力,对剿灭海盗发挥了决定性作用,然而这些在跨省协同体制中的有益探索并未在随后及时加以总结并制度化,只是在原有各省分防的框架下做了些修补,导致水师的远途机动作战能力长期不足。

鸦片战争基本摧毁了浙江的海防体系,统治者对单纯海口陆地堵防的方针进行了深刻反思,认识到水陆配合作战的重要性,但由于无法建造巨舰水师,也就无法实现"陆军战于前,水师战于后"的设想,只好寄希望于提高陆战能力,加强陆地上的协同,如增加各炮台间的联络和后路策应、防止敌人侧后方包抄等。

中法战争镇海保卫战是晚清浙江自主办防,以陆地协同作战击退法舰海上进攻的典型案例,将士上下同心,克服派系矛盾,使炮台、陆营、堵口、兵轮诸要素发挥了最大化的联动效应,诠释了晚清在水师不能掌握制海权的条件下,以各省办防局部陆地协同作战取胜的可能性。

第六章　围绕浙江海防的比较研究

学术界目前对明代浙江海防的研究著述丰富,对清代浙江海防的研究也有一些成果,但对明清两代浙江海防的比较研究尚无专门论述。由于明与清同属于中国封建社会晚期,清对明在政治制度、行政区划等方面有诸多继承,那么在海防领域有何异同? 从地域上看浙江与其他沿海省份的海防地位有何区别? 如果再从广阔的东亚视阈看,中外海防体系又有何异同? 本章试图对这些问题从比较的角度做出解答。

第一节　收缩与拓展:明清两代 浙江海防体系的比较

本节从明清两代浙江的宏观海洋政策环境、王朝前期浙江海防体系构成、王朝中后期的海防变革等三个方面对二者进行比较。

一、宏观海洋政策环境的比较

一般而言,一个国家的海防服务于它的海洋政策,所以有必要比较一下明清两代浙江的海洋政策环境。明代一反宋元时期鼓励中国商人出海贸易的政策,于立国之初的洪武四年(1371)颁布诏令:“禁濒海民不得私出海”①。同时只允许外国官商来华贸易,外国官方的船舶进入中国,须持有明王朝颁发的“勘合”和本国的“表文”,因此又被称为勘合贸易或贡舶贸易。其特点是将外国来华贸易与朝贡挂钩,即外国贸易须遵循明政府对其贡期、贡道、朝贡人数的规定,由此排斥了外国非朝贡商人

---

① 《明太祖实录》卷70,洪武四年十二月丙戌,第1300页。

的来华贸易和中国商人的出海贸易。故海禁和朝贡是明朝对外政策的两大支柱。明政府虽在宁波设市舶司，但主要职能是管理来自日本的朝贡贸易，并配合执行海禁，即《明史》所说的"掌海外诸蕃朝贡市易之事，辨其使人表文勘合之真伪，禁通番，征私货，平交易"①。嘉靖二年（1523）宁波发生争贡事件，宁波市舶司因之关闭。嘉靖三十九年（1560）正月，浙直视师右通政唐顺之提出整顿宁波市舶司，仿照广东事例开市舶以通海外贸易，但遭到浙江巡抚都御史刘畿的反对：

> 宁波旧设市舶司，听其贸易，征其舶税，行之未几，以近海奸民侵利启衅，故议裁革。今人情狃一时之安，又欲议复。不知浙江沿海港口多而兵船少，最难关防。此衅一开，则岛夷啸聚，其害有不可胜言者。②

隆庆元年明政府在漳州月港开海，允许漳泉两府商人出海贸易，对传统海禁政策做出重大变革③，但浙江仍然维持了海禁政策，就连宁波市舶司也没有恢复。《大明会典》记载："浙江等处承宣布政使司，旧有市舶提举司一，隆庆元年革。"④很有可能因为宁波当中日交通要冲，此处面临较大的海防压力，"盖以宁波亦近畿甸，为奸民防也"⑤。因此终明一朝浙江一直实施海禁，不允许私人出海通商。反观清朝，清初为对付南明郑成功海上势力，浙江实施过 20 多年的禁海和迁界，但在收复台湾后，便实行开海，允许出海贸易，设置浙海关管理商民出海贸易和征收关税。于此看来，明朝浙江是在海禁的大环境下实施海防，海防在很大程度上要服务于海禁政策，而清朝浙江大部分时间是在总体开放的环境下实施海防，海防要以维护海上秩序为目的。

与政策取向相对应，二者海防所表现出来的特点也有显著区别。明

---

① （清）张廷玉等撰：《明史》卷75《志第五十一·职官四》，第 1848 页。
② 《明世宗实录》卷 550，嘉靖四十四年九月丙申，台湾"中研院"历史语言研究所校印本，1962 年，第 8853—8854 页。
③ 陈尚胜：《隆庆开海：明朝海外贸易政策的重大变革》，《人民论坛》第 611 期（2018 年 10 月下）。
④ （明）申时行等修、赵用贤等纂：《大明会典》卷 15《户部二》，《续修四库全书》第 789 册，上海古籍出版社，2002 年，第 254 页。
⑤ （明）沈德符：《万历野获编》卷 12《户部·海上市舶司》，中华书局，1959 年，第 317 页。

朝政府主要是以军事手段来控制海疆,即以沿海卫所为主要依靠力量,来执行海禁政策和防卫外寇入侵。究其原因,或许是明政府鉴于元朝灭亡主因之一是滨海地区的失控,为避免重蹈覆辙,明政府采用了通过建立卫所对沿海进行军事化管理的模式,无论海防还是对外贸易,国家全面垄断海上事务①。这一点在沿海岛屿的经略上也很典型,表现在对浙江沿海岛屿上的居民大多实施强制内迁:如汤和把大榭岛居民内迁至穿山半岛,设穿山所;又在舟山废昌国县,将县治迁到象山半岛,在舟山仅保留二千户所进行军事管理。清朝政府由于奉行开海贸易的海洋政策,除了军事手段来防卫沿海外,还要借助民事手段来管理海疆活动,如对出海贸易的商人实行照票制度,通常需要知县、海防厅、海关、布政使司等部门合作完成②,商船经过各海口营汛要接受水师的查验,所以海关和水师是清朝政府承平时期进行海防管理的主要依靠。

二、王朝前期浙江海防体系的比较

明代前期浙江建立了完备的沿海卫所防御体系,基本是靠近海岸呈线性点状分布,卫所辖有巡检司、寨、堡、烽堠等。沿海卫所辖有一定数量的战船,永乐间曾将沿海军船集中到舟山沈家门水寨,供海上巡逻备倭,但在嘉靖以前尚未形成规范的巡哨制度。至正统二年,沈家门水寨即被撤散③。因此这一体系以岸防为主,一些岛屿、海湾虽然也是防守的军事目标,但就岛屿而言,仅在舟山本岛设置中中、中左二千户所,隶属于大陆上的定海卫。将海岛上的绝大多数居民内迁至大陆,其岛屿防线是非常薄弱的。这种体系在嘉靖以前,由于无大的海患,除了发生过正统年间倭寇攻陷桃渚所城、大嵩所城、昌国卫城少数比较严重的事件外,其应对零星的海寇袭扰总体上是应付得了的。

清朝前期浙江的海防体系以绿营为主、八旗为辅。八旗驻军分京师八旗和驻防八旗,这一点与明代卫所分京卫和外卫十分相似。由于清朝

---

① 宫凌海:《控扼东南:明代浙江卫所与海洋管理研究》,上海人民出版社,2021年,第378页。
② [日]松浦章著、李小林译:《清代海外贸易史研究(下)》,天津人民出版社,2016年,第563—572页。
③ 钟铁军:《明代浙江沿海海防地理研究》,第302页。

是少数民族统治,杭州、乍浦的驻防八旗虽承担了部分海防职能(如城防、岸防),但以监视绿营、震慑地方为主,更多的海防事务由绿营承担。清朝的绿营是在明后期镇戍营兵制基础上发展而来,将领的名称大都是沿用明代的,只是上下级顺序和职掌已发生变化,如总兵在明后期是浙江全省最高武官,而在清代则变成一个镇的最高长官。清代浙江以绿营水师为主体构筑了海岛和海岸的两重防线,内地府县则有绿营陆师进行防卫。与明代不同的是,清代在舟山、玉环主要岛屿戍以重兵防守,设定海镇于舟山,驻扎总兵,在玉环则设立玉环营,驻以参将。以舟山为例,将明前期和清前期舟山的驻军建制情况以表格形式分列如下(表 6-1、6-2):

表 6-1　明前期舟山中中、中左二所建制情况①

官兵数量	下辖			
	寨(3)	台(1)	烽堠(21)	巡检司(4)
千户等官 37 员,旗军 2240 名	千礁、沈家门、西礁	青雷头	外湖、石墙、包家、石衕、鹿颈、蒲沙、西山、碇齿、赤石、接待、奇嶴、小展、吊屿、程家、石磲、谢浦、舟山、沈家门、郎家礁、袁家礁、螺峰	螺峰,弓兵 700 名;宝陀,弓兵 100 名;岑港,弓兵 100 名;岱山,弓兵 100 名

表 6-2　清前期舟山定海镇建制情况②

定海镇	总兵、游击、守备等官 44 名,兵 2841 名,战哨船 42 只		
	中营	左营	右营
陆汛	**7 处**:盐仓汛、螺头汛、紫薇汛、大沙汛、小沙汛、马嶴汛、干汛 **辖台 8 处**:晓峰台、螺头台、天童台、郎家山台、崎山台、三江台、袁家台、干台	**8 处**:甬东汛、吴榭汛、舵嶴汛、大展汛、白泉汛、道头汛、沈家门汛、普陀汛 **辖台 8 处**:青垒台、谢浦台、石墈台、赤石台、塘头台、程家山台、炮台二	**1 处**:岑港嵞汛辖炮台一

---

① (明)胡宗宪:《筹海图编》卷 5,《景印文渊阁四库全书》第 584 册,第 126 页;(清)嵇曾筠等监修、沈翼机等编纂:《浙江通志》卷 97《海防三》,《景印文渊阁四库全书》第 521 册,第 476—477 页。

② (清)嵇曾筠等监修、沈翼机等编纂:《浙江通志》卷 97《海防三》,《景印文渊阁四库全书》第 521 册,第 485—489 页。

续表

定海镇	总兵、游击、守备等官 44 名,兵 2841 名,战哨船 42 只		
	中营	左营	右营
海汛	**内洋旗头汛,辖洋面 33 处**:龟山、小盘屿、吞铁港、火烧门、大渠山、小渠山、摘箬山、虎颈头、乱石港、箬帽门、狮子礁、小茅山、猫门、粮长岙、升罗山、旗头洋、虾岐门、虾岐山、稻篷礁、插排山、沉泥港、六横山、椒潭、田岙、缸爿礁、大涂面、官山头、朴蛇山、梅山港、上梅山、箬帽屿、杨三山、黄牛礁 **内洋青龙汛,辖洋面 25 处**:青龙山、青龙港、下梅山、汀齿港、汀齿山、佛肚山、温州屿、孝顺洋、蒲门、干门、东屿、西屿、鸡娘礁、鸡笼山、金地袄、道人港、乱礁洋、馒头山、将军帽山、白岩山、白岩洋、碗盏礁、石擎礁、青门宫、鞍子头山 **外洋汛,辖洋面 6 处**:双屿山、双屿港、白马礁、尖苍山、五爪山、四礁头	**内洋沈家门汛,辖洋面 37 处**:道场礁、十六门、野猪礁、鲚鱼礁、嵩山、拗山、大干山、长屿、马秦门、马秦山、老鼠山、大佛头山、桃花山、马蚁山、点灯山、登埠山、树次山、鸡冠礁、乌沙门、卢家屿、沈家门、藕颈头、分水礁、金钵盂山、顺母涂山、石牛港、朱家尖、白沙港、缸爿礁、莲花洋、普陀山、大洛迦山、洛迦门、小洛迦山、羊屿、东闪、西闪 **内洋长涂汛,辖洋面 30 处**:塘头觜、幞头礁、茭杯礁、香炉花瓶山、黄大洋、官山、秀山、灌门、梁横山、钓门山、青肚山、黄肚山、螺门、分水礁、泥礁、竹屿港、长涂港、栲鳌山、南庄门、东剑山、西剑山、牧羊头、东岳觜山、西岳觜山、衢港洋、大衢山、礁潭、乍浦门、黄沙岙、沙塘岙 **外洋汛,辖洋面 25 处**:倒斗岙、庄前竹、癫头屿、小衢山、石子门、潮头门、大衢山、衢东、鼠狼湖、烂冬瓜山、狮子礁、五爪湖、霜子山、环山、西寨山、东寨山、菜花山、黄星山、庙子湖、青帮山、三星山、霍山、羊鞍山、船礁、九礁	**内洋岑港汛,辖洋面 33 处**:竹山门、盘屿、盘屿港、大王脚板、鸭蛋港、寡妇礁、蟹屿、蟹屿港、螺头门、洋螺山、横水洋、半洋礁、鸟屙礁、外钓山、中钓山、里钓山、岑港、潭头、泥湾、黄牛礁、双尖、三山、茅礁、黄岐港、穿鼻港、大榭山、水蛟门、寿门、售门、白鸭屿、大猫山、猫港、长柄 **内洋沥港汛,辖洋面 15 处**:沥港、天打岩、金塘山、横档山、西后门、小李岙、刁柯山、鱼龙山、菜花山、插翅山、兰山、桃天门、系马桩、爪连山、五屿 **内洋岱山汛,辖洋面 19 处**:岱山、蒲门、高亭、南浦、五虎礁、拿山、峙中山、鳖山、龟山、龟鳖洋、长白山、长白港、马目山、马目港、虎礁头、爪连门、桃花女山、韭菜塘、八斗岙 **外洋汛,辖洋面 19 处**:姚姓浦、尖刀头、售港门、东沙角、馄箕礁、栲门、燕窝山、鲞篷礁、东垦山、西垦山、双合山、分水礁、茭杯山、花果山、虾爬礁、大渔山、练槌山、小渔山、鱼腥脑山

　　从二者驻守官兵数看,清前期要略多于明前期。但清代实施营汛制度,每营的兵力分布在众多的汛地,由于舟山岛屿数量众多,且分布在东西长 182 千米、南北宽 169 千米的广阔区域内,因此定海镇所辖陆汛、海汛的数量多达 258 处,其制度设计是使巡哨能够覆盖所有辖境,这当然也使兵力过于分散。而明前期的舟山千户所兵力除驻守所城外,还外派

到所辖的寨、台、烽堠等据点，据险设防，兵力相对集中。另外巡检司也是明前期海防的重要力量，清前期舟山也设有巡检司，但《浙江通志》记载者在这里未附在一起，或许更多的是将巡检司看作维系治安、弹压地方的机构，不再以海防为主要职责。表 6-1 对舟山千户所的战船数亦未注明，但沈家门水寨肯定设有一定数量的战船，据成化《宁波郡志》载舟山中中、中左千户所额设海船各 10 只①。一个事实是，明前期舟山海域尚未具备成形的巡哨制度，其设防原则以岸防为主，较为倚重烽堠设施用于预警，故表 6-1 显示烽堠有 21 处之多，不同著作记载有出入，如《定海厅志》记载烽堠有 28 处（中中所 13 处，中左所 15 处）②。而在清前期烽堠不再发挥重要作用，表 6-2 中已不再有烽堠的记录，说明彼时烽堠已大多弃用，台的数量却增多，或用于瞭哨，或用于安炮。

明人郑若曾对明前期在舟山的海防布置也有所批评：

> 信国公汤和经略海上，区画周密，独于舟山似有未安者……若定海之舟山，又非普陀诸山之比，其地则故县治也，其中为里者四，为嶴者八十三。五谷之饶，鱼盐之利，可以食数万众，不待取给于外，乃倭寇贡道之所必由。寇至浙洋，未有不念此为可巢者，往年被其登据，卒难驱除，可以鉴矣。我太祖神明先见，置昌国卫于其上，屯兵戍守，诚至计也。信国以其民孤悬，徙之内地，改隶象山，止设二所，兵力单弱，虽有沈家门水寨，然舟山地大，四面环海，贼舟无处不可登泊。设乘昏雾之间，假风潮之顺袭至，舟山海大而哨船不多，岂能必御之乎？愚以为定海乃宁绍之门户，舟山又定海之外藩也。必修复太祖之制而后可。③

相比较而言，清朝在舟山设定海县和定海镇，是对汤和撤卫徙县措施的反思与改进。

明前期对浙江第二大岛玉环岛也实施弃岛政策。玉环岛位于浙江东南的乐清湾东侧，地理位置十分重要，"为温台门户，东海咽喉。有山

---

① 宋烜：《明代浙江海防研究》，第 85 页。
② （清）史致驯等编纂、柳和勇等校点：《定海厅志》，第 487 页。
③ （明）郑若曾：《郑开阳杂著》卷 1《舟山守御论》，《景印文渊阁四库全书》第 584 册，第 478 页。

可以瞭远,有口可以巡查,浙东防御之最要津也"①。元末至正年间,曾为
方国珍所割据。明洪武二十年(1387),信国公汤和视察沿海要地,筹防
备倭,于漩江之北玉环乡楚门、老岸筑城设所,初隶磐石卫,后隶松门卫。
同时遣徙江南玉环岛居民于内地,勒石曰"居者死,耕者断足"②,其地遂
弃海外。明清鼎革之际,南明福王曾颁令开屯玉环等山,未果。顺治十
八年(1661),郑成功退居台湾,仍时常攻掠沿海,清廷命迁界,玉环诸岛
连同江北玉环乡均告迁弃。至清雍正年间在浙江巡抚李卫的推动下,清
政府在玉环任命同知招揽开垦,酌定营制,设参将、守备等官,驻兵900名,
分左、右二营,以左营为陆路,右营为水师③。其分防陆、海汛见表6-3:

表6-3　玉环营分防陆、海汛④

玉环营	汛名	下辖口址/台/洋面	防守将领	兵数	船只
左营(陆汛)	杨岙寨城		参将、守备	98	
	后峧汛	车首头、里岙、水孔口、塘洋口、塘洋山台、东青山、西青山、西滩、坎门	千、把总轮防	170	
	楚门汛	桐林、梅岙、楚门口、楚门山台、琛浦、下湾、芦岙、沙岙	千、把总轮防	90	
	大城岙汛	南大岙、普竹、连屿、白礁渡、大麦屿、大古顺、小碟、鹭鸶湾	千、把总轮防	90	
右营(海汛)	内洋坎门汛	坎门、大岩头、梁湾、乌洋港、大乌山、小乌山、方家屿	千、把总专防	65	战船1
	内洋长屿汛	车首头、分水山、女儿洞、干江、冲担屿、沙头、羊屿、大鹿、披山	外委千、把贴防	34	战船1
	内洋乌洋汛		外委千、把轮巡	15	哨船1
	内洋梁湾汛		外委千、把轮巡	15	哨船1
	内洋黄门汛		外委千、把轮巡	15	哨船1
	外洋沙头汛		外委千、把轮巡	15	哨船1

① 光绪《玉环厅志》卷1《舆地志上》,浙江师范学院图书馆藏,光绪六年(1880)重修版,第25页。
② 光绪《玉环厅志》卷1《舆地志上》,第6页。
③ 《世宗实录》卷67,雍正六年三月甲戌,《清实录》第7册,第1026—1027页。
④ (清)嵇曾筠等监修、沈翼机等编纂:《浙江通志》卷98《海防四》,第516—517页。

表 6-2 和 6-3 均据清雍正朝《浙江通志》整理,观察该两表可知,到雍正朝清政府已把内洋、外洋的概念引入海防管理。

> 旧制,防海处分,惟港内失事,责之汛守。若在外洋面,本属汪洋浩淼,则委之莫可稽察。康熙五十四年,大部以汛守推诿,行造内外洋名,以专责成。①

这条资料虽是记载海南文昌县情形,但大致可以推断,包括浙省在内的沿海地方,是在康熙开海以后形成了内外洋管理办法。这里的“旧制”很可能是指明代的规定,仅规定了海港失事要追究相关人员责任,对洋面失事则不曾规定。由于明朝实施海禁政策,禁止商民出海贸易,因此相关的洋面管理规定阙如。清前期为了管理海上交通和贸易秩序,厘清沿海州县文官的管辖范围和水师官兵的巡洋会哨职责,将沿海划分为内洋和外洋进行管理,以方便追究失事责任,“内洋失事,文武并参;外洋失事,专责官兵,文职免其参处”②。根据王宏斌的研究,清代前期浙江划分内洋和外洋的原则是,凡靠近海岸或县厅治所岛岸的岛屿和洋面均划入内洋,凡远离海岸或县厅治所岛岸的岛屿和洋面均划归外洋。内洋大致限制在距离海岸或设立县厅治所岛岸 5 千米以内的洋面;外洋以海道为外缘,与海岸和岛岸之间没有固定的距离,外洋的宽度少则 50 千米,多则 110 至 180 千米③。也有学者指出,内外洋的划分并非一成不变,距离也不是判断内外洋的绝对标准,以港湾岛礁等地标来划分或命名内外洋是当时一个较为普遍的现象,但并不意味着这些港湾岛礁附近海域以外的海域不属于内洋或外洋,沿海商船往来的海道以内都属清朝管辖海域④。因此可以推断内外洋是综合考虑自然地理、人为习惯等诸因素进行划分,以达到方便洋面管理的目的。康熙后期至雍正年间,浙江已制定了内外洋巡防和护商缉盗的追责制度,对沿海海域进行了有效的海防管理,而明前期则不具备这个制度,其海防体系其实就是服务于实施海禁和备倭。

---

① (清)张霈纂修;颜艳红、赖青寿点校:《咸丰文昌县志》卷 7《海防志》,海南出版社,2003 年,第 266 页。
② 清高宗敕撰《钦定大清会典则例》卷 26《吏部·贼盗》,《景印文渊阁四库全书》第 620 册,第 518 页。
③ 王宏斌:《清代前期浙江划分内洋与外洋的准则与界限》,《社会科学辑刊》2016 年第 2 期。
④ 汪小义:《关于清代内外洋划分的几点认识》,《中国历史地理论丛》2019 年第 3 期。

综上,明前期和清前期浙江都建立了较为完备的海防体系,二者组织形态的核心分别为卫所制和营汛制。明王朝一反宋元时期积极推动扩大海洋贸易的趋势,实行海禁,相应地在海防上也采取收缩态势,弃岛徙民,企图以军事手段全面管控沿海社会,即使在地理位置十分重要的舟山也只保留了二千户所。相比之下,清前期在收复台湾以后就改变明朝的做法,实施开海,对明代迁弃的岛屿逐步开禁,把海防前线进一步拓展至舟山、玉环等诸多岛屿上,而且舟山驻军的规格也远超明代。通过"设雄镇于舟山,开玉环以障护内地"①,扩大了浙江的海防纵深,又通过实施内外洋管理等制度,形成了文武共治的海防体系。明王朝弃岛的消极做法在嘉靖年间带来严重的后果,很多岛屿成为倭寇、走私商人的巢穴,并成为进攻内地的跳板。"置之荒秽则潜匪伏莽,隶诸疆索则作镇为藩"②,清前期对海岛展辟召垦、移民实岛及设官设汛,使之成为保护内地的屏障,海防线也因此向外拓展了一大步。

三、王朝中后期海防变革的比较

至明嘉靖年间,东南沿海爆发以中国海商为主体反抗海禁政策的嘉靖大倭乱,浙江受祸最大。此时卫所制度已堕坏不堪,旗军、战船缺额严重,毫无战斗力,甚至发生了"倭寇南京"事件,嘉靖三十四年,一支百余人的倭寇从浙江登陆,一路烧杀抢掠至南京,该事件震动朝野。为应对倭乱,明政府不得不对海防指挥体制、海防力量、海防策略等方面做出调整和变革。

明初都指挥使司领导全省军政,浙江沿海各卫所也直接听命于都司。卫所的设置都是以府的地理边界为限,各卫负责特定的防区,彼此之间互不统属,保持较高的独立性。其优点在于各卫能自主组织各自的防务,但缺点是各卫各自为政、各管各家,有事须依靠都司来协调,效率

---

① (清)嵇曾筠等监修、沈翼机等编纂:《浙江通志》卷96《海防二》,《景印文渊阁四库全书》第521册,第458页。

② (清)嵇曾筠等监修、沈翼机等编纂:《浙江通志》卷1《图说》,《景印文渊阁四库全书》第519册,第106页。

不高。而且在卫所制下,实行兵将分离,兵不识将,将不识兵①,难以形成有效的联合作战,这些制度设计在正统以前对付零散小股的倭寇尚可。正统四年发生倭寇大规模入侵浙江事件,桃渚所、大嵩所、昌国卫皆被攻陷,于是朝廷开始大量设置专职海防官员,以补原有指挥体制之不足,如设置巡抚、右参政、巡海御史等文官督办海防,任用都指挥、都指挥同知、都指挥佥事等卫所武官担任"总督备倭"、"提督备倭"等官职,但此时期这些新设置的文武官职都是以其他官员兼任②,具有临事而设、事后裁撤的过渡性特点。

至嘉靖年间,倭寇已演变为大规模登陆入侵,有时突破一府甚至一省范围肆虐,形势迫切要求明政府整合一府、数府、通省甚至跨省的海防力量来抗击倭寇,海防官职的调整即顺应这个客观要求。《明史》记载:"自世宗倭患以来,沿海大都会,各设总督、巡抚、兵备副使及总兵官、参将、游击等员,而诸所防御……于浙则有六总,一金乡、磐石二卫,一松门、海门二卫,一昌国卫及钱仓、爵溪等所,一定海卫及霩衢、大嵩等所,一观海、临山二卫,一海宁卫,分统以四参将。"③逐步形成了总督—巡抚—兵备副使的海防文官指挥系统,以及总兵官—参将—把总的海防武官指挥系统。在这个体制下,文官中的总督统筹领导浙江、南直隶、福建数省的海防,巡抚领导浙江本省的海防,兵备道(兵备副使、巡海副使)则负责数府海防,如杭嘉湖兵备副使负责杭州、嘉兴、湖州三府的兵员招募、随军监督、驻防府城等工作;总兵为浙江全省最高武官,统率指挥全省水陆军队,参将统领数府兵力,分为杭嘉湖参将、宁绍参将、温处参将、台金严参将四个。备倭把总分为临观、定海、昌国、松海、金盘、海宁六总,每总统领一定数量的卫所。巡抚标下设左、右营游击,统兵往来冲要之地④。可以看出,在卫所制下只有战时才临时委派的总兵、参将等职在嘉靖以后变为常设。与海防指挥体制变革同步的是海防力量也转向主要依靠募兵,如戚继光招募的义乌兵屡建奇功,营兵制成为海防军制的主要形态。

---

① 王莉:《明代营兵制初探》,《北京师范大学学报(社会科学)》,1991年第2期。
② 钟铁军:《明代浙江沿海海防地理研究》,第21—23页。
③ (清)张廷玉等撰:《明史》卷91《志六十七·兵三》,第2247页。
④ 肖立军、张汉青:《明代浙江省镇营兵制下海防建置探略》,《台州学院学报》2020年第2期。

清朝的绿营兵制是对明后期镇戍营兵制的直接继承,但形似而神非。如明代营兵是非经制的,兵员多为招募,无定籍,而清代绿营已成为国家经制兵,士兵为土著世袭,将皆流转,因此兵非将有、将不私兵,而明后期镇戍营兵制下兵将结合是常态。绿营这一点倒是与卫所制有几分相似,卫所制惟战时才兵将结合,"征伐则命将充总兵官,调卫所军领之;既旋则将上所佩印,官军各回卫所"①。另外,绿营相较明代营兵制差异最显著的地方是"化整为散",即明代营兵集中镇戍险要地方,清代绿营兵则散布各处,如咸丰年间浙江绿营兵有 3.5 万多人,分防水陆各汛的有 1.7 万多人②,汛兵差不多占到了二分之一,不便于召集作战。所以绿营兵更像是一种维稳体制,清统治者之所以这么布置,一是使绿营能够镇压各地汉人起事,二又能以集中驻防的八旗来制衡分散的绿营。

从指挥体制看,绿营也继承了明代营兵制以文抑武的文武双轨领导体制,文的这条线有总督、巡抚、海防道、府州县等,武的这条线有提督、总兵、副将、参将、游击、都司、守备等,而且总督、巡抚的设置比明代趋于固定。明代浙江属"天下首藩",海防地位极重,所以嘉靖时总督驻浙江,以浙江统南直隶、福建,而在清代大多时间闽浙总督驻福建,以福建统浙江。不过乾隆末年以后,清廷赋予浙江巡抚更多的军事职权,到清后期大多情况是浙江巡抚组织领导全省的海防事务。在 1870 年以后,勇营开始取代绿营成为海防的主力,但清政府本意还是要裁抑勇营,希望通过练兵振兴绿营来维系军事上的中央集权,所以才有"练军"一说。就本质而言,练军其实还是绿营体制,系从绿营中挑选精锐集中驻营,训练新式洋枪洋炮,事毕往往还要回归自己的汛地,即采用勇营的营制、操法来训练绿营,但效果不尽如人意,遇事还需借助勇营的力量。所以从制度上说清后期浙江海防营制上未有质的变革,仍然维持了绿营建制(见表6-4),但在实践中却表现为非经制的勇营和经制的绿营之间的新旧互掺。真正意义上的营制变革——新式陆军迟至清末新政方才起步,但未遑几年清朝便灭亡了。

---

① (清)张廷玉等撰《明史》卷 89《志第六十五·兵一》,第 2175 页。
② 罗尔纲:《绿营兵志》,第 269 页。

表 6-4　光绪朝浙江绿营水陆营制①

将领	管辖营数	水陆各营分布
浙江巡抚	3	本标左、右 2 营
		海防 1 营
浙江水陆提督	20	本标陆路中、左、前、后 4 营
		本标外海水师右营 1 营
		陆路宁波城守 1 营
		内河水师太湖、海宁 2 营，太湖营属江南太湖协副将兼辖
		外海水师乍浦协左、右 2 营，澉浦 1 营
		陆路杭州协 1 营，协属内河水师钱塘 1 营
		陆路嘉兴协左、右 2 营
		陆路湖州协左、右 2 营，协属安吉 1 营
		陆路绍兴协左、右 2 营
定海镇总兵	8	本标外海水师中、左、右 3 营
		外海水师镇海、石浦 2 营
		陆路定海城守、象山协左、右 3 营
海门镇总兵	9	本标外海水师中、左、右 3 营
		海门城守 1 营
		陆路太平、宁海、台州协中、左、右 5 营
温州镇总兵	13	本标外海水师中、左 2 营
		本标陆路右营 1 营
		陆路温州城守 1 营
		玉环陆路左营、外海水师右营 2 营
		陆路乐清协 1 营，协属大荆、磐石 2 营
		平阳协左、右 2 营
		外海水师瑞安协左、右 2 营
处州镇总兵	6	本标中、左、右 3 营
		丽水 1 营
		金华协左、右 2 营

① （清）昆冈等修、吴树梅等纂：《钦定大清会典》卷 47，第 459 页。按，该会典记载了光绪二十二年
　（1896）以前的典章制度，此处反映了绿营的经制地位依旧。

将领	管辖营数	水陆各营分布
衢州镇总兵	7	本标中、左、右 3 营
		衢州城守、枫岭 2 营,枫岭营兼辖福建枫岭营守备以下各官,归福建建宁镇管辖
		严州协左、右 2 营

从海防策略看,明前期设立的卫所、巡检司、烽堠、墩台等设施聚焦于岸防,岛屿大多弃置,没有纳入海防体系,导致嘉靖时倭寇以海岛为基地大肆入侵内地。至明后期,"防之于海"的思想占据上风,水军的建设不断加强。明前期水军分散归属于沿海卫所,水寨裁设不常,至嘉靖以后,水军的归属得以厘顺,大体上由六个备倭把总统领,"浙江一省,设六把总,以分领水兵;四参将以分领陆兵;又设一总兵,以兼统水陆"①。大致形成四参将统领陆兵、六把总统领水兵的分工,具体见表 6-5:

表 6-5　明嘉靖以后浙江海防划区、陆水营制及人数情况②

划区	统兵将领	陆水营制	陆水兵人数
总督军门标下	总督	民兵 7 营 军兵 2 营 水兵 2 支	陆兵 4886 人 水兵 622 人,哨船 49 只
总镇标下	总兵	民兵 5 营 水兵 3 支	陆兵 2064 人 水兵 3173 人,战船 129 只
杭嘉湖区	兵巡道	民兵 1 营 水兵 2 支	陆兵 437 人 水兵 544 人,唬船 34 只
	杭嘉湖参将	民兵 2 营 军兵 2 营 水兵 1 支	陆兵 1748 人 水兵 259 人,战船 20 只
	海宁把总	水兵 3 支	水兵 1922 人,战船 76 只
宁绍区	巡视海道	民兵 1 营 水兵 1 支	陆兵 542 人 水兵 160 人,唬船 10 只
	宁绍参将	军兵、民兵合 1 营 水兵 3 支	陆兵 539 人 水兵 1966 人,战船 90 只

---

① (明)赵炳然:《海防兵粮疏》,《明经世文编》卷 252,中华书局,1962 年,第 2655 页。

② (明)侯继高:《全浙兵制考》卷 1《全浙水陆兵制并沿海地理烽堠考》,齐鲁书社,1995 年,第 105—108 页。

续表

划区	统兵将领	陆水营制	陆水兵人数
宁绍区	定海总	水兵3支	水兵3708人,战船141只
	临观总	民兵2营 军兵2营 水兵1支	陆兵2164人 水兵1439人,战船47只
	昌国总	陆兵1总 水兵3支	陆兵541人 水兵3879人,战船152只
台金严区	兵巡道	军兵1营	陆兵589人
	台金严参将	民兵3营 军兵1营 水兵1支	陆兵2164人 水兵1005人,战船40只
	松海总	水兵3支	水兵3317人,战船113只
温处区	兵巡道	民兵1营 水兵1支	陆兵618人 水兵128人,唬船8只
	温处参将	民兵6营 军兵3营 水兵2支	陆兵4594人 水兵3068人,战船86只
	金盘总	水兵5支	水兵5512人,战船140只
合计			陆兵20886人 水兵30702人,战船1135只

可以发现水兵大部分兵力归六把总统率,这也标志着水军专门化建制的确立。从总兵力上看,水兵数量也多于陆兵,民兵明显多于军兵,说明以募兵为主。经过嘉靖、隆庆、万历年间的调整,水师多层次的海上巡哨制度逐步完善起来,岛屿也纳入巡哨范围,这使原先只注重陆防的体系有了海上纵深的拓展①。对岛屿的重视程度也明显提高,如隆庆二年,宁绍参将迁往舟山,专领水军,可知参将也不总是统领陆兵,还是有所调整的。水军的基本单位为哨,分为固定哨和游哨,固定哨有固定的巡逻范围(汛地或信地),游哨是海上机动力量,发挥遇敌截剿、策应协同的作用,如定海总、昌国总、金盘总都设有游哨。这些都表明明代后期浙江海上防御体系得以建立和完善,海防的重心转向海上。

---

① 牛传彪:《明代巡洋会哨制度及其在海疆防务中的地位》,《中国边疆史地研究》2015年第4期。

清代继承了明后期的水师巡哨制度,但也有不同的地方,如浙江绿营水师营(含外海水师、内河水师)的数量占整个绿营数的比例不会超过30%,这从表6-4中注明的水师营数计算可知,而明后期水兵数占总兵力数的比例达到60%,这可从表6-5计算得知。另外,清代绿营水师巡哨制度上没有设立海上机动力量(具体实践中有,如嘉庆间水师跨省追剿海盗,不常见),而明后期水军在制度上设有一定数量的游哨作为机动力量。或许由于清代浙江总体上实行开海的政策,除水师以外,海上事务还有海关、州县等执法部门协助,而明后期浙江还在厉行海禁,又面临紧张的倭患局势,海上秩序全赖军事一途,所以其水师数量和战船数量都要超过清朝。至清后期,水师巡哨依然发挥作用,制度建置上未有大的变动,但有了器物上的新因素,即轮船开始运用,不过仅能护商缉盗,而不能抵御列强。面对列强的入侵和威胁,浙江地方还得依托炮台、堵口等措施御敌,因此大致可以说清后期浙江海防的重心已从前期的"防之于海"转向"防之于陆"。

第二节　"手足"还是"腰腹":清代浙江
与其他省份海防地位的比较

杜冠英在光绪年间担任玉环厅同知时写过《玉环海防论》,他对当时中国的海防形势曾如此评论:"今沿海形势以广东为首,长江为腹,天津为根本,牛庄为后路,闽、浙、燕、台各口皆属手足耳。"[1]他以"手足"比喻晚清浙江在全局中的海防地位。今人的研究亦揭示晚清时浙江海防的战略地位已十分弱化,并从军工业布局、财政情况、重要人物的影响力等方面进行分析[2]。这些认识着重谈了晚清浙江海防地位的弱化,但未能揭示清代不同时期浙江海防地位的走势。笔者结合其他省份的海防地位消长变化进行观照,并从浙江与整个海疆的关系这个角度,来重新审视浙江海防的地位问题。

---

① (清)杜冠英等著、朱晓凯、翁飞整理:《杜徽三友朋手札》,第752页。

② 方堃、张炜:《晚清浙江海防战略地位的弱化及原因透视》,《历史档案》1996年第1期。

清初海防主要集中在浙江和福建二省,清军与南明鲁王、郑成功势力曾在浙江舟山、福建厦门、金门等地展开激烈的争夺。清军曾两次占领舟山,但由于军事上没有防守的把握,遂采取弃岛的消极政策。郑成功占领舟山后,把其作为进攻沿海的基地。1659 年郑军先是在舟山集结,后北上入长江进攻南京。虽然未能攻下南京,但整个东南为之震动。1660 年,郑成功鉴于根据地厦门防务吃紧,决定把屯驻舟山的军队撤回,并于次年进兵台湾。到 1683 年清政府收复台湾前,台海是海防的重心所在,在这之前福建的海防地位无疑是最高的,浙江次之,江苏、广东又次之。

1684 年清朝实行开海,设立江、浙、闽、粤四海关,到 1757 年之前,是四海关平行发展、海疆相对太平的时期。清统治者暗中防范流落南洋的汉人,为此康熙晚年曾发起为期十年的南洋贸易禁令,雍正帝屡次密谕福建、广东的督抚探访噶喇叭、吕宋的"汉奸"①。康熙帝对东洋日本持开明务实的贸易政策,没有因为双方未建立政治联系而停止对日贸易,到雍正年间,浙江总督李卫"以日本招集内地人,教习弓矢技艺,制造战船,虑为边患"②,但并无大的波澜。1755 年,英国人为接近浙江丝茶产地,曾要求到浙江宁波贸易并常态化,但被乾隆帝拒绝,后决定把西方人的来华海上贸易限制在广州一口。在这 70 多年里,浙、闽、粤三省的海防地位相仿,很难说有明显差距,广东由于地处番舶贸易密集之地,地位要突出些。

从 1757 年至 1839 年这个时期,广东广州作为唯一与西洋进行贸易的口岸,还要管理外港澳门,承担着贸易管理和对外交涉等大量事务。乾隆末年台湾林爽文起义是这个时期的大事件,清政府从福建、广东、浙江调兵入台,一定程度上诱发了乾嘉之际浙、闽、粤三省海盗的泛滥。海盗大多来源于福建和广东,借助季风规律北上南下作案都要路过浙江海域,导致浙江海盗案高发。英国曾于 1793 年借给乾隆皇帝祝寿名义派

---

① (清)雍正十年敕编:《世宗宪皇帝朱批谕旨》卷 174 之八,《景印文渊阁四库全书》第 423 册,第 200—203 页。

② 赵尔巽等撰:《清史稿》卷 158《志一百三十三·邦交六·日本》,第 4617 页。

马戛尔尼出使中国,并请求租借舟山小岛做贸易囤货地,但未得逞。这也引起了乾隆帝的戒备:"今既未遂所欲,或致稍滋事端……究恐其心怀叵测,不可不留心筹计,豫为之防。"谕令沿海整饬海防①。1808 年发生英军入侵澳门事件,在清政府强硬态度下最终退出;1834 年又发生了广州中英外交冲突——律劳卑事件。这些都进一步暴露了英国侵略中国的野心。这一时期广东的海防地位无疑是最高的,闽、浙次之。

1840 年至 1842 年的鸦片战争使浙江的海防地位达到最高,至少与广东持平。说它最高不仅是由于浙江的战事持续时间最久,更是由英军的作战意图所决定的。在英国制定的对华作战计划中,第一步是派远征军封锁珠江口,第二步是占领舟山群岛,第三步是海军出现在渤海湾和白河河口,其中第二步是支撑整个计划实施的关键。之所以选择占领舟山,是因为它能提供良好而安全的船舶锚地,能够防御中国方面的进攻,而且位于广州与北京的中间,接近几条通航的大河河口,从许多方面来看,能给远征军设立司令部提供一个合适的据点,非常适合作为远征军的供应中心和行动基地②。有一些英国高级军官也曾提出占领厦门岛、澎湖列岛、台湾和海坛等地,但比较而言,这些岛屿地处南方,而且远离清朝都城北京,难以给清朝产生足够大的政治影响,因此最终认为舟山是进军方向上最易夺取和最能产生效果的地点③。可见,英军计划首先攻占舟山是经过充分酝酿和讨论,而且是非常明确的,绝不是时人所认为的"粤中防守严,不得逞,遂窜浙洋"④,包括魏源等人在内多持有此种观点,是因为他们没有正确理解英军封锁珠江口的行动,错以为英军在广东无机可乘。英政府也已计划好以占领舟山群岛作为质押地,直到清政府答应英国提出的一切条件为止:"要军队撤离舟山的一个条件可能是这样:在那些岛屿中准许大不列颠人获得类似澳门的租借地,而且必须以条约形式保证允许大不列颠人到中国东海岸所有港口或某些主要

---

① 《高宗实录》卷 1436,乾隆五十八年九月辛卯,《清实录》第 27 册,第 196—197 页。

② 巴麦尊子爵致海军部的信,载炎明主编、宁波市社会科学界联合会、中国第一历史档案馆编《浙江鸦片战争史料》上册,第 48 页。

③ 印度总督备忘录,载炎明主编、宁波市社会科学界联合会、中国第一历史档案馆编《浙江鸦片战争史料》上册,第 62 页。

④ (清)史致驯等编纂、柳和勇等校点:《定海厅志》,第 829 页。

港口去进行贸易。"①战后英方完全执行了这一计划，直到清政府完成割地、赔款、开放五口通商，英军才于1846年4月退出舟山，但诱使清政府签订了《英军退还舟山条约》，使舟山成为归英国保护的势力范围，足以证明舟山在英人眼中的军事战略地位。第二次鸦片战争期间，英法联军未遇抵抗就占领了舟山，把该岛作为联军北上的中转站和补给地。但在战争结束后，法国人不愿撤出舟山，想效仿英国占领香港一样占领舟山，最终迫于英国的压力而不得不撤出②。可见舟山（因其在七省沿海航线中的居中战略地位）对攻击方来说是必争之地，控制了舟山，可以作为北上的中转地，可以策应保护海上补给线，可以北上或南下，是七省的腰腹枢纽。杜冠英称浙江各口为"手足"，显然是立足于陆防保卫京师的视角，是"以陆观海"的结论。

第二次鸦片战争彻底改变了七省海防南重北轻的格局，英法联军直捣北京，北洋震动，直隶的海防地位凸显到极致，辽东、山东两个半岛作为直隶的外护屏障也越发重要。国内汉族地方实力派官僚在镇压太平天国起义和开展洋务运动中基本奠定了各省的军事地位。以往江苏的海防地位一直不高，不过在鸦片战争中发生吴淞战役，随后英军攻入长江，其江防、海防地位益重。在李鸿章等地方大员的经营下，创办金陵机器局、江南制造总局等兵工企业，使江苏的地位远在浙江之上。福建则在左宗棠主持下创办福州船政局。相比之下，浙江仅在1885年成立杭州机器局，用于生产子弹、火药、水雷等轻型军工品，而兵轮、火炮不得不依靠外省接济或购买。1870年以后的日本侵台事件、中法战争、中日甲午战争、八国联军侵华，以福建、辽东、山东、直隶为主战场，这些省份的海防地位急剧提高。相比较而言，浙江海防的受重视程度几乎沦为最低，如浙江巡抚刘秉璋在中法战争时所言："直隶、江苏、广东三省海口皆驻有雄师，镇以勋宿重臣，气势稳固；山东烟台无大河可通内地，防务较轻；其空虚可虑者，唯闽浙两省，而浙之饷缺兵单，又少轮船，视闽尤

---

① 巴麦尊致商务监督义律的信，载炎明主编、宁波市社会科学界联合会、中国第一历史档案馆编《浙江鸦片战争史料》上册，第47页。

② 王文洪等著《西方人眼中的近代舟山》，第209—214页。

甚。"①从中央政府的重视程度来看,浙江的海防显然已被边缘化。

从1899年到清末,浙江的海防地位有所回升。这一年,意大利要求租借浙江的三门湾。其背景在于中日甲午战争后,列强掀起了瓜分中国的狂潮,英、俄、德、法等帝国主义国家纷纷在中国划分势力范围和租借地。光绪二十三年(1897),德国借口巨野教案强占胶州湾,俄英法诸国闻风而动,俄租旅顺、大连,英租威海卫,法租广州湾。后起的资本主义国家意大利也不甘落后,于光绪二十五年(1899)派出军舰至浙江洋面游弋,进行勘测、窥探,随后由公使马迪讷向清政府提出租借浙江三门湾及附近地区。三门湾位于浙江海岸线的中段,东西长约60千米,南北宽约40千米,隶属台州府宁海县(今属台州市三门县)。三门湾北接宁波,南近温州。湾内岛屿星罗,南西北三面靠陆,群山环立,湾口朝东。湾东北方向有三门山、庵山、狗山,统名三门山,三山鼎峙,形成三条航道。湾内水深,可泊巨轮。前明为了抗击倭寇,曾在此设立巡检司,清初张煌言领导浙东义军抗清,也曾在此驻守。清政府最终通过外交途径挫败了意大利的要挟,这也引起时人对三门湾军事地位的关注。随着清末重建海军的启动,选择一处合适的军港成为当务之急,由于此时南北洋军港尽失,浙江的港口备受当局者瞩目,集中在三门湾、石浦、定海、象山港几个地方。宣统元年(1909),出使意大利大臣钱恂提议以三门湾作为上选。钱本人是浙江人,对三门湾的形势多有考求,认为"我国可以建立军港之地,仅此一湾矣"。指出优良军港应具备这些条件:

> 查军港之设,必也形势便利,乃可以居中策应;必也山环水深,不受浪击,不患沙淤,乃可受停巨舰;必也后枕巩固,乃可以驻兵储械。尤必出入不止一路,一旦敌舰临口,封此则出彼,封彼则出此,乃可以固围摧敌,护舰通路不至困扼。

在钱恂看来,具有这些优良条件的原先只有胶州湾,但如今已租给德国。旅顺港背线过狭,只有一个出口,威海、广州湾又其次,但都租于列强。所幸现在还有三门湾具备这些条件,从地理上看,北距旅、胶,南

---

① 中法镇海之役资料选辑编委会编:《中法战争镇海之役史料》,第97—98页。

距澳、广,均非逼近,非常适合筹建军港①。

也有人指出三门湾作为军港有其缺点,如负责绘画浙江沿海舆图的候选州同朱正元认为,三门湾作为轮船停泊的锚地虽佳,但形势太散漫。相比之下,他更看重其北面的石浦港:

> 港有东西两门,西面之三门,水浅而迂。寻常出入,率由东面铜瓦门,门窄而曲,潮流甚劲,天然险阻。若于口门铜瓦山及南灰山各建炮台,有当关之势。其东面昌国卫,沿海皆沙涂,不能抄袭;南面东门下湾两港,屈曲多礁,可伏雷艇;港内南北两岸,均可择地开筑船坞。台、宁各山煤苗极旺,无虞不给。诚屯聚海军之佳所也。②

论者似乎多倾向于把港址选在三门湾和舟山,如翰林院侍读荣光即建议选此二处:

> 昔日海防之形胜,莫过北洋。今胶州租于德,威海让于英,旅、大陷于俄而复夺于日,北洋之险要尽失,应营南洋之重镇以控制北洋。查南洋之形胜,向称虎门,然僻在粤东,相隔窎远,可为分防之港,未可为建筛之区。查浙之沙门湾(按,即三门湾),周围形胜,洵为屯军要港。至船坞欲求久远,莫如山坞,因山为址,凿山成槽,所谓天然之石坞也。查沙门湾相近之舟山,浙江之定海,宜于建筑船坞之处颇多,如盘旋山、青蠔潭等处,最称稳健,宜仿日本长崎筑坞办法,确实经营。③

当时的报刊对军港选址也多有讨论,如《东方杂志》刊登《兴海军应先筹建根据地议》一文,认为当今北洋藩篱尽撤,门户洞开,海军根据地必建于南北洋适中之地,方可兼顾南北两洋。应将浙江舟山或沙门湾作为中军根据之地,并分左右二军。左军分防山东之养马岛,以固畿辅之藩篱;右军分守于粤东之虎门,以严南洋之门户。沙门湾与舟山二者,以土地肥饶而言,舟山不如沙门湾;就形势要害而言,则沙门湾不及舟山。

---

① 张侠等编:《清末海军史料(上)》,海洋出版社,1982年,第296—297页。
② 禀陈三门湾情形由,光绪二十五年三月六日(1899年4月15日),台湾"中研院"近史所档案馆馆藏档案,总理各国事务衙门,租地租界,馆藏号:01-18-087-06-004。
③ 张侠等编:《清末海军史料(上)》,第296页。

综合而论,海军根据之地以舟山为最上。舟山的岑港最适合凿山筑坞,仿照日本长崎之法,切实经营,实足为久远之计①。但有人指出,定海孤悬海外,万一敌舰环攻,毫无退步,恐蹈马江之覆辙②。

署闽浙总督崇善、浙江巡抚张曾敭派员对三门湾进行了实地考察,统领南北洋海军广东提督萨镇冰也亲往巡视,认为三门湾并不适合作为军港:

> 所谓三门湾者,如专指上下三门言,则该处水势遇潮涨时,或深至十丈及二十丈不等,风涛极为险恶;若遇东南风作,轮船亦难寄碇,此断难为军港者也。若就西人所指之三门言,则又形势散漫,口门众多,无要可扼,既无屏蔽之山可以避风,又无广大之坞足以造船,此不足为军港者也。

考虑到当时清军战舰并不出众的作战水平,当局者选择军港的设想首先是能守,然后能战。他们进而勘得夹在穿山半岛和象山半岛之间的象山港更适合作为海军根据地。该港深入象山县境66里,口宽12里,水深自21尺至115尺不等,群山环绕,随处可以避风。港内向南,别有支港,曰西湖港,其口曰鹁鸽咀,关锁甚紧,地势平圆,可作船坞。由西湖港至象山县城仅15里,陆路西达奉化,北达宁波,均在数十里内。萨镇冰到港中勘验,盛赞其口势纡长,众山环峙。比起威海、旅顺港澳显露、敌炮可直捣中坚的缺点,象山港具有深藏可守的优势。且该港北控定海、南望南田,势成犄角,港口六横山横塞其冲,亦足稍资屏蔽。正是具备这些优良条件,象山港已引起列强的觊觎。光绪二十五年(1899)意大利兵舰离开三门湾后,即改泊象山港,时来时去,将近两年。近年来各国兵舰也多至港中游弋。因此,崇善等人建议"目前之计,莫若声援象山港自作军港,而以定海、南田为犄角,使外人知其地为我所注意,庶可预杜觊觎"③。中央政府最终决定以象山港作为海军军港,于1909年开始建设,灯塔、浮标、海军办公处所、演武厅、操场靶场、瞭望台、旗台、贺炮台、

---

①　马骏杰等编:《清末报刊载海军史料汇编》,山东画报出版社,2016年,第77—80页。
②　张侠等编:《清末海军史料(上)》,第299—300页。
③　张侠等编:《清末海军史料(上)》,第294—295页。

仓库、码头医院、枪炮鱼雷练习所、练勇雷勇营房、修械厂等即行动工,并购置浚港轮剥等项机船进行施工,预算开办经费约银 80 万两,常年约银 16 万两①。同一年,筹办海军大臣载洵和海军提督萨镇冰到象山港举办了辟港典礼。此后不久,辛亥革命爆发,象山军港建设被迫中止。

可见清末在浙江选址建设海军根据地,看重的正是浙江腰腹居中的位置,绝非"手足"可比。以象山港作为军港,其实是在防守优先战略下的一种选择,即该港便于隐藏,先要保存自身力量,然后再伺机出击。作为四战之地的舟山,从形势上讲,更便于海上出击,截击敌军舰队。《孙子兵法》云:"凡先处战地而待敌者佚,后处战地而趋战者劳。"②就是说要先进入必战之地等待敌人前来作战,才能居于主动地位。舟山便是一个适合主动迎战的战略要地,但此时清政府重建海军的指导思想仍是立足于防,忽视了海军是一支主动出击的力量,没有很好地发挥舟山的作用。

从局部与整体的关系看,浙江地处沿海七省腰腹,这里是南北航道的密集地、渔业资源的集聚地,又是财赋荟萃之区、岛屿最多的地方,因此有清一代的众多海疆事件与浙江的关联度极高。以海盗为例,不同时期的著名海盗如陈尚义、蔡牵、布兴有等,都是在浙省海域被剿灭或投诚,这说明浙江沿海众多的岛屿为水师进行拦截提供了地利。以海疆事件看,洪仁辉事件、马戛尔尼使华、两次鸦片战争、中法战争、意大利索取三门湾等都与浙江有直接联系。晚清时海防以外国列强为主要对象,英、法等国具有强大的舰队,其海上活动能力远超依靠季风为动力的帆船,机动性大为提高,倏南倏北,更加要求沿海各省海防加强协同,联为一气。防区的划分客观上要求打破省界,故有南北洋之划设。有识之士提出把沿海分为北、中、南三洋,北洋以旅顺、威海为重镇,拱卫京畿;中洋以崇明、舟山为重镇,巩固腹心;南洋以南澳、台湾、琼州为重镇,守护肢体。如此一来,沿海联为一气,势如常山之蛇,击首则尾应,击尾则首应,击其腰则首尾皆应③。但在当时海防经费有限的情况下,清政府优先

① 《宣统政纪》卷 14,宣统元年五月庚午,《清实录》第 60 册,第 280—281 页。
② (春秋)孙武著、王怡晨编译:《孙子兵法·虚实篇第六》,三秦出版社,2018 年,第 44 页。
③ (清)郑观应著、辛俊玲评注:《盛世危言》卷 6《兵政·海防上》,第 411—413 页。

建设北洋海军,直到清末在浙江象山建设海军根据地,才开始正视浙江作为腰腹之区的策应作用。总之,浙江在沿海七省的居中位置理应发挥更大的协同策应作用,不能仅以"手足"视之。中英人士对浙江沿海地位之所以有认识上的巨大差距,或许是"以陆观海"与"以海观陆"的不同角度造成的。

第三节　零散与系统:西方冲击背景下浙江与日本萨摩藩海防近代化的比较

19 世纪西力东渐以来,中国和日本先后遭受来自西方的压力和冲击。本节选取晚清浙江和日本幕末时期的萨摩藩为对象,比较二者应对西方冲击时在海防体系近代化建设上的差异。进入 19 世纪,清朝与英国等国的冲突开始增多,如 1808 年英军入侵澳门,1832 年英国人胡夏米乘坐间谍船阿美士德号对厦门、福州、宁波、上海、山东、朝鲜、琉球等地进行测量、打探情报[①],1834 年广州发生中英外交冲突——律劳卑事件,这些都暴露了英国侵略中国的野心,并演变成 1840 年的鸦片战争。此后,海疆更无宁日,外国列强纷至沓来,浙江也经常处于被侵略的前沿。同时期实行锁国政策的日本也受到西方国家的侵扰,1844 年,荷兰国王让荷兰商船带来要求日本打开国门的亲笔信。1846、1849 年,美国东印度舰队都到过日本,而最有名的则是 1853 年美国将军佩里率军舰闯入江户湾。

面对西方的冲击,江户幕府进一步强化了江户湾沿岸的炮台建设。1846 年后的七年间,江户湾沿岸的大炮由 73 门增加到 99 门,其中 16 英寸口径以上的大炮增加了 12 门。在幕藩体制下,日本的海防由幕府和各藩共同承担。如江户湾的警备自 1842 年以来改由附近的藩来负责,不再由浦贺奉行所负责警备任务。肩负江户湾警备的有彦根藩、川越藩、会津藩、忍藩。其中彦根藩和川越藩负责守护江户湾西岸(相模、三

---

① 张迎来:《略论台湾在第一次鸦片战争中的地位》,《现代台湾研究》2014 年第 1 期。

浦方面），会津藩和忍藩负责守护江户湾东岸（上总、房总方面）。佩里第一次率舰来航时，正值这四个藩担任海防警戒任务。1853 年底，江户湾的警备又改由萩藩、熊本藩、柳河藩、冈山藩负责。江户湾由四个藩协防，长崎的警备则实行"二藩体制"的防卫制度，由筑前的黑田藩和肥前佐贺的锅岛藩负责①。在离幕府驻地较远的外样藩，海防主要依靠自身力量，如位于九州岛西南的萨摩藩。

萨摩藩是日本的西南门户，也时常遭遇西方人的侵扰。1824 年发生英国船员登陆萨摩藩宝岛抢夺牛只的事件，1844 年法国船阿尔克墨涅号到达琉球那霸要求贸易和允许传教，萨摩藩早前在 1609 年已通过征伐琉球使其臣服，琉球将法人闯入事报告萨摩藩，后者派遣藩士前去琉球进行护卫。1846 年有英国船至那霸，请求上岸居住，随后有 3 艘法国军舰闯入那霸要求通商，得到报告的萨摩藩不得不在军事上加强戒备。而对萨摩藩上层触动最大的是清朝在鸦片战争中败给英国的消息，藩主岛津齐彬担心西方会把触角伸向日本，认为必须引进西洋各国的技术，整备海军，以对抗西洋各国②。

在西方国家军事武力的冲击之下，浙江与萨摩藩为提高海防能力，在军事技术的改进方面都做出一定的探索。鸦片战争期间，浙东清军为提高火炮铸造效率迫切需要寻求新的技术，原有的泥模铸炮法费时费力，"土模非月余不能干燥，极为费手。上年冬间，雨雪连绵，模不能干，以致炮不能铸"③。嘉兴县丞龚振麟发明铁模铸炮技术，提高了铸炮的效率。据刘鸿亮考证，龚振麟发明的是铁模铸铜铁炮技术，使中国的制炮技术向前推进了一步，但只是铸炮的效率提高，其性能并不比西方火炮优越④，因此并未对战争进程产生影响。

道光皇帝曾对鸦片战争战败原因进行过反思，"两年以来，迄无成效，推其原故，由于无巨舰水师与之接战，其来不可拒，而其去不能追，故

---

① ［日］加藤祐三著、蒋丰译：《黑船异变：日本开国小史》，东方出版社，2014 年，第 13—15 页。

② 新村和宪：「島津齐彬の集成館事業と薩摩切子（化学風土記：わが街の化学史跡）」，「化学と教育」第 38 卷（1990）第 3 號。

③ （清）魏源撰、陈华等点校注释：《海国图志》卷 86，岳麓书社，1998 年，第 2032 页。

④ 刘鸿亮：《晚清龚振麟铁模铸炮技术优劣的纵横史探究》，《铸造工程》2021 年第 3 期。

一切夹攻埋伏、抄前袭后之法,皆不能用"①。因此在善后防务建设中以打造巨舰水师为目标,并出现仿造、购买夷船的良好开端,但沿海省份最终只是恢复了旧时师船,浙江在提督李廷钰主持下恢复了同安梭船。除了计划仿造夷船外,广东方面还尝试通过粤海关购买夷船,"如有坚固愿售者,再行设法购买"②。洋商伍敦元购买咪唎坚夷船一只,潘绍光购买吕宋夷船一只,起初以为"驾驶灵便"③,后来认为"船只尚小,且亦略旧",不得不另外设法购买④。道光帝起初还鼓励仿造和购买夷船,后来态度趋于消极。如绅士潘世荣雇觅夷匠制造的火轮小船,放入内河,不甚灵便,打算雇用澳门夷匠加以改造,或直接购买夷人造成的火轮船,但道光帝听闻后指示:"火轮船式,该省所造既不适用,着即毋庸雇觅夷匠制造,亦毋庸购买"⑤。由此放弃了对新式战船的制造和引进。在没有得力战船的情况下,清统治者不得不把海防的希望寄于陆地防守上,对制海权却没有足够的重视⑥。

至咸丰年间,宁波"北号"商人由于饱受海盗抢劫之苦,提议由官商各出资一半,向外国人购买了一艘轮船,名曰"宝顺",在缉捕海盗方面发挥了显著作用,开中国使用轮船之先河,这也使海防体系在器物层面产生了近代化因素,后来轮船的使用也得到官方的认可。至同光年间,福州船政局制造的国产轮船开始在水师中配用,主要是用于剿捕海盗,但在浙江服役的轮船较少,比较固定的有元凯、超武二轮,其余则是临时的短期服役。同一时期浙江抵御外国列强入侵主要是依靠沿海的炮台,火炮主要是向上海各洋行采购或由江南制造总局代购。刘秉璋任浙江巡抚时,曾由江南制造总局浙江补用知府贾振代购罗马生铁炮 10 尊,其中3 尊炮重 6000 余斤,7 尊重 5000 余斤,价值 4931 两,另购阿姆斯特朗 7 英寸口径钢炮 2 尊,炮弹 600 颗,价值 19438 两。宁波海防支应局购买越

---

① 中国第一历史档案馆:《鸦片战争档案史料》第 5 册,第 684 页。
② 齐思和等整理:《筹办夷务始末(道光朝)》卷 61,第 2396 页。
③ 《宣宗实录》卷 383,道光二十二年十月甲午,《清实录》第 38 册,第 899 页。
④ 齐思和等整理:《筹办夷务始末(道光朝)》卷 64,第 2520 页。
⑤ 齐思和等整理:《筹办夷务始末(道光朝)》卷 63,第 2470—2471 页。
⑥ 鲍海勇、王静然:《从"海战"到"陆防":鸦片战争后清政府善后防务的路径选择与近代化的迟滞》,唐立鹏主编《明清海防研究》第 13 辑,广东人民出版社,2021 年,第 109—123 页。

南熟铁炮 14 尊，价值银元 760 元。江南制造局后又代购罗马生铁炮 6 尊，价值 922 元。候补知府叶百川赴上海由洋行采购瓦瓦苏 80 磅前膛钢炮 4 尊，价值 21274 两，炮弹 340 颗，价值 10146 两，瓦瓦苏 8 英寸口径前膛钢炮 1 尊，价值 7416 两，瓦瓦苏 7 英寸口径前膛钢炮 1 尊，价值 7144 两，炮弹 1600 颗，价值 8734 两。1887 年，浙江由洋行订购克虏伯 21 厘米口径 30 倍口径身长新式钢炮 2 门，炮架、配件齐全，炮弹 1540 颗，克虏伯 17 厘米口径钢炮 2 门[1]。

晚清浙江海防近代化的另一成果是杭州机器局的设立。早在 1877 年浙江巡抚梅启照已着手筹办机器局，刚有端绪，就因梅的离任而停办[2]。1883 年二月，浙抚刘秉璋筹建杭州机器局，用于制造子弹、火药、水雷等，开办经费十万两，后二年开工。设杭州电报局于杭州城内板儿巷，由闽浙电报管理局管辖，所辖干线有四，由苏州接入浙境。该局初为官办，旋改商办[3]。杭州机器局的规模很小，该厂只聘用一名德国人孔恩（W. M. Kuln）为监督。1886 年该厂毁于火灾，1887 年孔恩即离厂回国[4]。

以上是晚清浙江海防近代化的主要内容，其真正起步于咸丰年间轮船的引进，轮船之使用首倡于民间，在同光年间轮船多用于缉盗，在抵御列强方面作用不足。较晚时间建成的杭州机器局仅能生产轻型武器，火炮枪械多购自外国，海防近代化的内容仅局限在器物层面。

处于日本西南门户的萨摩藩，是日本国内较早感受到英、法等国外在威胁的地方，19 世纪 40 年代英国、法国军舰频繁前来寻求通商，而中国在鸦片战争中的战败对萨摩藩上层触动很大，危机感急剧增强。藩主岛津齐兴决定采用西洋式炮术，在 1846 年着手铸造青铜炮，在沿岸要地设置炮台（台场）[5]。岛津齐彬继任藩主后于 1852 年在鹿儿岛城附近建

---

[1] 任燕翔：《晚清武器外购研究（1840—1911）》，北京大学 2014 年博士论文，第 138、171 页。

[2] 李志英：《近代中国资本主义经济形态的多重考察》，商务印书馆，2008 年，第 27 页。

[3] 中国人民政治协商会议浙江省委员会文史资料研究委员会：《浙江文史资料选辑》第 31 辑，浙江人民出版社，1985 年，第 58 页。

[4] 林庆元：《中国近代史专题研究述评》，辽宁古籍出版社，1997 年，第 254 页。

[5] 長谷川雅康：「日本最初の洋式高炉に挑んだ薩摩藩と近代化への寄与」，「金屬」第 86 卷（2016）第 4 號。

成名曰集成馆的新式工厂群,用反射炉装备平锥台开始大规模制造大炮,在1854年建成日本最早的西洋式冶炼熔炉。据统计,从1846年至1854年萨摩藩铸造大炮794挺①,在各藩(含幕府)中数量最多,加固了炮台的防守能力。在佩里舰队叩关后,岛津齐彬提出以造船为急务。1854年,仿照西式船舶建成日本最早的西式帆船"伊吕波丸"。同年,萨藩以保卫琉球为名,建成琉球大炮船"升平丸",其实是仿造的西式军舰②。黑船来航事件后,幕府撤销了《大船建造禁止令》,萨摩藩又陆续建造了大元丸、万年丸等4艘大型西式帆船。1854年8月,萨摩藩建成日本第一艘蒸汽船"云行丸"。1856年派16名藩士前往长崎海军传习所学习航海、造船、炮术、测量学、机械、算术等各种知识③。

1863年萨摩藩因"生麦事件"与英国舰队爆发萨英战争,炮火引发的大火使集成馆烧毁殆尽,岸上炮台遭到重创,萨摩藩购买的蒸汽船天祐丸、白凤丸、青鹰丸被英军俘获。这场战争使藩士上层感受到与西方强国间的军事差距,促使萨摩藩加快以海军整顿为中心的军备近代化进程。战后萨摩藩任命小松清廉为海军挂,成立海军所,编练水战队,扩充洋式军制。1864年,设置开成所,招聘中浜万次郎讲授航海、测量、造船、英语,并聘请安保清康、前岛密、芳川显正、嵯峨矩重等人讲授与海军有关的课程④。萨英战争后,萨摩藩鉴于欧美列强的军事优势,主动改善与英国等国的关系,进一步加大购买轮船的力度,先后买进蒸汽船16艘⑤,在各藩中数量最多。1865年,萨摩藩向英国派遣留学生,次年又向美国派出留学生,并向神户海军操练所输送大批研修生,以培养人才,最终成为诸藩中拥有强大海军者之一⑥,也为明治前期海军建设奠定了基础。

---

① 長谷川雅康:「薩摩藩・南部藩等における洋式製鉄法の導入過程に関する文化史的・実証的研究」,鹿兒島大學研究報告書,2011年6月16日;中野俊雄:「幕末の鋳物の大砲(続)」,「鑄造工學」第74卷(2002)第2號。

② 安達裕之:「近代造船の曙——昇平丸・旭日丸・鳳凰丸」,「日本造船学会誌」第864號(2001年11月)。

③ 王玉茜:《幕末日本近代化的先声——萨摩藩集成馆事业(1851—1871)》,东北师范大学2016年硕士论文,第20页。

④ 松野良寅:「薩の海軍と米沢」,「英学史研究」第10號。

⑤ 坂本賢三:「幕末期輸入船とその主機」,「日本舶用機関学会誌」第18卷(1983)第6號。

⑥ 杜小军:《幕末日本海军史》,中国文史出版社,2015年,第173—176页。

通过以上考察可知,萨摩藩在西方国家的冲击下开始加强海防,引进西洋方法铸造大炮,岛津齐彬在位时,其军备近代化有了系统的发展,体现在建设集成馆、购买外国蒸汽船、自身也开始研制蒸汽船等内容。萨英战争推动了萨摩藩海防近代化的步伐,促使其确立以海军为中心,大力购买外国蒸汽船,特别重视对海军人才的培养,并采用英式军制,以英国海军战术作为训练内容。相比之下,晚清浙江的海防近代化缺乏强有力人物的推动,仅局限在器物层面,没有专门的海军领导和教育机构,而且以岸防为中心,外购武器以火炮为主,对水师重视程度不够,舰船数量要少很多,整个近代化过程是断续而零散的。而萨摩藩的海防近代化不仅体现在器物层面,还包括采用西方军制以及对人才的培养非常重视,其过程是持续而系统的,其对海军的格外重视为明治时期海军成为独立军种以及贯彻"耀皇威于四海"①的海军振兴计划起到了推动作用。

本章小结

本章围绕浙江海防分别做了纵向比较和横向比较。纵向比较是明代与清代浙江海防体系之间的比较,从三个方面展开。一是从宏观海洋政策环境看,明代浙江一直实施海禁,清代浙江大部分时间是开放的环境。王宏斌先生曾指出清前期奉行"以禁为防"、"重防其出"的观念②,其实"以禁为防"、"重防其出"更符合明代浙江的情况而非清代,明代浙江一直奉行海禁,禁止内地商人出海,可以说海禁即海防。清代虽然对船只规模以及携带军器、粮食等作了种种禁令规定,但并未妨碍大宗商品的出口和沿海贸易的活跃。宏观海洋政策的不同决定了明代浙江海防偏于军事一途,而清代浙江海防则要灵活多元。二是比较王朝前期海防体系的构成,明前期浙江海防体系以卫所制为核心,驻防相对集中,清前期浙江海防体系以营汛制为核心,绿营兵分布要分散得多。明前期对绝大多数岛屿弃置,把海防线收缩到海岸线,海防策略以岸防为主。清前

---

① 〔日〕外山三郎著、龚建国等译:《日本海军史》,解放军出版社,1988年,第20页。
② 王宏斌:《清代前期海防:思想与制度》,第31页。

期对舟山、玉环主要岛屿设厅(县)置汛,戍以重兵,拓展了海防线,把近海划为内洋和外洋进行管理,形成文武共治、主体多元的体系,其海防重心放在海上。三是从王朝中后期的海防变革看,明代中后期浙江在海防指挥体制上逐步探索形成文武双轨指挥体制,兵制由卫所制向营兵制转变,海防力量由卫所旗军转向以募兵为主,海防重点也由"防之于陆"向"防之于海"转变,水军呈现专门化的发展趋势,巡洋会哨制度逐步完善。清后期浙江海防主力由绿营转为勇营和练军,布置原则由星罗棋布转为重点扼守,海防重点由"防之于水"向"防之于陆"转变。如果说明中后期主要是制度变革的话,那么清后期则主要是器物变革,表现在海防中使用轮船、先进的火炮和改进的炮台,但绿营体制依然存在,此时的浙江海防体系可称之为旧体制和新器物的混合体。综而观之,清代浙江海防体系明显是继承了明后期的海防体系,如绿营是从明代营兵制发展而来,水师巡洋制度也从明代继承而来,但又有显著的不同,如清代绿营兵布防有意化整为散,统治者创立了近海水域的内外洋管理制度,把海关纳入海防管理,成为重要一环等。

　　横向比较是把清代浙江的海防地位与其他沿海省份做对比。可以说,在鸦片战争之前,浙江的海防地位一直是比较高的,一是因为浙江系财赋重地,国家仰给所在,二是因为清前期的海上威胁(南明势力、海盗)主要活动于长江以南的东南沿海,三是因为舟山在英国的远东视野中长期占据重要地位。至鸦片战争期间,浙江的海防地位达到最高。但第二次鸦片战争改变了这一格局,英法联军攻入北京,畿辅震动,北洋形势益重。在财力有限的情况下,政府优先发展北洋海军,浙江海防地位已十分弱化,因此时人以"手足"视之,当然这是立足于守卫京师的陆地视角下得出的结论。但在英人看来,控制浙江沿海是实施其侵略计划的关键,显然"以海观陆"与"以陆观海"造成的认识差异非常大。有识之士曾指出舟山的战略重要性,"盖不特浙江一省之藩篱,实亦海疆全局之关键。为今日计,宜合南洋数省之全力,练水师一大枝,建阃定海,则左顾右盼,着着争先,最为上策"①,看重的就是浙江沿海的腰腹作用,可以居

---

① (清)薛福成:《浙东筹防录》卷1上,第48页。

中拦截、南北策应，而直到清末重建海军时朝野才对浙江沿海位置的重要性加以重视。

横向比较的另一内容是对西方冲击背景下的晚清浙江与日本萨摩藩所进行的海防近代化做对比。二者面对西方入侵和威胁都着手加强海防，铸造火炮、建设炮台，但又有显著区别，浙江的海防以岸防为中心，购买火炮是其近代化的重点，所配备的轮船数量少，仅用于对付海盗；萨摩藩的海防以海军建设为中心，购买数量可观的蒸汽船，且重视海军教育，设立专门机构领导海军事务和培养海军人才；浙江的海防近代化缺乏强有力人物的推动，仅限于器物层面，其过程是断续而零散的，萨摩藩有强有力人物的推动，海防近代化的内容不仅体现在器物层面，而且采用西方军制、重视人才培养，其过程是持续而又系统化的。多年后中日甲午战争的结果或许于此已有迹象可寻。

结　语

　　海防起源于人类海上活动的增多和外部威胁的存在。南宋时,因都城临安面临着金人、蒙古人可能从海上发起的进攻,浙江开始大规模构筑海防体系。明代洪武年间,浙江面临方国珍、张士诚海上力量以及倭寇的威胁,在汤和主持下全面建立了以卫所为核心的海防体系。

　　清朝从1646年占领浙江到1683年收复台湾为止,以南明海上势力(明鲁王、郑成功、张煌言等)为海防对象,此时期清政府以夺取和巩固全国政权为中心,在海防上采取极其消极的措施(如弃岛、禁海和迁界)来对付南明海上势力。从1684年清政府宣布开海到1839年鸦片战争前夕为止,以海盗(又称洋盗、海匪、海贼、海寇等)、滞留南洋等地的汉人、内地出海汉人(含走私、偷渡、逾期未归者等)为主要海防对象,个别时间含有防范外敌入侵的内容,如雍正时李卫请严防日本,乾隆时对英国觊觎舟山加以警惕和防范,但大部分时间以海盗为海防对象,海防的主要任务是缉盗安民、护商护渔,形成了以水师和海关为两大支柱的体系。其中绿营水师担负着巡洋会哨、护商护渔、缉盗缉私、稽查岛屿等职责,浙海关担负着对出入海口船只、人员的日常管理。沿岸有绿营、八旗水师兵驻扎于炮台、城寨、塘汛,内陆则有八旗、绿营陆兵驻守城池、关隘,由此形成了海上、海岸和内陆三条防线。历经康雍乾三世,浙江的海防体系趋于成熟,表现在海防指挥体制的稳定,八旗、绿营兵力分布趋于合理,水师巡洋会哨制度逐步完善,沿海炮台群初步奠定,浙海关对出海贸易的管理日臻完善等方面。

　　从1840年鸦片战争爆发至1911年清朝覆亡前夕为止,浙江以外国侵略势力(英、法、日、俄、意等国)为主要海防对象,海盗依然是重要海防对象,华洋走私商人也是日常海防打击对象,其中外国入侵势力是最为凶险的海防对象。此时期浙江海防体系已发生较大的嬗变,勇营和练军取代绿营、八旗成为海防的主力,部署的原则也由以前的星罗棋布变为重点扼守,如甬江、钱塘江、瓯江、飞云江这些主要河流的入海口成为扼守的重点。传统水师已经没落,轮船开始用于水师巡逻和护商缉盗,在开埠以后的道光末年、咸丰年间还不得不借助外国舰船镇压海盗和缉私,清朝的海防巡逻和海关管理主权也因此受到损害。炮台在清前中期浙江海防中基本没有发挥作用,在清后期成为抵御列强入侵的主要依托,已装备有先进的火炮,其建筑形态和材料都有较高的改进,特别是光绪年间前后耗费十余年时间对镇海甬江口两岸炮台群的建设尤为持久,构筑了威远、靖远、镇远、定远、宏远、平远、绥远、安远等十余座近代化炮台,配备克鹿卜等西洋先进火炮,大大提高了海口的防御能力,由此大致形成"炮台与水师轮船相为表里"的体系,"勇+兵轮+炮台"的模式成为该体系的主要形态。

海上世界的流动性对海防体系提出比陆地更高的协作要求,而制度上的"分定界址"与实践中的"无分畛域"存在着巨大矛盾,即一方面为了便于追究涉事海域官员的责任实行属地管理,另一方面却导致"各人自扫门前雪",两地之间经常互相推诿致使海盗逃逸,迫切需要加强邻省之间、水陆之间、文武官员之间的紧密协作,这在康熙后期和乾嘉年间缉捕海盗的实践中表现得尤为突出。浙江与福建属于同一总督管辖,它们之间的合作更为密切,在跨省协同作战体制中曾做出了有益的探索,如通过设立闽浙水师总统提高了联合水师的跨省长途机动作战能力,对剿灭海盗发挥了决定性作用,然而这些有益探索并未在随后及时加以总结并制度化,只是在原有各省分防的框架下做了些修补,导致水师的远途机动作战能力长期不足。鸦片战争破坏了浙江原有的海防体系,统治者对单纯海口陆地堵防的方针进行了深刻反思,认识到水陆配合作战的重要性,但由于无法建造巨舰水师,也就无法实现"陆军战于前,水师战于后"的设想,只能寄希望于提高陆战能力,加强陆地上的协同,如增加各炮台间的联络和后路策应、防止敌人侧后方包抄等。中法战争镇海保卫战是晚清浙江自主办防、以陆地协同作战击退法舰海上进攻的典型案例,将士上下同心,克服派系矛盾,使炮台、陆营、堵口、兵轮诸要素发挥了最大化的联动效应,为制海权缺失条件下仍可以一省之力和陆地协同作战击退来犯之敌提供了有力佐证。

通过对明代与清代浙江海防体系的几个方面进行比较,发现宏观海洋政策环境的不同决定了二者迥异的海防面相。明代浙江自始至终实行海禁,以禁为防,宁波市舶司仅服务于日本的朝贡贸易,其海防偏于军事一途,卫所和后期的镇戍营兵承担了大部分海防事务。清代浙江大部分时间实行开海通商的政策,其外在表现要灵活多元,除水陆军事力量外,还有浙海关负责日常贸易的海防管理,通中有禁,沿海府州县文官也参与海防,把近海划为内洋和外洋进行管理,形成文武共治、主体多元的体系。明前期以卫所为核心的海防体系立足于岸防,沿海绝大多数岛屿弃置,海防线收缩至海岸线。明代中后期浙江海防做了诸多变革,表现在指挥体制上逐步探索形成文武双轨指挥体制,兵制由卫所制向营兵制转变,海防力量由卫所旗军转向以募兵为主,海防重点也由“防之于陆”向“防之于海”转变,水军呈现专门化的发展趋势,巡洋会哨制度逐步完善。清代浙江海防体系对明后期有明显的继承,如绿营是从明代营兵制发展而来,指挥体制也是以文抑武的文武双轨制,水师巡洋制度也从明代继承而来,但又有显著的不同,如清代绿营兵布防有意化整为散,统治者创立了近海水域的内外洋管理制度,把浙海关纳为海防管理的重要一环等,其海疆经略比明代具有进步性,如对主要岛屿进行展复,实施有效的治理。相较于明中后期浙江海防的制度变革,清后期多是器物之变,在海防中使用轮船、先进的火炮和改进的炮台,勇营和练军虽成为主要海防力量,但未能从制度上取代绿营,且难脱绿营窠臼。其海防重点由前期的“防之于水”向后期的“防之于陆”转变。

在把清代浙江与其他沿海省份的海防地位进行比较后发现,清前中期东南数省海防地位突出,清后期则是北洋重于南洋。浙江的海防地位在鸦片战争之前一直是比较高的,一是因为浙江系财赋重地,国家仰给所在,二是因为清前中期的海上威胁(南明势力、海盗)主要活动于长江以南的东南沿海,三是因为浙江舟山在英国的远东视野中长期占据重要地位。至鸦片战争期间,浙江的海防地位达到最高。但第二次鸦片战争改变了这一格局,英法联军攻入北京,畿辅震动,北洋形势益重。在财力有限的情况下,政府优先发展北洋海军,浙江海防地位已十分弱化,时人以"手足"视之,显然这是立足于守卫京师的陆地视角下得出的结论。然而英国人从海上进攻的视角看,把浙江舟山视为必占之地,此处可以屯兵、休整,可战可守,两次鸦片战争侵略军都以舟山为中转地。查理大公说"对战略据点的占有决定着作战的成功",拿破仑说"战争就是处置位置"[①]。显然"以海观陆"和"以陆观海"的不同视角会造成认识上的巨大差别。"中国东南海岸,略同半规,而浙省于东海,最为突出。外而岛屿罗列,内而港汊分歧,水陆相参,形成扼塞,海疆有事,辄首当其冲。"[②]七省腰腹、东南要冲的位置赋予浙江可以居中拦截、南北策应的有利地位,到清末重建海军时军港选址象山才对此有所正视。

比较西方冲击背景下的晚清浙江与日本萨摩藩所进行的海防近代化发现,二者面对西方入侵和威胁都着手加强海防,铸造火炮、建设炮台,但又有显著区别,浙江的海防以岸防为中心,购买火炮是其近代化的重点,所配备的轮船数量少,仅用于对付海盗;萨摩藩的海防以海军建设为中心,购买数量可观的蒸汽船,且重视海军教育,设立专门机构领导海军事务和培养海军人才;浙江的海防近代化缺乏强有力人物的推动,内容仅限于器物层面,其过程是断续而零散的,萨摩藩有强有力人物的推动,海防近代化的内容不仅体现在器物层面,而且采用西方军制、重视人才培养,其过程是持续而又系统化的。多年后中日甲午战争的结果或许于此已有迹象可寻。

从清代浙江海防体系的作用和效果来看,它的积极方面不可否认,如在缉捕海盗、护商护渔方面发挥了重要作用,维持了沿海秩序,在杜绝外国觊觎、抵御外敌入侵方面也起过积极的作用,还促进了海疆、海岛的开发。但这一体系也存在明显不足,突出表现在限制了民间海洋力量。对民间商船、渔船的规格做出种种限制,如桅杆数、梁头、舵水人数、携带武器、粮食数量都有所限制,无疑制约了船只的远洋航行和自我保护能力,也造成民间造船业的落后。具有讽刺意味的是,清前中期外海水师的主要船型(同安梭船,米艇,红单等)均是仿照民船改造,所以对民间造

---

① [美]艾·塞·马汉:《海军战略》,商务印书馆,1999 年,第 122 页。
② 徐映璞:《两浙史事丛稿》,第 280 页。

船业的限制也必然制约了水师战船的整体性能水平,导致水师战斗力低下。对优势商品湖丝的销售携带量加以限制,某些时段内还禁止茶叶海运,人为削弱了浙江优势产品的竞争力。清朝统治者没有认识到民间海洋力量的壮大能够反哺官方水师力量,而是把他们看作可能滞留海外联合反抗统治的不安分因素。再者这一体系是基于各省分防视野进行架构,跨省联合的机动水师力量建设不足,这在晚清应对列强入侵时尤为被动。"大抵海防之道不外战守二端,战则宜厚集兵力,非通力合作联南洋五省为一气不足以备征调而资应援;守则因势设险,各就形势所在及财力所能为者密为部署,其势又非分疆别界无以专责成而期缜密。"①一个好的海防体系应该兼具战守两端,作战力量尤其是水师力量讲求集中兵力、机动灵活,而陆地防御则因势设险,分疆别界。这或许是对今日海防建设的一个有益启示。

---

①　席裕福、沈师徐辑:《皇朝政典类纂》卷 339《兵十七·水师》,第 7359 页。

参考文献

一、古籍、史料

（春秋）孙武著、王怡晨编译：《孙子兵法》，三秦出版社，2018年。

（宋）李心传：《建炎以来系年要录》，上海古籍出版社，1992年。

刘琳等校点：《宋会要辑稿》，上海古籍出版社，2014年。

（元）脱脱等撰：《宋史》，中华书局，2013年。

（明）陈子龙：《明经世文编》，中华书局，1962年。

（明）范涞：《两浙海防类考续编》，明万历三十年刊本影印本，成文出版社有限公司，1983年。

（明）申时行等修、赵用贤等纂：《大明会典》，《续修四库全书》编纂委员会编《续修四库全书》第789册，上海古籍出版社，2002年。

（明）沈德符：《万历野获编》，中华书局，1959年。

（明）宋濂等撰：《元史》，中华书局，2013年。

（明）王士性撰、吕景琳点校：《广志绎》，中华书局，1981年。

（明）王在晋：《海防纂要》，《续修四库全书》编纂委员会编《续修四库全书》第739册，上海古籍出版社，1995年。

（明）谢杰撰、柳邦奇等辑：《虔台倭纂》，北京图书馆古籍出版编辑组编《北京图书馆古籍珍本丛刊（10）》，书目文献出版社，1990年。

（明）杨英：《延平王户官杨英从征实录》，《续修四库全书》编纂委员会编《续修四库全书》第444册，上海古籍出版社，1995年。

（明）郑若曾：《郑开阳杂著》，《景印文渊阁四库全书》第584册，台湾商务印书馆，1984年。

《明太祖实录》，台湾"中研院"历史语言研究所校印本，1962年。

《明世宗实录》，台湾"中研院"历史语言研究所校印本，1962年。

（清）董诰、特通保等纂修:《钦定军器则例》,《续修四库全书》编纂委员会编《续修四库全书》第 857 册,上海古籍出版社,1995 年。

（清）董沛:《宝顺轮船始末》,载张永祥主编《江南望族小港李家百年风云》,宁波出版社,2011 年。

（清）杜冠英等著,朱晓凯、翁飞整理:《杜徵三友朋手札》,黄山书社,2016 年。

（清）段光清撰:《镜湖自撰年谱》,中华书局,1960 年。

（清）龚自珍著、王文濡编校:《龚定盦全集》,世界书局,1935 年。

（清）顾炎武撰、黄珅等校点:《天下郡国利病书（四）》,上海古籍出版社,2012 年。

（清）顾祖禹撰,贺次君、施和金点校:《读史方舆纪要》,中华书局,2005 年。

（清）贺长龄、魏源等编:《清经世文编》,中华书局,1992 年。

（清）黄宗羲:《海外恸哭记》,《台湾文献史料丛刊（第六辑）》,台湾大通书局,2000 年。

（清）计六奇撰,任道斌、魏得良点校:《明季南略》,中华书局,1984 年。

（清）昆冈等修、刘启端等纂:《钦定大清会典事例》,《续修四库全书》编纂委员会编《续修四库全书》第 798—814 册,上海古籍出版社,1995 年。

（清）昆冈等修、吴树梅等纂:《钦定大清会典》,《续修四库全书》编纂委员会编《续修四库全书》第 794 册,上海古籍出版社,1995 年。

（清）李桓辑:《国朝耆献类征初编》,明文书局,1984 年。

（清）乾隆官修:《续通典》,浙江古籍出版社,1988 年。

（清）阮亨:《瀛舟笔谈》,浙江图书馆藏,清嘉庆 25 年（1820）刻本。

（清）王之春撰、赵春晨点校:《清朝柔远记》,中华书局,1989 年。

（清）魏源:《圣武记》,岳麓书社,2010 年。

（清）魏源撰、陈华等点校注释:《海国图志》,岳麓书社,1998 年。

（清）吴伟业:《鹿樵纪闻》,载《台湾文献丛刊》第 127 种,台湾银行经济研究室,1961 年。

（清）杨英撰、陈碧笙校注：《先王实录》，福建人民出版社，1981 年。

（清）雍正十年敕编：《世宗宪皇帝朱批谕旨》，《景印文渊阁四库全书》第 423 册，台湾商务印书馆，1984 年。

（清）张大昌辑、白辰文点校：《杭州八旗驻防营志略》，辽宁大学出版社，1994 年。

（清）张廷玉等撰：《明史》，中华书局，1974 年。

（清）朱寿朋：《东华续录》，《续修四库全书》编纂委员会编《续修四库全书》第 383、384 册，上海古籍出版社，1995 年。

（清）朱正元：《浙江沿海图说》，光绪己亥（1899）上海聚珍版。

（清）左宗棠著：《左宗棠全集》奏稿一，岳麓书社，2009 年。

胡滨译：《英国档案有关鸦片战争资料选译》，中华书局，1993 年。

姜鸣编著：《中国近代海军史事日志（1860—1911）》，生活·读书·新知三联书店，1994 年。

孔昭明：《台湾文献史料丛刊（第 3 辑）44、45、46·郑氏史料续编（一、二、三、四）》，台湾大通书局，1984 年。

李洵等校点：《钦定八旗通志》，吉林文史出版社，2002 年。

马骏杰等编：《清末报刊载海军史料汇编》，山东画报出版社，2016 年。

内阁印铸局编：《宣统三年冬季职官录》第 7 册，沈云龙主编《近代中国史料丛刊》第 29 辑，文海出版社，1968 年。

聂宝璋编：《中国近代航运史资料》，上海人民出版社，1983 年。

宁波市档案馆编：《〈申报〉宁波史料集》，宁波出版社，2013 年。

齐思和等整理：《筹办夷务始末（道光朝）》，中华书局，2014 年。

《清实录》，中华书局，1985—1987 年。

清高宗敕撰：《钦定大清会典则例》，《景印文渊阁四库全书》第 620、623、624 册，台湾商务印书馆，1984 年。

清高宗敕撰：《清朝通典》，商务印书馆，1935 年。

清高宗敕撰：《清朝文献通考》，浙江古籍出版社，1988 年。

上海申报馆编：《申报》，台湾学生书局，1965 年。

台湾"中研院"近史所档案馆馆藏档案，总理各国事务衙门，朝鲜档。

台湾"中研院"近史所档案馆馆藏档案,总理各国事务衙门,船政。

台湾"中研院"近史所档案馆馆藏档案,总理各国事务衙门,矿务。

台湾"中研院"近史所档案馆馆藏档案,总理各国事务衙门,越南档。

台湾"中研院"近史所档案馆馆藏档案,总理各国事务衙门,租地租界。

汪荣宝:《清史讲义选录》,台湾大通书局,1984年。

王铁崖编:《中外旧约章汇编》第1册,生活·读书·新知三联书店,1957年。

王彦威、王亮辑编、李育民等点校整理:《清季外交史料(6)》,湖南师范大学出版社,2015年。

席裕福、沈师徐辑:《皇朝政典类纂》,文海出版社,1982年。

厦门大学台湾研究所、中国第一历史档案馆编辑部编:《郑成功档案史料选辑》,福建人民出版社,1985年。

徐映璞:《两浙史事丛稿》,浙江古籍出版社,1988年。

炎明主编、宁波市社会科学界联合会、中国第一历史档案馆编:《浙江鸦片战争史料》,宁波出版社,1997年。

张侠等编:《清末海军史料(上)》,海洋出版社,1982年。

赵尔巽等撰:《清史稿》,中华书局,1976年。

中法镇海之役资料选辑编委会编:《中法战争镇海之役史料》,光明日报出版社,1988年。

中国第一历史档案馆编:《康熙起居注》,中华书局,1984年。

中国第一历史档案馆编:《鸦片战争档案史料》,天津古籍出版社,1992年。

中国第一历史档案馆编:《雍正朝汉文朱批奏折汇编》,江苏古籍出版社,1989年。

中国人民政治协商会议浙江省岱山县委员会文史资料委员会编:《岱山文史资料》,第3辑。

中国人民政治协商会议浙江省委员会文史资料研究委员会:《浙江文史资料选辑》第31辑,浙江人民出版社,1985年。

中华人民共和国杭州海关译编:《近代浙江通商口岸经济社会概

况——浙海关、瓯海关、杭州关贸易报告集成》,浙江人民出版社,2002年。

中华书局编辑部、李书源整理:《筹办夷务始末(同治朝)》,中华书局,2008年。

中华书局编辑部整理:《筹办夷务始末(咸丰朝)》,中华书局,2014年。

台湾"中研院"历史语言研究所编:《明清史料》,台湾"中研院"历史语言研究所员工福利委员会,1972年。

诸家:《清奏疏选汇》,载《台湾文献丛刊》第256种,台湾银行经济研究室,1968年。

庄吉发译注:《孙文成奏折》,文史哲出版社,1978年。

二、地方志

(宋)罗濬:《宝庆四明志》,《景印文渊阁四库全书》第487册,台湾商务印书馆,1984年。

(宋)梅应发、刘锡:《开庆四明续志》,《景印文渊阁四库全书》第487册,台湾商务印书馆,1984年。

(元)袁桷:《延祐四明志》,《景印文渊阁四库全书》第491册,台湾商务印书馆,1984年。

(明)蔡逢时:《温处海防图略》,四库全书存目丛书编纂委员会编《四库全书存目丛书》史部第226册,齐鲁书社,1996年。

(清)嵇曾筠等监修、沈翼机等编纂:《浙江通志》,《景印文渊阁四库全书》第519、521、522册,台湾商务印书馆,1984年。

(清)李应珏:《浙志便览》,清光绪二十二年刊本影印,成文出版社有限公司,1973年。

(清)齐翀:《南澳志》,哈佛燕京图书馆藏,道光二十一年(1841)补刊本。

(清)史致驯等编纂、柳和勇等校点:《定海厅志》,上海古籍出版社,2011年。

(清)俞樾纂:《镇海县志》,清光绪五年(1879)刊本影印,成文出版社有限公司,1974 年。

（清）周圣化等修、凌金祚点校：《定海县志》,舟山市档案局馆,2006 年。

陈衍辑：《福建通志列传选》,台湾宗青图书出版有限公司,1995 年。

光绪《玉环厅志》,浙江师范学院图书馆藏,光绪六年（1880）重修版。

康熙《台州府志》,浙江图书馆藏,康熙六十一年（1722）刻本。

康熙《鄞县志》,《中国地方志集成》影印清康熙二十五年刊本,上海书店,1993 年。

李涞修、陈汉章纂：民国《象山县志》,成文出版社有限公司,1974 年。

吕耀钤、厉家祯等纂修：《南田县志》,成文出版社有限公司,1970 年。

民国《定海县志》,浙江师范学院图书馆藏,民国 13 年（1924）铅印本。

王必昌著：《重修台湾县志》,台湾大通书局,1984 年。

喻长霖等纂修：《台州府志》,成文出版社有限公司,1970 年。

《中国海关通志》编纂委员会编：《中国海关通志》第 1 分册,方志出版社,2012 年。

周航主编：《浙江海岛志》,高等教育出版社,1998 年。

三、专著

白斌：《明清以来浙江海洋渔业发展与政策变迁研究》,海洋出版社,2015 年。

白明等编著：《中国对外贸易史（上卷）》,中国商务出版社,2015 年。

包遵彭：《中国海军史》,香港集成图书公司,1970 年。

陈锋：《清代军费研究（第 2 版）》,武汉大学出版社,2013 年。

陈高华、吴泰：《宋元时期的海外贸易》,天津人民出版社,1981 年。

陈君静：《浙江近代海洋文明史（晚清卷）》,商务印书馆,2017 年。

陈尚胜：《闭关与开放：中国封建晚期对外关系研究》,山东人民出版社,1993 年。

陈尚胜：《"怀夷"与"抑商"：明代海洋力量兴衰研究》,山东人民出版社,1997 年。

陈旭麓:《近代中国八十年》,上海人民出版社,2019年。

陈钰祥:《海氛扬波:清代环东亚海域上的海盗》,厦门大学出版社,2018年。

陈悦:《近代国造舰船志》,山东画报出版社,2011年。

定宜庄:《清代八旗驻防研究》,辽宁民族出版社,2003年。

杜家骥:《杜家骥讲清代制度》,天津古籍出版社,2014年。

杜小军:《幕末日本海军史》,中国文史出版社,2015年。

复旦大学文史研究院:《世界史中的东亚海域》,中华书局,2011年。

高荣盛:《元代海外贸易研究》,四川人民出版社,1998年。

宫凌海:《控扼东南:明代浙江卫所与海洋管理研究》,上海人民出版社,2021年。

顾诚:《南明史》,中国青年出版社,1997年。

郭卫东:《转折——以早期中英关系和〈南京条约〉为考察中心》,河北人民出版社,2003年。

黄纯艳:《宋代海外贸易》,社会科学文献出版社,2001年。

黄国盛:《鸦片战争前的东南四省海关》,福建人民出版社,2000年。

黄振南:《中法战争诸役考》,广西师范大学出版社,1998年。

姜鸣:《龙旗飘扬的舰队——中国近代海军兴衰史》,生活·读书·新知三联书店,2002年。

金普森、陈剩勇主编:《浙江通史》,浙江人民出版社,2005年。

李伯重:《火枪与账簿:早期经济全球化时代的中国与东亚世界》,生活·读书·新知三联书店,2017年。

李志英:《近代中国资本主义经济形态的多重考察》,商务印书馆,2008年。

林庆元:《中国近代史专题研究述评》,辽宁古籍出版社,1997年。

刘子扬:《清代地方官制考》,故宫出版社,2014年。

卢建一:《闽台海防研究》,方志出版社,2003年。

罗尔纲:《绿营兵志》,中华书局,1984年。

吕一燃主编:《中国海疆史研究》,四川人民出版社,2016年。

马大正主编:《中国边疆经略史》,中州古籍出版社,2000年。

茅海建:《天朝的崩溃——鸦片战争再研究》,生活·读书·新知三联书店,2014年。

漆侠:《宋代经济史》,见《漆侠全集》第4卷,河北大学出版社,2008年。

钱实甫:《清代职官年表》,中华书局,1980年。

宋烜:《明代浙江海防研究》,社会科学文献出版社,2013年。

苏勇军:《明代浙东海防研究》,浙江大学出版社,2014年。

谭其骧主编:《中国历史地图集》,中国地图出版社,1982、1987年。

王宏斌:《清代前期海防:思想与制度》,社会科学文献出版社,2002年。

王宏斌:《晚清海防:思想与制度研究》,商务印书馆,2005年。

王宏斌:《晚清海防地理学发展史》,中国社会科学出版社,2012年。

王潞:《清前期的岛民管理》,杨国桢主编《中国海洋文明专题研究》第十卷,人民出版社,2016年。

王日根:《海润华夏:中国经济发展的海洋文化动力》,厦门大学出版社,2015年。

王日根:《明清海疆政策与中国社会发展》,福建人民出版社,2006年。

王万盈:《东南孔道——明清浙江海洋贸易与商品经济研究》,海洋出版社,2009年。

王文洪等著:《西方人眼中的近代舟山》,宁波出版社,2014年。

王兆春:《中国古代军事工程技术史(宋元明清)》,山西教育出版社,2007年。

许毓良:《清代台湾的海防》,社会科学文献出版社,2003年。

炎明主编《浙江与鸦片战争新论》,宁波出版社,2000年。

杨德安编著:《中国国防地理》,当代出版社,1948年。

杨金森、范中义:《中国海防史》,海洋出版社,2005年。

姚建根:《宋朝制置使制度研究》,上海世纪出版集团,2010年。

张铁牛、高晓星:《中国古代海军史》,八一出版社,1993年。

张炜、方坤主编《中国海疆通史》,中州古籍出版社2003年。

张晓堂著:《清朝对外贸易法制研究——十七世纪中叶至十九世纪中叶》,对外经济贸易大学出版社,2011年。

张雅娟著:《清代嘉庆年间的海盗与水师》,杨国桢主编《中国海洋文明专题研究》第八卷,人民出版社,2016年。

张亚红、徐炯明:《宁波明清海防研究》,宁波出版社,2012年。

赵树国:《明代北部海防体制研究》,山东人民出版社,2014年。

镇海口海防历史遗迹领导小组编:《中法战争镇海之役110周年学术研讨会论文集》,人民出版社,1996年。

郑华南:《中国海盗史》,华东理工大学出版社,1998年。

郑永常:《来自海洋的挑战——明代海贸政策演变研究》,稻乡出版社,2004年。

钟铁军:《明代浙江沿海海防地理研究》,黑龙江教育出版社,2019年。

祝太文:《清代浙江行政职官与海防关系研究》,光明日报出版社,2016年。

四、析出文献及会议论文

白斌:《来自海洋政权的挑战:国家海洋制度的非正常化:以浙江海洋渔业制度演变为例(1628—1683)》,第二届海洋文化与社会发展研讨会,2011年。

白斌:《清末浙江海盗治理——以清廷处置台州海盗黄金满为例》,《社会科学战线》2012年第7期。

鲍海勇:《清乾隆、道光两朝贸易禁运述论——以丝斤、大黄、茶叶为中心》,《新疆大学学报(哲学·人文社会科学版)》2017年第2期。

鲍海勇、王静然:《从"海战"到"陆防":鸦片战争后清政府善后防务的路径选择与近代化的迟滞》,载唐立鹏主编《明清海防研究》第13辑,广东人民出版社,2021年。

鲍海勇、王静然:《鸦片战争后海军装备改进滞后原因新探》,《兰台世界》2021年第11期。

常修铭:《认识中国——马戛尔尼使节团的"科学调查"》,《中华文史论丛》2009 年第 2 期。

车垠和：《明州出海唐商的兴起与东亚贸易格局》，《社会科学辑刊》2008 年第 5 期。

陈高华：《元代的海外贸易》，《历史研究》1978 年第 3 期。

陈梅龙：《裕谦与鸦片战争史事两考》，《史学月刊》2006 年第 11 期。

陈尚胜：《澳门模式与鸦片战争前的中西关系》，《中国史研究》1998 年第 1 期。

陈尚胜：《东亚贸易体系形成与封贡体制衰落——以唐后期登州港为中心》，《清华大学学报(哲学社会科学版)》2012 年第 4 期。

陈尚胜：《论明朝月港开放的局限性》，《海交史研究》1996 年第 1 期。

陈尚胜：《论明代市舶司制度的演变》，《文史哲》1986 年第 2 期。

陈尚胜：《明朝后期筹海过程考论》，《海交史研究》1990 年第 1 期。

陈尚胜：《明代海防与海外贸易——明朝闭关与开放问题的初步研究》，载《中外关系史论丛》第 3 辑，世界知识出版社，1990 年。

陈尚胜：《明代浙江市舶司兴废问题考辨》，《浙江学刊》1987 年第 2 期。

陈喜波、颜廷真：《清代杭州满城研究》，《满族研究》2001 年第 3 期。

陈喜波：《皇权的御域空间：清代杭州满城体制研究》，载李小波、陈喜波著《城市景观的本土化解读与旅游意义》，四川大学出版社，2006 年。

陈贤波：《近 40 年来明代海防史研究的回顾和检讨》，《海交史研究》2020 年第 1 期。

陈钰祥：《在洋之盗，十犯九广：清咸同年间广艇海盗布兴有事迹考》，《故宫学术季刊》第 24 卷，第 2 期。

戴逸：《清代乾隆朝的中英关系》，《清史研究》1993 年第 3 期。

丁晨楠：《18 世纪初朝鲜燕行使对陈尚义海盗集团的情报搜集》，《海洋史研究》第 12 辑，社会科学文献出版社，2018 年。

杜家骥：《清代督、抚职掌之区别问题考察》，《史学集刊》2009 年第 6 期。

方堃、张炜：《晚清浙江海防战略地位的弱化及原因透视》，《历史档案》1996 年第 1 期。

冯琛、王和平:《鸦片战争在浙江若干问题新探》,《浙江学刊》1994年第2期。

龚缨晏:《中国第一艘轮船的由来》,《浙江大学学报(人文社会科学版)》2017年第2期。

顾松洁:《清代八旗驻防协领刍议》,《吉林师范大学学报(人文社会科学版)》,2017年第1期。

郭成康:《18世纪后期中国贪污问题研究》,《清史研究》1995年第1期。

郭卫东:《从舟山到香港:英国在华殖民战略的调整》,《北京大学学报(哲学社会科学版)》1997年第6期。

郭卫东:《丝绸、茶叶、棉花:中国外贸商品的历史性易代——兼论丝绸之路衰落与变迁的内在原因》,《北京大学学报(哲学社会科学版)》2014年第4期。

何勇强:《吴越国对外贸易机构考索》,《海交史研究》2003年第1期。

胡国枢:《鸦片战争在浙江》,《浙江学刊》1990年第4期。

黄振南:《石浦事件初探》,《近代史研究》1990年第3期。

吉辰:《鸦片战争后的海盗问题与轮船的引进》,《河北师范大学学报(哲学社会科学版)》2015年第4期。

季云飞:《鸦片战争后清政府"防务善后"述论》,《军事历史研究(南京)》2000年第2期。

贾熟村:《太平天国时期的"红单船"》,《广西师范大学(哲学社会科学版)》2005年第2期。

贾小叶:《第一次鸦片战争时期清政府关于善后防务的认识、讨论与决策——兼论第一次鸦片战争后中国近代化未能起步的原因》,《人文杂志》2007年第4期。

姜修宪、王列辉:《开埠初期闽浙沿海的海盗活动初探》,《安徽史学》2006年第2期。

李恭忠、李霞:《倭寇记忆与中国海权观念的演进——从〈筹海图编〉到〈洋防辑要〉的考察》,《江海学刊》2007年第3期。

林正秋:《浙江古代海外贸易史探述》,《商业经济与管理》2003年第 12 期。

刘鸿亮：《晚清龚振麟铁模铸炮技术优劣的纵横史探究》，《铸造工程》2021 年第 3 期。

刘平：《嘉庆时期的浙江海盗与政府对策》，《社会科学》2013 年第 4 期。

刘平：《清中叶广东海盗问题探索》，《清史研究》1998 年第 1 期。

刘庆：《明清（前期）浙江海防战略地位的演变》，《军事历史研究》2009 年第 3 期。

刘序枫：《清代的乍浦港与中日贸易》，载张彬村、刘石吉主编《中国海洋发展史论文集》第 5 辑，台湾"中研院"中山人文社会科学研究所，1993 年。

刘序枫：《试论清朝对日本海难难民的救助与遣返制度之形成》，载浙江大学日本文化研究所编《中日关系史论考》，中华书局，2001 年。

柳岳武：《清初中日关系研究》，《人文杂志》2006 年第 1 期。

龙永行：《镇海战役述评》，《军事历史研究》1991 年第 4 期。

马大正、何瑜：《清代的海防与开海》，《中国经营报》2017 年 8 月 7 日。

倪侃：《"三门湾事件"述论》，《浙江社会科学》2001 年第 3 期。

戚其章：《南洋海军援台与中法镇海之役》，《社会科学辑刊》1995 年第 6 期。

祁磊：《鸦片战争以前清朝水师战船的演变》，《历史档案》2018 年第 1 期。

邵雍：《晚清海盗述论——以〈申报〉为中心》，《安徽史学》2017 年第 3 期。

邵雍：《鸦片战争前后的粤闽浙海盗》，载张建雄主编《鸦片战争研究》，广东人民出版社，2010 年。

施剑：《试论明代浙江沿海卫所之布局》，《军事历史》2012 年第 5 期。

覃寿伟：《全球视野下的十九世纪中期东南海盗问题述论——基于近代报刊的考察》，《漳州师范学院学报（哲学社会科学版）》2011 年第 4 期。

汪利平:《杭州旗人和他们的汉人邻居:一个清代城市中民族关系的个案》,《中国社会科学》2007 年第 6 期。

王刚:《清代绿营官兵编入八旗水师考析》,《清史研究》2016 年第 1 期。

王和平、王琦:《论浙江在鸦片战争中的地位》,《浙江海洋学院学报(人文科学版)》2014 年第 6 期。

王和平:《鸦片战争中英军撤出舟山占据香港的缘由》,《海洋开发与管理》1997 年第 2 期。

王宏斌:《论两次鸦片战争期间海患与水师巡洋制度之恢复》,《近代史研究》2018 年第 2 期。

王宏斌:《清代内外洋划分及其管辖问题研究——兼与西方领海观念比较》,《近代史研究》2015 年第 3 期。

王宏斌:《清代前期浙江划分内洋与外洋的准则和界限》,《社会科学辑刊》2016 年第 2 期。

王宏斌:《鸦片战争后中国海防建设迟滞原因探析》,《史学月刊》2004 年第 2 期。

王开玺:《英军退还舟山与列强在华划分势力范围》,《史学月刊》2003 年第 7 期。

王潞:《从封禁之岛到设官设汛——雍正年间政府对浙江玉环的管理》,中国海洋文化学术研讨会,2012 年。

王潞:《开与禁:乾隆时期岛民管理政策的形成》,《海洋史研究》第 2 辑,社会科学文献出版社,2011 年。

王青梅:《清代绿营兵中"以文制武"之弊端》,《文献》1994 年第 3 期。

王青松:《南宋海防初探》,《中国边疆史地研究》2004 年第 3 期。

王日根:《重审海权观与清代前期海疆政策》,《中国史研究动态》2022 年第 2 期。

王日根:《明代东南海防中敌我力量对比的变化及其影响》,《中国社会经济史研究》2003 年第 2 期。

王日根:《明代海防建设与倭寇、海贼的炽盛》,《中国海洋大学(社会科学版)》2004 年第 4 期。

王日根：《清代海疆政策与开发研究的回顾与展望》，《华中师范大学学报（人文社会科学版）》2014 年第 3 期。

王日根：《清嘉庆时期海盗投首问题初探》，《社会科学》2013 年第 10 期。

王日根、苏惠苹：《康熙帝海疆政策反复变易析论》，《江海学刊》2010 年第 2 期。

王涛、李诗媛：《海口与内河：鸦片战争期间清廷的水文调查及影响》，《历史教学》2017 年第 8 期。

王涛：《天险变通途：鸦片战争时期英军在中国沿海的水文调查》，《近代史研究》2017 年第 4 期。

王文洪：《近代英国谋取舟山为自由港的历史始末》，《浙江海洋学院学报（人文科学版）》2014 年第 2 期。

王心喜：《钱氏吴越国与日本的交往及其在中日文化交流史上的地位》，《中国文化研究》2003 年。

韦庆远：《论康熙时期从禁海到开海的政策演变》，《中国人民大学学报》1989 年第 3 期。

吴义雄：《美国传教士娄礼华在华活动述论》，《中山大学学报（社会科学版）》1998 年第 4 期。

夏柯、张振国：《论明清时期巡抚军事职权之演变》，《湖北社会科学》2010 年第 3 期。

谢茂发、王晓禾：《晚清江浙两省江海防炮台考略》，《军事历史》2016 年第 5 期。

谢茂发：《清前期清廷剿捕海盗战略之转型》，《军事历史》2018 年第 3 期。

熊燕军：《南宋沿海制置司考》，《浙江大学学报（人文社会科学版）》2007 年第 1 期。

徐明德：《论清代中国的东方明珠——浙江乍浦港》，《清史研究》1997 年第 3 期。

姚建根：《论中国传统海防起源问题》，《江西社会科学》2014 年第 11 期。

叶持跃:《浙江省在全国军事战略地位的演变》,《浙江学刊》1995年第2期。

易惠莉:《清代中前期的对日关系认识》,《思想与文化》2005年。

张墨:《鸦片战争中的海战》,《历史教学》1997年第7期。

张宪文:《略论清初浙江沿海的迁界》,《浙江学刊》1992年第1期。

张迎来:《略论台湾在第一次鸦片战争中的地位》,《现代台湾研究》2014年第1期。

张振国:《清代海疆缺考论》,《史学月刊》2015年第9期。

郑小悠:《核心——边缘:乾隆朝"出旗为民"研究》,《文史》2016年第4期。

朱德兰:《清开海令后的中日长崎贸易商与国内沿岸贸易(1684—1722)》,载张宪炎主编:《中国海洋发展史论文集》第3辑,台湾"中研院"中山人文社会科学研究所,1989年。

朱东安:《关于清代的道和道员》,《近代史研究》1982年第4期。

朱晓凯:《镇海战役中的杜冠英》,《安徽史学》2014年第5期。

祝太文:《明清海防史研究综述》,《理论观察》2016年第4期。

祝太文:《清代浙江的山海封禁》,《中国边疆学》第六辑,中国社会科学院中国边疆研究所,2016年。

祝太文:《清代浙江省行政区划变动的海防因素》,《求索》2015年第3期。

祝太文:《清代浙江沿海巡检司的驻防地理及其海防意义》,《绍兴文理学院学报》2016年第6期。

祝太文:《清代浙江诸道设置述略》,《嘉兴学院学报》2016年第3期。

五、学位论文

冯磊:《清代浙江海防炮台研究》,河北师范大学2015年硕士论文。

何瑜:《清代海疆政策研究》,中国人民大学1996年博士论文。

侯俊云:《雍正朝东南海疆治理研究》,暨南大学2007年博士论文。

李其霖:《清代前期的水师与战船》,台湾暨南国际大学2009年博士论文。

廖玉原:《晚清浙江海防研究》,宁波大学 2014 年硕士论文。

刘耀:《晚清台湾海防建设研究》,武汉大学 2014 年博士论文。

柳亚平:《清代乾嘉时期的浙江海盗》,山东大学 2010 年硕士论文。

任燕翔:《晚清武器外购研究(1840—1911)》,北京大学 2014 年博士论文。

芮赵凯:《嘉靖"大倭寇"与浙江海防建设考论》,东北师范大学 2019 年博士论文。

施剑:《明代浙江海防建置研究——以沿海卫所为中心》,浙江大学 2011 年硕士论文。

苏信维:《闽浙地区海盗集团之研究——以蔡牵集团为例》,台湾成功大学 2008 年硕士论文。

王刚:《清代中期直省八旗驻防体制危机研究》,厦门大学 2016 年博士论文。

王惠:《清朝八旗水师研究》,中国人民大学 2006 年硕士论文。

汪溶:《清代前期(1840 年以前)的浙江海防研究——以海防建筑为中心》,浙江大学 2016 年硕士论文。

王玉菡:《幕末日本近代化的先声——萨摩藩集成馆事业(1851—1871)》,东北师范大学 2016 年硕士论文。

吴鹏超:《中法战争时期的海防战场军事布局研究》,河北师范大学 2008 年硕士论文。

谢茂发:《清代江浙绿营水师研究》,中国人民大学 2012 年博士论文。

赵红:《明清时期的山东海防》,山东大学 2007 年博士论文。

周益锋:《晚清海防思想研究》,西北大学 2004 年博士论文。

六、外文文献和译著

Chung-shen Thomas Chang. *Ts'ai Ch'ien*, *the Pirate King Who Dominates the Seas*: *A Study of Coastal Piracy in China*, 1795—1810. The University of Arizona, 1983.

Dahpon David Ho. The Empire's Scorched Shore: Coastal China,

1633—1683. *Journal of Early Modern History*, 2013, Vol. 17, No. 1.

Gang Zhao. *The Qing Opening to the Ocean*. University of Hawai'i Press, 2013.

Harry G. Gelber. *Opium, Soldiers and Evangelicals Britain's 1840-42 War with China, and its Aftermath*. Palgrave Macmillan, 2004.

John L. Rawlinson. *China's Struggle for Naval Development, 1839—1895*. Cambridge: Harvard University Press, 1967.

Ronald C. Po. *The Blue Frontier: Maritime Vision and Power in the Qing Empire*, Cambridge University Press, 2018.

Tansen Sen: Administration of Maritime Trade during Tang and Song Dynasties. *China Report*, 1996(32), pp. 251-265.

Wensheng Wang. *White Lotus Rebels and South China Pirates: Crisis and Reform in the Qing Empire*, Harvard University Press, Cambridge, Massachusetts, London, England, 2014.

Zhao Gang. *Shaping the Asian Trade Network: The Conception and Implementation of the Chinese Open Trade Policy, 1684—1840*. The Johns Hopkins University. Ph. D. Dissertation, 2007.

安達裕之：「近代造船の曙——昇平丸・旭日丸・鳳凰丸」,『日本造船学会誌』第 864 號(2001 年 11 月)。

坂本賢三：「幕末期輸入船とその主機」,『日本舶用機関学会誌』第 18 卷(1983)第 6 號。

長谷川雅康：「薩摩藩・南部藩等における洋式製鉄法の導入過程に関する文化史的・実証的研究」,鹿兒島大學研究報告書,2011 年 6 月 16 日。

長谷川雅康：「日本最初の洋式高炉に挑んだ薩摩藩と近代化への寄与」,『金屬』第 86 卷(2016)第 4 號。

松浦章：「清代から民国期における温州沿海と海盗」,『關西大學文學論集』第 67 卷第 2 號(2017 年 9 月)。

松野良寅：「薩の海軍と米沢」,『英学史研究』第 10 號。

新村和憲:「島津斉彬の集成館事業と薩摩切子(化学風土記:わが街の化学史跡)」,『化学と教育』第 38 卷(1990)第 3 號。

中野俊雄:「幕末の鋳物の大砲(続)」,『鑄造工學』第 74 卷(2002)第 2 號。

[韩]任桂淳:《清朝八旗驻防兴衰史》,生活・读书・新知三联书店,1993 年。

[美]艾・塞・马汉:《海军战略》,商务印书馆,1999 年。

[美]安德鲁・S. 埃里克森等主编,董绍峰、姜代超译:《中国走向海洋》,海洋出版社,2015 年。

[美]安乐博著、王绍祥译:《中国海盗的黄金时期:1520—1810 年》,《东南学术》2002 年第 1 期。

[美]费正清编、中国社会科学院历史研究所编译室译:《剑桥中国晚清史(1800—1911 年)》上卷,中国社会科学出版社,1983 年。

[美]马汉:《海权论》,中国言实出版社,1997 年。

[美]马士著、区宗华译:《东印度公司对华贸易编年史(1635—1834)》第一、二卷,中山大学出版社,1991 年。

[美]马士著、张汇文等译:《中华帝国对外关系史》第一卷,商务印书馆,1963 年。

[美]马士著、张汇文等译:《中华帝国对外关系史》第三卷,商务印书馆,1960 年。

[美]司徒琳著、李荣庆等译:《南明史(1644—1662)》,上海书店出版社,2007 年。

[日]加藤祐三著、蒋丰译:《黑船异变:日本开国小史》,东方出版社,2014 年。

[日]井上清著、天津市历史研究所译:《日本历史》,天津人民出版社,1974 年。

[日]木宫泰彦著、胡锡年译:《日中文化交流史》,商务印书馆,1980 年。

[日]松浦章:《明清时代的海盗》,《清史研究》1997 年第 1 期。

[日]松浦章著、李小林译:《清代海外贸易史研究》,天津人民出版

社,2016年。

[日]松浦章著、谢跃译：《中国的海贼》，商务印书馆，2011年。

[日]外山三郎著、龚建国等译：《日本海军史》，解放军出版社，1988年。

[英]蓝诗玲著、刘悦斌译：《鸦片战争》，新星出版社，2015年。

后　记

本书是在我博士论文的基础上修改而成的,能顺利获得浙江省哲学社会科学规划项目(项目编号:23HQZZ18YB)的出版资助,我衷心感谢师友们的帮助。

首先我要感谢业师陈尚胜教授。忆起将近 20 年前,我投奔先生门下攻读硕士研究生,开始了中外关系史的学习。2014 年,我又入先生门下攻读中国史专业博士。先生学问精深,要求严格,常示我做研究贵在占有资料,提出问题,以小见大,展开对话,这种高标准时常鞭策着我。拙著从选题、构思到写作,无不倾注了先生的心血。特别是先生刚刚病愈即指导和修改我的论文,着实令我感动,终生难忘。在学问之外,先生也时常教导我如何待人处事,至今想来依然受益匪浅。天涯海角有尽处,惟有师恩无穷期,先生于我的恩情将山高水长。

几年来,我有幸能得到多位老师的教诲和指导,他们是山东大学历史文化学院的马新教授、胡新生教授、刘玉峰教授、曾振宇教授、江林昌教授、代国玺教授、韩吉绍教授、谭景玉副教授,中国社科院古代史研究所的葛焕礼研究员,厦门大学人文学院的王日根教授,西北师范大学历史文化学院的何玉红教授,浙江财经大学外国语学院的毕雪飞教授,浙江师范大学边疆研究院的李勤璞教授,浙江农林大学生态文明研究院的郅玉玲教授。诸位老师或是在开题、预答辩、答辩时,或是在审读文稿时,给我提出了不少宝贵意见,或是在我写作过程中提供了重要的参考资料。拙著也得到浙江树人学院马克思主义学院学科建设经费的资助,周光迅院长为激励后进不遗余力。浙江大学出版社的吕倩岚女士做了

245

大量细致的校对工作，使本书得以顺利出版。在此，我向你们表示诚挚的敬意和谢忱！

最后，我也要感谢我的家人。妻子王静然女士在我读书期间承担了包括抚养、教育孩子在内的大部分家务。她的宽容、支持和鼓励，给予我完成书稿的动力。我的父母从我年少时起即培养了我朴实耐劳的精神，这让我在面对困难和压力时多了几分韧劲。

鲍海勇

2024 年 4 月于杭州老和山下